U0094530

文
景
Horizon

社 科 新 知　文 艺 新 潮

为未来而辩论

汪晖 著

汪晖对话集

上海人民出版社

目 录

第三部分 在矛盾中探索未来

序言 "2020+"：危机连锁与正在降临的未来

　　这一集的对话分为几个主题，以"为未来而辩论"作为总标题。无论这些对话或辩论涉及的是历史性的命题（如五四），还是当代性的讨论（如中国道路），除了事实性的澄清之外，总是以各自对于未来性的判断或期待为前提的。我从未在对话中勾画乌托邦式的未来图景，但对未来要素的摸索其实一直未曾停止。在这里，我想借用我在 2021 年底为《亚洲周刊》的跨年思想派对所做的演讲并略加发挥。实际上，那场演讲的内容就基于本书所收录的两三篇对话。

　　2020 年夏天，我在云南考察。北京红砖美术馆举办了一场题为"2020+"的展览，要求我为这场展览做一篇序言并发表开幕演讲。通过网络，我在洱海之滨对冒着暴雨前往北京红砖美术馆的观众做了这场演讲。"2020+"这个标题喻示此后的发展有一些和过去完全不同的条件，同时也表示我们已经不可能通过回到过去或所谓"正常状态"来面对正在降临的未来了。记得那时有人问我新冠疫情有什么独特性，我提到了三个方面的特点。

　　首先是它的规模和速度。疫情从一个地方开始，迅速地蔓延到各个地方，全球卷入，时间的长度和蔓延的广度是前所未见的。如果没有全球化的条件，疫情不会以这样的速度和规模发生，因此对疫情的讨论不可能不同时对全球化进程所内含的矛盾进行思考。其次，这次疫情的危机不是一场单一的危机，不是一个简单的公共卫生危机，它同时是一系列危机的连锁。疫情触发了或者加速了已有的其他危机，又引发新的危机，所以它既是一个公共卫生危机，同时又是地缘政治的危机，是社会关系的危机，也引发了大规模的政治、经济和社会的危机。各种各样的社会危机同时卷入，在疫情中相互纠缠。再次，这些连锁危机凸显了一个矛盾，就是旧的语言和新的条件之间的矛盾。这也是我希望着重讨论的一个问题。

就疫情而言，病毒的传播方式改变了防疫过程中的社交距离，但是维持这种社交距离，实行隔离，又要大规模地依靠集体的认同。我们需要一个社区、一个单位、一个组织、一个城市、一个国家来进行保护。也就是说疫情重新定义了社区、社群及其相互关系，但表述这些关系的语言基本还是处在旧的模式当中。这不仅是旧的语言，也是在旧的关系之中的旧语言，在有效与无效之间滑动。再比如危机是全球性的，但保护主要发生在民族国家的框架下。人们当然知道单一国家不可能独善其身，但就全球范围内而言，疫情的防护依旧以国家为中心。如何用新的语言去描述危机，其中有现实的选择问题，也有一个想象力的问题。最近，许多朋友提出了"疫苗国际主义"，以疫情为情境和契机，重新提出国际主义问题。现阶段中国大规模地输出、捐赠疫苗，超过了所有其他国家的总和。在错综纠葛的危机当中，这样的"疫苗国际主义"又迅速地被另外一些力量解读成地缘政治、竞争等等。很明显，如今我们需要再提一种更为广义的国际主义，不只是停留在疫苗和防疫问题上，这样的国际主义存在着显然的现实需求，但在所谓全球化时代，却看不到实现新国际主义的现实力量。在探讨这一问题之前，我们也需要问：

我们应该怎样去描述包括疫苗国际主义在内的行动？

冷战结束以来，有两个最突出的主题，一个是"历史终结论"，另一个是"文明冲突论"，此起彼伏。如果放在今天这个冲突条件下来观察的话，这两个描述的问题暴露无遗。就亚洲地区来说，从19世纪开始，东北亚地区持续地发生剧烈的变化，这个变化实际上是从16世纪欧洲进入大航海时代以来持续变化的一个部分。这个地区整个的冲突，包含了两个主要特征。

第一个特征就是从19世纪甚至更早一些的时刻，大国竞争、大国角逐就是这一地区的一个持续性现象。早期有英俄的冲突、日俄的冲突，后来有日美的冲突、苏美的竞争，再后来有中国的崛起，以及伴随这一态势而形成的区域的和国际的局势。所有这些是持续地发生着变化的。在地缘政治的意义上，这些危机是蔓延至今的、未曾彻底完结的大国冲突的持续。当代许多现实主义的国际关系研究就是建立在这一基本框架下的。我们可以在更长的时段内观察这个地区，并判断这些框架的有效性及其限度。

伴随20世纪的变迁，东北亚地区出现了其他非西方地区罕见的工业化条件，在全球所占的经济、政治的重要性越来越突出了。在今天，第二大经济体、第三大经济体，都聚集在这个地区。如果把中日韩的GDP相加，我们会发现它已经占据了全球经济总量相当大的部分。这是500年来发生的重大变化，全球经济和政治的重心的转移正在发生，但地缘政治的模式似乎并未伴随这一重心转移而变化，霸权国家及其持续扩张中的联盟导致这一迅速崛起的区域内部矛盾重重，并以旧的国家冲突形式展开，以致在地缘政治的意义上这一区域尚未形成内部整合，在文化上被纳入儒教文明圈的国家很可能在地缘政治上不过是美国霸权的延伸。因此，与其简单地说这是一个文明冲突，不如把它放在更漫长的历史进程中来理解，因为所谓文明冲突的"文明"本身就是19世纪民族主义和种族主义历史进程中产生的一个概念。我们可以在这个漫长的殖民主义和资本主义的历史中去描写所谓"文明冲突"。

这个地区的第二个特征，是多重遗产的并置。殖民遗产蔓延至今，与冷战的遗产、后冷战的遗产相互纠缠、生成变异，从未终结，并产生出新的认同政治的条件。这是一个多重矛盾、多重历史关系并置的区域。从全球范围内来看，历史终结论假定两种社会体制之间的矛盾的终结，实际上也就是指资本主义和社会主义的矛盾冲突的终结，或者说，试图通过探索取代资本主义的政治经济模式的终结。但今天孕育、形成和爆发的各种各样新的社会冲突正在重新以旧的意识形态加以包装，而以美国为首的西方国家比其他体制更加强调也更加具备其意识形态性，这一现象其实正是20世纪的社会主义尝试退潮的后果。但在这个意义上，所谓意识形态终结的论述也终结了。在这些并置的危机当中，亚洲地区的鲜明特征是冷战和后冷战的并置。这二者的并置对这个地区的影响最为直接。当代世界秩序形成于社会主义体系的终结和冷战的终结。事实上，在东亚地区，冷战从来没有终结。所谓冷战终结不是由双方的和解促成的，而是以一方的失败告终的。这导致了一个结果，就是胜利的一方完全忽略了掩盖在自身社会体制当中的危机。

由此，当代世界状况是双重的政治制度的危机。第一重是社会主义体系的挫折，也就是以苏联为代表的东欧社会主义体系的瓦解为标志的政治体系的衰落。但是，随着冷战危机的终结和苏东世界体系的终结，另一重危机以迅猛之势扑面而来。这就是今天人们所讨论的民主危机，也就是冷战中处于胜利一方的制度自身正处于危机之中。经常被描述为"民粹主义"等等的现象，其实就是第二重危机，即民主危机的产物；而被这一政治危机的紧迫性所压抑的更为深刻、广泛、威胁人类生存的生态危机乃是现代资本主义所催生的，疫情及其传播方式正是其表征之一。在这个意义上，旧的语言——我指的是冷战的语言和 19 世纪所产生的针对旧制度的语言——难以描述政治危机的性质。以历史终结论为代表的这一套论述在今天可以说是过度使用的语言、没有实质内涵的语言。

从政治的角度说，我把不同的政治制度在今天所面临的真实的危机称之为"代表性断裂"。什么是代表性断裂？就是政治体制的基本形式和它的社会形式发生了脱节。我们看第一重危机的浪潮，苏东社会主义体制的完结，产生于它的基本政治价值和它的社会形式之间的脱节。人民不能成为社会的真正主人，这一政治现实和政治体制的合法性之间构成了矛盾。今天，民主的危机同样是政治形式和社会形式的脱节，因为这个政治民主的形式、票选的形式无法解决在社会层面（更不用说生态层面）存在的高度不平等和分化，政党政治无法代表不同社会群体的意见。人们希望超越政党政治的框架直接去加以表达，但并未产生真正的政治变革，由此所产生的混乱局势，经常被描述为"民粹主义"。但这种民粹主义，根本上正是民主危机的产物，而不是相反。如果只是从表面去描述和谴责这种民粹主义，而不是分析其背后的代表性断裂状况，是无法把握和克服这个政治危机的。

"代表性断裂"和当代政治的危机之所以产生的原因又是什么？政治形式和社会形式之间的脱节，产生于多重的原因。第一，"20世纪"是在政治竞争或社会模式竞争的环境中产生出来的。社会主义和资本主义这两种政治体制之间的竞争其实是在其表现最为有力的时期展开的。随着冷战的终结，社会主义和它的遗产在很多地区被抛弃了，资本主义不再具有一个外部竞争的力量，资本主义体制的内部改革从而变得更加困难。第二，在新自由主义全球化条件下，全球范围内的产业转移导致了发达国家的去工业化过程，原来促成大众性的社会民主政治安排的社会力量特别是工人阶级的力量大规模地被削弱了。第三个方面是产业重组，随着金融化和高新技术产业的发展，新的财富拥有者实际上掌控了相当大的社会权力，他们与旧的工业集团寡头有所不同。这些新的权力正在侵蚀今天的社会体制。在所有这些条件下，一方面是过去几十年全球财富的快速积累，但另外一方面是无论区域之间，还是区域内部的阶层之间，社会不公平的大规模爆发。快速的发展主义导致大规模的生态危机，财富的增长拉大了区域和社会间的不公平，新的社会危机应运而生。

全球范围内的生态问题、发展中国家和发达国家之间的矛盾问题、发达国家不愿意承担责任的问题、发展中国家发展的重负的问题，都是全球内的劳动分工所带来的问题。但是现在并没有全球性的解决框架，达不成全球性的协议。当我们还是用旧语言、用"民主""非民主"的语言来描述这些新的矛盾、新的危机，实际上也就错过或误认了危机的症结点。旧的语言所提供的方法不能解决我所描述的代表性断裂，不能回应断裂背后的社会和经济条件。旧语言的一再重复，只是会短暂形成某种社会动员，但对解决问题而言其实是无效的。我们确实需要新的思考，而新的思考需要综合历史上各种各样的遗产并加以总结。

第一个要思考的是在中国和亚洲漫长的历史中，不同的文化、宗教、社群能够长期共存的条件是什么？这些政治的、地缘的、文化的种种条件在当代能够有创新性的发展吗？不是简单回到过去的方法里面，而是从旧方法中提取有价值的要素，总结后加以发展，以对当代世界围绕民族和民族主义的冲突结构有所超越。

第二个问题是社会平等和多样性的关系问题。我们面临的不平等问题表现在区域方面和社会阶层方面，也表现在国家之间。因

　　　　　　　　　　　　　　　　为未来而辩论

此，不是回到旧的平等概念里面，而是要进一步思考平等和多样性的关系。亚洲地区存在着制度的多样性、文化的多样性、社会形态的多样性。在这个多样性条件下，如何探索可以共存的、和平的条件？如何避免爆发大规模的冲突和战争，寻求和平的道路？在今天，和平，是真正的全球性课题。我在此谈及的是和平运动，而不只是应时而起的反战运动。争取和平是一场广泛的国际斗争，其核心在于从根本上消除战争和大规模冲突的条件，例如冷战时期形成的军事同盟，自殖民主义时代发展而来的霸权构造，以及为人类的存续和发展而重建国际秩序、区域关系和社会发展模式。在这个意义上，20世纪针对霸权的斗争，尽管形式发生了变化，但是"去霸权"的过程不应该终结，因为霸权的构造就是今天社会冲突的起源。不是去维护这个霸权，而是形成去霸权的力量和形式，促成整个区域关系趋于平衡和平等，使得多极世界的秩序可以成型。

第三点，大规模的社会工程，比如在中国进行的精准扶贫和乡村振兴项目，这些工作的成败决定了中国社会能否进入一个更加公平的新时期。减贫和乡村振兴不应该局限于一个国家、一个地区，而应该在世界范围内，探索解决贫困、减少贫富差距、缓和社会冲突的制度形式和价值方向。在政治上，需要发展出适应时代条件的新的政治形式，使普通的人能够获得自我表达的机会，否则就很难避免通常所说的民粹主义的崛起和冲突。

伴随后冷战条件的形成，在亚洲和欧洲都曾出现区域整合现象，形成超越民族国家或者以之为基础的区域整合的努力。但在今天，无论是欧洲还是亚洲，这个过程都陷入了新的危机。英国退欧是欧洲危机的标志之一；在亚洲，能否用"新冷战"描述现在的格局尚可讨论，但伴随中日关系的调整、美国的重返亚洲政策的施行等多重因素的出现，这个地区重新陷入了新的军事同盟及其潜在危机之中。区域矛盾不仅限于区域内部，我们在亚太地区可以看到美国、英国、澳大利亚的军事联盟，可以看到五眼联盟，可以看到所谓印太战略框架的浮现，也可以看到北约东扩在这一区域的后果，还可以看到所有这些力量和变化对区域内关系所发生的重大影响。在这个意义上，重新探索区域整合的新路径是必然的选择，因为曾经或仍然存在着相对成功的案例；中国倡议的"一带一路"存在各种挑战和争议，但跨越旧的区域整合概念和区域联结模式，不是在单一的区域内形成整合，而且通过跨区域的和参与性的，以及尊重参与国的自主权的连接模式，值得认真思考和探索。在今天的交通等技术条件下，这样的模式应该成为全球共同参与的模式，一个思考新空间的模式。我们需要对空间有一个不同于旧的地缘关系上的思考，其目的是增进人们的交流，增加互联互通，形成一个新的、和平的全球秩序。

此刻，我们看不到一个突然降临的变化，这并不是我们目光短浅，而是因为旧的矛盾并非一天形成，2022年以来的种种新突变不过是此前一系列矛盾积累的后果。即便疫情有所缓解，世界也不会回到过去所谓的正常状态。当前的危机是在过去的"正常状态"中孕育的，"正常状态"不是出路，而是问题本身或孕育危机的温床，而新的矛盾叠加又产生出了新的条件。为此，我们需要摆脱"去政治化的政治"，探寻新政治和新文化的新／旧路径，从危机的现实中摸索人类文明的新形态；如同今天的危机并非突然降临一样，新形态的萌芽存在于曾经发生的重大实践（包括失败的实践）之中，也因此，探索未来与重新思考过去是并行不悖的。

汪　晖

2022年2月16日

第一部分　现代中国的历史位置

01　如何诠释中国及其现代
——在中央民族大学的讲座

2006 年 9 月 28 日，汪晖教授应邀在中央民族大学民族学人类学理论与方法研究中心就专著《现代中国思想的兴起》的写作背景及方法论等问题进行讲座，北京大学、中央民族大学教授王铭铭主持，中央民族大学教授潘蛟、中国社科院研究员翁乃群与谈。本文根据讲座录音整理而成。

王铭铭：今天来了这么多人，这个盛况表明，汪晖教授是没有必要介绍的，我要说什么可能都是废话。

估计大家来，都是慕《读书》杂志主编之名及他的一些评论之名而来的。而我要说的是，汪晖教授除了是《读书》杂志的主编之外，曾是中国社会科学院的研究员，现在任教于清华大学，写过很多学术作品，他不仅对思想史有深入研究，而且他的作品对社会科学整体也有很多启发。他的《现代中国思想的兴起》结晶于多年的心血。传闻说，这书写了 20 年。有人说，人类学都是研究传闻的，而研究者说，传闻不一定属实，不过，就汪晖教授这个例子，我看是真实的。另外，《现代中国思想的兴起》与各学科，以及我们今天一些主要的观念都有直接关系，对于我们人类学和民族学研究者，也相当重要。

汪晖教授不仅在国内影响巨大，在国际上也备受关注。不久前哈佛大学出版社推出了汪教授的作品，引起美国学术界的震动。以前我们所知道的理论都来自欧洲、美国、伊斯兰世界或者印度，好不容易有一位中国学者，被认为有理论，我感到这或许将改变所谓"中国学者无理论"的世界社会科学局面。

我们这间讲座室空间太小，人又来得太多，不过没关系，大家济济一堂也蛮好，这样讨论起来可能更热烈。下面请汪教授示教。

汪晖：谢谢王铭铭教授。非常荣幸能有机会来中央民族大学和大家交流。在座几位老师都是熟人了。王铭铭老师让我做"命题作文"，讲讲有关《现代中国思想的兴起》的写作和构想。这部书的写作过程也没那么长时间。从发表部分的成果到出版全书，差不多前后有 13 年的时间。因为这书篇幅很长，涉及的内容很多，在座各位的学术背景不一样，读起来未必那么容易，所以铭铭希望我做一点解释。我就尽我所能，就大家关心的问题做一点解释。这部书出版以后有一些讨论，我也正好就这些讨论中提到的问题，做一些回答。

思想史的两种学术传统

先简单交代一下我写作的过程。也许有些同学对我个人的研究道路有点了解，我在 20 世纪 80 年代末写过一本关于鲁迅的书——我的导师唐弢先生是鲁迅的弟子，我跟随他念书，第一部书叫作《反抗绝望——鲁迅及其文学世界》，副标题是后来改的。大概从 1988 年完成这部书之后，我就转向思想史研究，写了关于五四文化运动的论文。这部书是在1989年以后开始孕育，大概1991、1992年的时候，就已经写出了一些章节，比如关于科学概念、关于梁启超等。那个时候的氛围和今天非常不一样。现在很多人对中国的发展前景有了点信心、对中国的传统重新加以关注，这本书出版后，也有人从这个氛围出发对它做解读。但实际上我是在1989年以后很特殊的一个氛围里开始写作的，那时的社会氛围是很沉闷和压抑的，大家对中国的前景看不清楚，可以说那个时代是非常悲观的。我是在那个时代里思考中国问题，是在特殊的社会危机之后从头思考中国的历史命运。我说的这个背景，不完全是学术的，主要是社会性和政治性的。这部书的写作和研究也是对我和我们这代人在20世纪80年代走过的学术道路的一个反思和总结。在座的同学都年轻，没有经历过那个过程——现在又有人讲80年代，不过，是当传闻、轶事来讲的。80年代的氛围可以说是开放的、给人很多憧憬的，在知识领域，年轻人都往西方看，对自己的历史、传统理解得比较少，对抗性很强，反传统的意识很强。1989年以后，我们这些人在那个氛围里觉得需要对这个氛围本身、对我们的思想和学术经历本身进行反思，重新思考我们自己与历史和传统的关系。我一开始研究现代思想和文学，后来做晚清思想，再后来一步步发现很多问题在这个框架中解释不了，如果不往前追溯，就无法深入。所以在一定程度上我自己写作的过程等于就是学习的过程。而且和以往的写作不一样，我是倒着写的，先写现代的，后写古代的——清代和清代以前的。也就是从后往前写。这个写作过程也表示不是一开始就构思了完整大纲往下写的。拖了这么久一直没出版，因为不能倒过来出版，不能出了第四卷再倒过来出第三卷。如此一拖就拖了很长时间。这就是我写作这部书的大概历史背景。

我想，任何一个人写作——不管有怎样的动机和怎样的思考，任何学者做研究的时候，都需要把自己的研究放在一个学术的脉络里。个人当然会有思想，但只要你想做研究，都要老老实实地把自己的研究放到具体的学术脉络、学术史的传统里面。因此我在做这个思想史研究的时候，就不得不去处理我自己的写作与已有的思想史研究的关系。

在20世纪90年代初期，我觉得当时我们面对的主要是两个思想史的传统。一个思想史传统是中国大学里的哲学系的哲学史课程和学科脉络。中国思想史研究有相当大的一部分是在哲学系里开设的，思想史的研究与哲学史的研究基本上是一个学科的。比如说冯友兰先生、张岱年先生、贺麟先生等，很多在中国相当有影响的思想史家，都在哲学系教书，他们的成果是在哲学系的体制中产生的。他们特别注重观念的历史，哲学范畴的历史。这些思想史的传统，很显然是近代学术史的产物。因为受到了西方学术界的影响，把哲学的范畴引入中国，中国思想的诠释也就和西方近代哲学的基本范畴发生了关系。当然，"哲学""希哲学"这些词是从理学里面来的，但是用"哲学"这个词翻译"philosophy"这个概念，是从日本明治维新以后才开始的。日本在明治维新以后有位明六社的思想家西周（Nishi Amane），我觉得他有点像中国的严复——虽然现在很多人把严复和福泽谕吉（Fukuzawa Yukichi）做比较。从介绍大规模西学的意义上来说，明治时代的明六社出版一份叫《明六》的杂志（『明六雜誌』），西周翻译了英国的百科全书《百学连环》（『百学連環』），他那时就把"philosophy"译成"哲学"了。在这之前也有译成"希哲学"的。这套东西很快普及，在19世纪晚期逐渐传到中国，到了20世纪以后慢慢成为一套现代学科制度中的一个特殊的学科。在这个脉络里，如果我们阅读老一代学者的著作，会看到在方法上大致有两重特点。一重特点是，虽然这些人受过西方的学科训练，不过从小浸淫在自己文化的传统里，他们在处理很多细节、人物、思想的时候非常生动，但是叙述的框架是从西方搬来的，比如要讲"中国哲学"，也就要讨论本体论、认识论、实在论等，诸如此类的一些问题。他们对思想的研究往往会把他们阅读的感知放到西方的框架里去。比方说，在中国的哲学研究里对宋代的思想有非常高的评价。除了当时有一种民族主义思潮和宋代的所谓复古思想相近之外，很重要的一个原因是，他们认为，只有在宋代，中国才出现了与近代西方哲学相类似的东西。比如太极、无极，就像本体一样；格物致知，就像认识论一样。当然，马克思主义哲学注重唯物与唯心的区分，注重是否存在辩证法因素，等等。总而言之，这一套关于天理、天道的范畴，越来越被看作一种抽离于日常生活的思想范畴。

孔子也讨论"天"的问题，不过这个"天"的问题是和礼乐的问题密切相关的，是与政治制度和日常生活实践紧密地联系在一起的。宋代的儒者也关心这些问题，但从整个思想形态来看，宋代道学逐渐地产生了一些变化，天道、天理等思想范畴在这个时代具有某种抽象化的特征。许多以西方哲学做背景的学者很重视这样的变化，他们认为这时候中国有了哲学的突破——原来没有真正的哲学，虽然有一点因素，比如老子、庄子等讨论过的"道"，现在他们从宋代道学的"突破"中发现这些抽象的范畴与本体论、认识论是直接相关的，很值得重视——当然还有很多具体的命题。这样的研究方法不仅在中国的哲学系的思想史传统里面，而且也在海外的新儒学里，特别是在像牟宗三先生这样的从哲学系统出身的学者那里，从熊十力、冯友兰先生他们那里衍生出来的中国哲学传统那里，都有表现。虽然他们的论述有自己的特色和深度，但这种从休谟（David Hume）的、康德（Immanuel Kant）的或杜威（John

Dewey）的哲学中衍生出来的哲学史传统，很需要重新思考。我并不是说他们的哲学史是对西方范畴的完全搬用。他们这一代人对中国的传统有切身的体会，所以在应用里总是包含了很多复杂的因素，不过叙述的基本框架，讨论的基本问题，已经是从休谟哲学、康德哲学、黑格尔（G. W. F. Hegel）哲学中衍生出来的了——贺麟先生是黑格尔哲学的研究者，牟先生对休谟、康德哲学有许多体会，冯友兰先生援用新实在论，胡适之先生的渊源自然是实用主义——他们的基本框架一个是本体论，一个是科学方法、认识论，再加上一个实践论，以这套东西来结构整个的中国哲学问题。到了马克思主义哲学进来，在这里又特别加上了唯物和唯心的问题，但还是在哲学本体论和认识论的意义上讨论问题的。这是一个很重要的传统。我自己在做研究的时候，必须面对这个传统，也就是把自己放到这个学术的历史里面。这意味着不是简单的肯定和否定，而是要与他们对话。当然，学术上要往前走，势必要提出自己的不满、看法——这个不满不等同于简单的否定，这点我要加以说明。很难用简单的否定来对待学术的历史，因为这是一个传统。

第二个传统，就是近现代以来马克思主义的思想史和社会史传统。马克思主义思想传统当然对中国的哲学系里的思想史研究是有重要影响的，不过在历史系的思想史传统中体现得更为全面。比如说中国社会科学院的历史所、近代史所以及很多大学的历史系里都有思想史研究，他们的方法与哲学系的系统有差别。这差别不仅仅是相对而言他们有的重视思想及其社会性，有的关注哲学问题，而是某种方法论上的差别。在历史系里，思想史研究与一个非常重要的传统——这个传统是中国古代的思想传统里比较缺乏的——有关，就是将近代社会科学，特别是关于生产方式和社会形态的社会历史方法，作为基本的叙述前提和框架的历史研究。比如说，他们要研究一种观念、一种思想、一个人物的时候，一定会去讨论当时的生产方式、生产力发生了什么变化，当时的王朝政治是怎样的，某一个思想家代表的阶级——是贵族阶级、地主阶级还是农民阶级的，总而言之，是在社会历史的范畴里展开论述的。这个论述在中国重要的代表之一，是侯外庐、赵纪彬、杜国庠先生出版的《中国思想通史》五卷本。我们读侯先生他们的著作，可以看得很清楚，这项研究是要从社会形态、生产方式、阶级关系的整个脉络里讨论思想。在"文化大革命"结束后，特别是20世纪80年代以后，这种方法被很多人批评，认为有机械论或机械的反映论的问题，因为思想是不可以简单地还原到它的物质现实里去的。但我认为马克思主义的社会史学派为中国思想史提供了非常重要的视野，有很重要的贡献。过去的历史里从来没有人那么重视如生产工具的制造与发现、人们的物质生活的变化和思想之间的关系与互动，虽然这类研究常常带有决定论和先验论的问题，可是不能说马克思主义学派的研究是不值得思考的，我认为它是到今天为止仍然值得我们重视的思想史传统。这两个传统可以说都有一些问题，但都不是可以简单地加以拒绝的传统。

到20世纪80年代以后，中国学术界开始接触西方的社会史、思想史研究，尤其是以美国的中国研究为代表的思想史脉络。美国的中国学研究里的思想史研究也分为两个传统。一个传统是与新儒学密切相关的，比如哥伦比亚大学的狄百瑞（Wm. Th. de Bary）先生的研究，基本上是沿着新儒家的脉络走的，所以与哲学的传统、政治思想的传统有很深的关联。但是在西方20世纪六七十年代社会运动、社会思潮结束以后，传统的思想史研究受到非常大的冲击。其原因在于，西方20世纪60年代的激进运动所要打击的，正是原来占据统治地位的所谓精英文化、上层文化，这种新的思潮非常重视大众的文化。这样一来，原来研究思想史的一代学者离开了传统的思想史领域，他们觉得，程朱理学、孔夫子这些东西，不都是上层精英的研究吗？我们为什么还要重视它？——我们要重视日常生活、大众社会等。所以像孔飞力（Philip A. Kuhn）、周锡瑞（Joseph W. Esherick）、柯文（Paul A. Cohen）等学者就都去研究义和团、太平天国、民间宗教等。在这些研究中，他们运用了很多社会科学的新方法。其中有两个最主要的方法：一个是所谓社会史的方法，他们受到一些马克思主义影响，不过在政治上未必是像中国的马克思主义学派那样的，更多是受韦伯（Max Weber）、帕森斯（Talcott Parsons）或者艾森斯塔德（S. N. Eisenstadt）等学派的影响——总而言之是近代社会学的学派。我们后来在政治思考里把马克思主义与自由主义做了对立，认为韦伯与马克思（Karl Marx）很不一样，不过在欧洲思想里，大体上从社会方法来说，他们都属于社会史学派，都是高度重视社会史的——尽管他们的很多解释不一样。也就是说这一传统在思想史研究里有很深的影响。比如说艾尔曼（Benjamin A. Elman）的研究，《从理学到朴学：中华帝国晚期思想与社会变化面面观》（*From Philosophy to Philology: Intellectual and Social Aspects of Change in Late Imperial China*）留有韦伯的影子，后来对常州学派的研究，就越来越深地看得出来他受社会史的影响，要突破费正清（John K. Fairbank）的模式、突破现代化理论的目的论框架。另一个则是人类学或文化研究的影响，比如柯文对义和团的研究，还有周锡瑞或何伟亚（James L. Hevia）的研究多少都受了人类学以及文化研究的影响。实际上，这两个变化虽然在政治思考、社会分类学、对历史目的论的批判方面，与中国传统的马克思主义学派有很多的对立，不过在基本的社会方法、思想方法上是有一定的一致性的，他们都重视日常生活、社会形态、大众文化与思想之间的互动。

这是两个内部包含了很多差异而彼此之间又相互重叠的思想史研究的传统，我在研究方法上不得不去面对这两个传统。一方面，我在20世纪90年代反复谈到我们对哲学史传统的不满。如果我们只是用欧洲，特别是德国或者近代欧洲哲学的基本范畴，作为我们切入中国思想史研究的框架或方法，会带来很多的扭曲。比方说，"天理"的概念能用本体论来解释吗？或者，"格物致知"就是一个认识论的问题吗？这是即使在哲学史的研究里都已受到了质疑，不是完全新的，只不过当时大家认为那个哲学史方法是普遍适用的，对于任何思想来说都具有普遍性。20世纪90年代我们有很大一个怀疑，觉得仅仅沿用欧洲哲学的一套基本框架来描述中国思想，有相当大的不足。

方法论问题：把对象从对象的位置上解放出来

第二个方面，我个人确实受到了社会史研究的影响。我们要研究任何一个思想，尤其是在中国，比如像儒学这样的思想，离开它的社会政治实践，离开它的伦理和道德实践，是很难真正理解的。在这个意义上，既然它与社会政治、伦理和道德实践密切相关，我们就不能忽略这样的思想活动得以产生的社会基本条件，也不能离开社会行动与这些思想之间的关系对思想本身进行解释。因此，我的解释视野、解释方法里，就越来越多地渗入了社会史的方法。但是，社会史的方法也带来各种各样的问题。社会史方法产生的基本背景是西方现代社会科学的发展，这套社会科学知识完全是在19至20世纪的欧洲为代表的西方社会的发展里产生的知识。换句话来说，在思想史的脉络里，如果把社会科学——尽管它的形态是模式化、结构化、理论化的——看成在特定历史条件下的产物，那这样的带有历史性的知识与我们要处理的知识之间，构成什么样的关系呢？这也成了一个问题。

我们举个简单的例子来说：社会史的方法，无论如何都会高度重视经济的历史。无论是马克思历史学派还是其他社会史学派，都离开不了经济的层面，然后才讲政治和社会的层面。当然，"经济"这个概念在古代中国就有，相当于"生计"的概念，慢慢发展，非常综合。一直到近代，19世纪晚期到20世纪初期，经由梁启超等人早期翻译、介绍亚当·斯密（Adam Smith）的著作的时候用"生计学"，还有讲"国计学"——国民经济——后来才变成"经济学"。这也就是说，类似于像"经济"这样的范畴本身，也不过是19世纪欧洲资本主义产生出来，才成为支配其他所有生活领域的特殊范畴。德国有位学者的博士论文，就是研究在中国"经济"这个概念是怎么发展起来的。关于经济或者以经济为基本条件研究各种社会现象的知识，也主要产生在这样一个特定的历史条件之下。近代的社会科学是建立在一种特定的社会分类学和社会形态学的基础上的，比如说，我们有经济、政治、社会、文化等社会分类，我们的学术研究与此相对应，有了政治学、社会学、经济学、文化人类学等。在近代科学的分类学与现代社会分工之间，我们可以发现明显的关联。我们研究经济学、政治学、社会学、文化学，并将这些学科的知识转化为普遍适用的方法，去认识自己的时代和古老的历史。我们在这样做的时候，在一定意义上，也就是在对我们社会过去的传统和历史进行重构——以一种现代知识的分类学重新结构历史。换句话说，如果我们用"经济"这个产生于现代社会科学的范畴来研究古代历史，就会带来一些重构，或者省略，或者增加。

我在这里讨论的还不是纯粹的经济概念或不纯粹的经济概念的问题，在现代经济理论中，也有许多学者坚持认为从来不存在纯粹的经济现象，它总是与政治、习俗、文化或其他要素连接在一起。马克思的经济概念就是如此。我在这里讨论的是在不同社会关系中，人们对于特定制度的评价是完全不一样的，而不仅是经济是否与其他制度或习俗关联的问题。在某一个社会的特定历史条件下，经济生活本身所具有的含义，不完全等同于在现代社会条件下的经济生活。我举一个简单的例子，就是有关井田制的研究。井田制是近代的不少学者，像胡汉民、胡适之等，都研究过的制度。那时要研究土地制度，就去研究井田制度。可是井田制度实际上到底是否存在，在历史上是有争论的——学者们当时的根据主要是从孟子等人的叙述而来。根据这些学者的考证研究，我们知道井田制度是一种土地制度，可是它不仅仅是一种土地制度，同时还是政治制度，还是军事制度，还是区分内外、夷夏的制度，是当时王制和礼乐制度的一个有机的组成部分，因此井田制的实践本身是不能简化为一个经济的实践的。我再举一个很简单的例子。我们古代的礼乐制度，比如"五礼"之中，"兵"也是礼，那么军事的实践也是可以放在礼乐实践内部去加以解释的。换句话说，经济也好，军事也好，包括近代所谓的文化范畴也好——"文化"当然也有古代的词根，"文"也好，"化"也好，都有它的词根，不过文化范畴是完全在近代历史里被界定出来的范畴——是不可能简单地把它完全投射到古代的历史里，把它合理化为一个特殊的范畴的。如果看近代"文化"概念的生成，就可以看到它与近代的国家制度、社会制度及知识的合理化有非常深的关系。我们现在有文化部、文化政策、文化人类学、文化战线、文化斗争……诸如此类，这些词都是在19世纪晚期才慢慢转化到近代历史里，而且与近代国家的产生有密切的关系。比如说那时文化的范畴，学术——有了国学，音乐——有了国乐，绘画——有了国画，医学——有了国医，等等。这些东西都构成对特定历史产生的文化范畴的新的规定，它是完全不同的历史条件下的产物，在这个基础上才能产生出有关这个范畴的知识。但是当我们将这个范畴的知识普遍化，以它作为我们观察或描述历史的方法，问题就来了。我们不但生活在这个社会条件下，而且是这一套文化制度和社会制度的产物——我们作为学者，我们是这一套学科制度训练的产物——这就使得我们把这些范畴、方法作为最为自然也就是普遍的范畴。这些范畴都被自然化了，不会被历史化、不会被政治化、不会被相对化地用来看待古代历史。在这个意义上，虽然每个有经验的学者在进入历史研究领域时，无论从什么样的方法论出发，都会对这种方法的普遍化加以灵活的运用和限制——就好像我刚才说的第一代的那些学者，他们的旧学根基非常好，虽然在历史解释上受西方框架影响，但在具体处理各种问题的时候，有很多他们自己的回答。现在很多研究社会史或思想史的学者也会强调中国的特殊性，但问题是对特殊性的强调本身往往是以预设普遍性为前提的。很多人在研究中说，中国是非常特殊的，比方讲经济制度——就会说"你们这是西方的，我们中国的很特殊"。这个论述方法本身听起来也很有道理，但是也有同样的问题。因为将自己视为特殊的这一看法已经预设了现成的知识框架就是普遍的知识框架——我们已经承认了西方知识框架的普遍性、自然化——我把它叫作"自然的"——就是一个很自然的现象。这样一来，当我们用自己的特殊性与那个普遍性斗争的时候，其实也等于是对普遍性的一个确认。

这就带来一个问题：在社会科学和历史研究里，我们自己举出的很多特殊性，并不那么特殊；我们只是将自己的历史经验与现代知识和理论的描述做对比，而不是真正拿不同地区的社会经验本身做对比。如果我们把西方社会关于所谓"前现代的"宗族、家族等研究及其概括出来的特点与我们对中国社会性质的概括做比较，我们常常发现其相似性的程度远远大于我们的想象，它们还能被当作我们的特殊性吗？假定我们与西方很多社会现象的相似性，大于我们社会内部多样性之间的差异，或者是社会不同时段的差异，那么，这种特殊论还能成立吗？问题并不在于我们是否特殊，而在于讨论这种特殊性的方式本身。这样一种特殊论的批判——也是对西方普遍主义的批判——其实是非常没有力量的。也是在这个意义上，迄今为止所有的普遍主义，都是特殊主义的普遍主义，即都是在一个特定文化、社会、时代里产生的特殊的知识，只不过它非常强势，以普遍的面貌出现，被很多人相信为普遍的；所有的特殊主义，在这个意义上又都是普遍主义的特殊主义：它总是以某种普遍主义为前提，来确认它的特殊性，它缺少的是对于一个特殊现象的普遍性的观察。所有的普遍性其实都是在特殊现象内部的，不存在简单的二元对立式的特殊性与普遍性，只有在特殊性里才能展开它的普遍性，因此所有的普遍性在某种意义上也都是特殊的。这当然是哲学性的讨论，不过带来了方法上的思考。

做历史研究，或者做人类学、民族学研究，都是以一个特定的、有限的对象作为观察对象，可是我们也可以看到西方人类学理论都是以特殊的对象来观察的，它怎么就产生了普遍的理论呢？这是一个在方法上很有意思的问题。对我来说，历史研究需要找到对历史对象的特殊的观察视野。在这点上，我觉得与人类学的观察有点儿相似：历史研究的对象是我的对象，可是它也可能成为我的方法。我用一句话来概括我的方法就是：要把观察对象从对象的位置上解放出来，使得对象本身也成为方法论的视野，成为与你不断对话的视野。换句话来说，我们每个人想凭空认识历史是不可能的，我们不借助于自己的知识传统、我们学术的方法去研究一个对象，那是不可能的——我们不可能没有自己任何的背景，用解释学的语言来说是偏见或者前理解、前结构。没有这个前结构，不能构成理解。换句话说，一个纯粹客观的、不带偏见的研究视野是不存在的，任何人都不可能做到。在这个意义上，无论我们如何去批评某种理论，绝不等同于说不要去学习它。现在知识界也有这个现象，说：这个是西方的，因此我们就不要去学习它。这是完全错误的，因为任何一种知识不可以说不去学习它，只有在找到检讨它的方法的时候才能再改进它，与它构成对话关系，这时才能获得知识上的自觉。不可能说完全没有"自己"，但是这个"自己"是在反思的条件下充分尊重研究对象，让对象成为能够观察自己的局限的一个视野。比如说，我刚才说到经济，以井田制为例，它不仅仅是一种经济关系或经济制度，用劳动、生产力、奴隶制等现代社会科学提供给我们的概念和方法可以解释这一制度的若干方面，却不能完整地揭示这一制度的历史含义。古代的经济生活、社会生活——我们必须使用这些分类——本身是社会伦理和道德生活的有机部分，因此它的伦理性与道德、人的实践的问题密切相关，不可能离开这样的实践来把握。从这一点出发，我们可以反思我们自己的知识状态，比如在现代大学里就有伦理学——关于道德的知识和伦理的知识，然后还有经济学，这套经济学是与道德和伦理完全无关的，是一套关于经济生活的逻辑的描绘。但事实上，经济学描述的那些规则比任何一套知识都更有力地规范我们作为一个现代社会的人的活动方式，或者我们行动的方式。换句话来说，经济学具有很深刻的伦理学的特征，但它是反伦理的。我们站在另外一个角度说，伦理学在今天已经退居到一个几乎完全无力的位置上，这是现代社会转化的产物，因为要把伦理生活、道德生活，甚至政治生活和经济生活作为一个完全分离的知识和制度确立起来。这样一套认识的方法，这样一套学科制度的建立，是现代社会合理化运动的产物，它在解释历史和真实的社会生活时带来了巨大的盲点和弱点。在所有的领域都出现了这样的状况。因此，在这个意义上，当我们研究古代的思想时，它就可能提供一个批判性的和反思性的视野，不但能帮助我们理解那个时代的生活，而且能帮助我们理解我们自身社会的问题所在——它的症结和要点在哪里，这是一个需要某种反思性的视野才能呈现的。在这个意义上，历史研究有可能构成一个活的思想空间——它本身是一个活的源泉，既是一个活的研究对象，又可以抽离出来作为方法论的视野用以思考我们的现代问题。这在根本上是个方法论的问题。

《现代中国思想的兴起》第一卷叫《理与物》，这与王铭铭老师的"物"的研究有很多重叠的部分。我举一个例子："物"到底是什么？今天，"物"好像就是一个"material"，或者一个"fact"、一个"object"——一个物质性的事实。"物质"这个概念在现代时期也预设了原子等要素。可是在先秦时代"物"这一语词既表示万物，又表示一套礼仪规范，"物"的问题是与"礼"的问题、与自然秩序密切相关的，不是可以抽象出来的东西。"物"与规范性的礼仪实践有着内在的联系。换句话来说，对于世界、对于自然，对于"物"本身的理解需要放在礼乐范畴里才能呈现它的含义。到了宋代，"物"本身越来越有多重性，越来越具有从礼乐范畴中疏离出来、与自然之"物"更加接近的特殊性，"天理"这个问题的发生是和"物"这个范畴的转化密切相关的。"理"这个概念出自玉石之"纹理"，纹理问题在古代是一个重要的范畴。到了宋代，"理"这一概念的地位慢慢越来越高，成为一个至高的范畴。这样一个抽象的"理"的范畴，其建构需要以"物"这个范畴逐渐从礼乐当中分化出来为前提——礼乐之物是规范性的，内在于我们的实践，并不需要通过一种认知的程序加以重新呈现。换句话来说，道德实践必须在礼乐体系本身和我们的日常生活中呈现，但如果礼乐的谱系瓦解了，"物"不再是这个礼乐体系的有机部分，而是一种孤立的事实，那么物的问题与知的问题（即道德知识和实践的问题）发生分离，人们就必须通过对物的研究来接近理。朱子说要"格物致知"，就是要达到天理，但达到天理的方式绕不开格物的实践，因为理内在于一个不能直接呈现道德知识的物之中，物与理分离了，这个分离的根本原因是礼乐本身解体了。在这个意义上，简单地用本体论、认识论理解"礼""物""器"这些范畴，就会丧失对这套知识得以产生的历史过程的分析，而这个历史过程不是一个简单的物质化的历史过程，因为历史过程永远是被人们的知识认知的过程，被人们表述的过程。不是简单地说"这个时候发生了什么事情"，还要分析这些事情是在怎样的历史关系和表述中呈现的。比如，孔子用"礼崩乐坏"表述他所处的社会危机，这个表述本身是一个道德和知识的判断，也是一种能动地参与当时的社会实践的产物，因此，我们要从事件与表述、表述与行动的持续的相互运动中，才能把握那一时代的危机和处境对于那一时代的特定人群的意义。刚才讲的多少是个方法论的问题——我们怎样去认识历史，怎么理解一个时代的思想和认识一个社会。

思想史视野下的政制问题

下面我要讲得更具体些，也是在我的书中相对集中讨论的问题，就是关于帝国和国家的问题。这当然也涉及方法论的问题。在我的书里实际上有两个主要的线索，一个是社会制度的演变和儒学之间的关系，这是贯穿整部书的脉络。比如我研究封建和传统儒学的关系，郡县和儒学的变化的关系，近代国家的形成与科学知识形成之间的关系。这些都是在社会制度与知识的互动的范畴里发生的。我比较注意研究政治制度，也就是帝国和国家的问题。在我的书里涉及政制问题时实际上有两组概念，一组是"帝国和国家"，一组是"封建和郡县"。还有一组与这两组概念相关的概念，是"礼乐与制度"，大概是用这三组概念来描述的。我们知道，"帝国与国家"这组概念是西方近代知识的产物，不是内在于我们思想史的概念。我在这部书的导论里做了一些考证，看"帝国"这个词是从哪里来的——虽然也是古代就有的，可是它被我们作为一个政治范畴来运用，是从日本传入的。明治维新以来，日本自封为帝国，把西方的"empire"这个概念直接翻译成汉字的"帝国"概念，换句话来说，它有古老的词根，但不是一个古代的概念。我在叙述中使用了"帝国和国家"，这个描述不是一个内在的描述，为什么如此呢？我下面再解释。

在我的具体叙述中，我很少使用这对范畴，我用得更多的是"封建和郡县"这一组范畴。儒学家——无论是宋学还是清代的学者——使用的主要的政治范畴就是"封建"和"郡县"的概念，这两个概念同时还和另一组儒学概念密切相关，就是"礼乐"的概念。从儒学内部来看，到其后期，越来越把封建和礼乐相关联，越来越把郡县和制度相关联，换句话说，封建是古代的圣王之治，是把整个人的道德生活组织在礼乐里面的方式；当礼崩乐坏的时候，这个政治制度就从礼乐退化成为一套制度，也就是说与人的关系越来越遥远，由上到下的性质越来越强，是以皇权为中心自上而下建构的制度。郡县制从战国时期已经萌芽，到秦代开始得到巩固，而在历史研究里，特别是从日本的京都学派以来，大部分历史学者都相信郡县制度的正规化要到宋代以后才在中国历史里逐渐确立——郡县制度正规化的证据，是魏晋到唐代分封制、贵族制的瓦解，也就是说以皇权和宰相为轴心形成的一套官僚制度和中央权力下放到各个地方性政府的官僚制度最终建立起来了，和原来分封制下的官僚制度有了重要的区别。因此，古代政治思想是和这套郡县制度密切联系的。当儒学者批评当时的政治制度时，往往会诉诸封建的概念和礼乐的概念，他们诉诸封建的时候就是诉诸礼乐，他们诉诸礼乐的时候就是诉诸早期的"圣王之治""三代之治"。在我的书里对此也有一些梳理。宋代的时候，不但是道学家，也包括新学家——像王安石这样的学者和很多史学家，比如说修《新五代史》的欧阳修，做《资治通鉴》的司马光——他们的历史叙述都有一个"三代以上""三代以下"的分期，这个分期不是一般时间意义上的分期，背后是指社会关系的演化。这一演化在他们来看就是制度从礼乐的实践里分化出来，越来越形式化，越来越接近于法家所描述的、更像近代国家的一套制度，也就是说政治的实践与伦理的、道德的生活分离了。

因此当儒学者在描述"封建退而为郡县"的时候，他们对于当时的社会政治有一整套的描述。我注意到宋代的思想家有两套思想系统，同一个思想家也有两套描述的范畴，像朱熹、张载等都有，一个是关于"天道""天理""格物致知""致良知"或者是"知行合一"等等，就是后来被我们的哲学史学者高度重视的一些概念；还有一个是"三代以上""三代以下""圣王之治""封建""郡县""礼乐""制度"等等。在这个礼乐制度里又有一套划分，比如他们把封建与郡县相对立，把井田和均田区分开来，把后来的兵制

　　　　　　　　　　　　　为未来而辩论

与古代的兵制区分开来，把科举与过去的选举及分封制下的学校区别开来，还把南方礼乐与北方制度区分开来——也就是把南北朝以来形成的南北之间礼乐制度的分化带入宋代的历史意识之中——那时候宋朝的周边有蒙古、金，还有南方的各个国家，这些区分包含了重新区分南北和夷夏的问题，因此把礼乐和制度的变化放到夷夏之辨内部去，就包含了对身份的意识。他们认为现在这套制度——比方说均田制、唐代晚期实行的两税法和新的兵制——陈寅恪先生也做过很多将官制度的研究、府兵的研究——是北方的制度，而裁断这些制度的尺度则是所谓封建、礼乐等等。宋代的道学家在批评自己的社会的时候，往往会说这些制度不是真正的"封建"，而是"夷制"，是外来的，没有正统性。他们讲"制度"与"封建"的对比，这些对比本身，包含了对当时社会政治的态度。比如说，讲古代是"学校"，现在是"科举"的时候，是很严厉地在批评"科举是不好的"。所以他对"礼乐"和"圣王"的叙述，对"三代以上""三代以下"的区分，都包含了对当时那个时代的讽喻和批评。但这个批评不是绝对的，不是简单的否定，因为历史变化了，不可能简单地复古。朱子说，现在不能简单地废了科举，均田制、两税法也都有它的作用，但最重要的是它们丧失了古代圣贤的礼乐之精义。换句话来说，这些东西是他们的一个历史的叙述，他们通过这些历史叙述构筑他们的政治、道德、伦理的视野。在儒学范畴里，任何政治的或者经济的、社会的批评，都必须还原为伦理的、礼乐的和道德的批评，也就是说它的道德批评、伦理批评等包含了政治的、经济的和军事的内在意义，它必须综合在这个范畴里边，也只有在这个意义上，才能理解像天理、天道为中心的理学体系为什么能够在那个时代被建构出来。它的建构是有一套儒学的历史在背后的，而这个叙述是密切关联着当时的社会政治和特定的社会历史条件的。

如果这样就够了的话，为什么还要去叙述帝国和国家的问题，我们就讲封建和郡县不就可以了吗？封建和郡县、礼乐和制度是儒学自身的范畴，但是仅仅依靠儒学内部的知识并不能完整、客观地呈现历史本身。事实上，那些范畴也是在特定社会条件下、基于特定目的产生出来的知识。例如，"三代以下""三代以上"诸如此类的历史划分本身，是儒学者介入他们自己时代的问题的方法，如果我们把它简单地客观化为一种普遍的解释方法，认为这种方法就能客观地呈现社会形态的变化，那么我们也会丧失很多东西。我举个简单的例子，封建和郡县这样的描述，其实没有办法准确描述从秦汉以来到唐宋之际发生的转变，更没有办法准确描述从宋朝到元朝、元朝到明朝、明朝到清朝等复杂而漫长的制度性变迁。它只是描述了一部分的变化，并且这一对变化的描述也依赖于特定的儒学世界观。在这个意义上，假定我们只是在封建和郡县的意义上叙述后世的制度，那么这个封建是儒学的想象模式，还是"三代"或西周以前的制度形式？这个郡县是秦朝的制度，还是也能囊括后世的各种制度建设？用这样的范畴描述后来的历史肯定是不够的。单纯用礼乐和制度的概念描述这整个的历史变化当然也是不够的。因此，我们希望找到内在于传统和历史的概念来描述历史，但这并不等同于说内在的概念就能完整表述历史本身。我们需要考虑这些内在的概念在某种意义上也是一个特殊的叙述，一种话语。所以，重视历史提供给我们的特殊视野对于洞察我们自己的视野的局限性是重要的，但这不等于说就可以帮助我们解决整个问题。

这里还涉及一个更为根本的问题，就是今天恐怕没有办法离开世界史的视野来叙述中国的历史；我们如果只是在内部史的意义上思考，很多问题是打不破的，最多还原到特殊论上，而这种特

　　　　　　　　　　　为未来而辩论

殊论会又一次变成——我刚才说到的——对西方普遍主义的确认。要讲世界史的问题,就牵涉到所谓帝国和国家的问题,以及什么是近代,尤其是亚洲或中国的近代的问题。"帝国"和"国家"这对范畴在近代历史里的出现,主要是在欧洲19世纪的历史转变中发生的。当然要追溯其根源的话,则要早得多,至少追溯到16世纪,在欧洲的君主与教皇争夺权力的过程中、在欧洲君主国家与土耳其帝国之间发生冲突的过程中,帝国与君主国家的对立就被创造出来了。不过,这对范畴被理论化要到19世纪西方政治经济学——尤其是黑格尔的政治经济学或者说他的历史哲学里——出现才真正完成。黑格尔将历史划分为四个历史阶段,即从东方过渡到希腊,从希腊过渡到罗马,从罗马过渡到日耳曼,构成历史阶段的最终目标的是日耳曼国家。在亚当·斯密的理论里,我们也可以看到这一历史进化的模型,不过他采用的分段法是经济层面的采集、狩猎、农耕和城市及商业文明。黑格尔用了亚当·斯密等苏格兰学派的"市民社会""经济"这些范畴,但由于当时的德国处于四分五裂的状态,所以他非常重视国家的重要性。这个"国家"作为一个最高的历史目的,是和传统的政治制度相对立的,那个传统的政治制度就是亚洲的"帝国"。欧洲的思想史发展到19世纪,开始建构自己的世界史。建构世界史的意思是把世界历史的各个部分,组织到一个有机的历史过程中——欧洲的历史是从亚洲历史里面展开出来的,摆脱亚洲历史的过程变成一个普遍的历史进程。在这个进程中,作为历史目的的"国家"就是对"帝国"的政治形式的否定,对中华帝国、莫卧儿帝国、波斯帝国、奥斯曼帝国的政治形式的否定。这种否定在政治理论上可以追溯到马基雅维里(Niccolò Machiavelli),当时的欧洲君主国家正在与土耳其势力斗争,他把土耳其帝国看成帝国,把欧洲这些国家看成君主国家,并认为两者之间存在着根本性的政治差异。到了19世纪，这些君主国家就被看成欧洲民族国家的雏形，所以，欧洲的世界史和政治史的叙述里的所谓"帝国"和"国家"的二元论，实际上是近代欧洲民族国家的合法性理论。我在书里临时性地使用了"帝国和国家"的概念，但我是要拆解"帝国和国家"的二元论，否定"帝国和国家"具有19世纪政治经济学里的二元关系；我也不把"帝国和国家"的关系看成政治现代性转变的一个必要性条件。我没有这样来叙述这个问题。

在研究中国的现代问题时，也有至少两种不同叙述，一种叙述，类似于马克思主义学派，费正清以来的"挑战—回应"模式等，都认为鸦片战争以后中国和西方的大规模遭遇是中国现代的开端，这是一个基本的叙述。费正清认为中国是帝国，所以中国只有文化的民族主义，没有政治的民族主义。隐含的意思就是：政治的民族主义是现代国家的前提，中国只有文化的民族主义，所以中国是一个帝国，不是一个国家。马克思主义学派则认为，清朝是一个封建王朝，它要发生自我转变，当然就是向西方国家转变。与这种叙述很不一样的是日本京都学派在20世纪20至30年代逐渐形成的一个叙述。内藤湖南（Naito Konan）、宫崎市定（Miyazaki Ichisada）这些学者强调亚洲或者说东洋的近代是从唐代到宋代的转变中发展出来的，他们认为这个时期是东洋的近代的开端。他们之所以提出这种说法，首要原因是政治性的。京都学派与日本近代帝国主义的扩张政策，后来的大东亚思想，都有密切的关联。他们创造了一个"东洋"的范畴，把中国放到东洋史里去，这是出于政治性的考虑，就是消解"中国"巨大的、无法回避的历史位置。"东洋"等概念都不是自明的概念，是在一定的政治意识形态关系下，甚至是从政治战略里发展出来的。当然，这些概念后来又发生了很多变化，今天并非所有用"东洋"概念的都是回到日本帝国主义。

尽管东洋史的叙述包含上述政治性的问题，但里面也有非常多的洞见。其中一个重要的洞见是，他们认为，到唐代，经过五代，出现了宋朝，宋朝是中国历史上第一个成熟的郡县制国家。在他们看来，这个成熟的郡县制国家的特征是建立在唐代以前的封建贵族制度瓦解的基础上的。所以，第一，这个以皇权与宰相文官制度为核心的制度是高度理性化的国家制度。也就是说，虽然京都学派也在使用"郡县"这个概念，不过他们对宋代的描述是建立在西方"国家"范畴之上的，他们对"郡县"的描述只不过是个特征性的描述罢了，核心在于它是一个国家，不再是一个传统的帝国，尤其是贵族制度的帝国。宫崎市定把它叫作初期的"准国民国家"。换句话说，在欧洲至少到12、13世纪才出现的那种作为民族国家雏形的君主国家，在中国10世纪开始就已经出现了，并且达到了一种相当成熟的水平。从这个角度出发，他们断言东洋存在着一个早于欧洲政治形式出现的早期国家形态，它的开端就是宋朝，后来又发展到14世纪的李氏朝鲜，以及17世纪的德川日本，这样也就构筑了一个东洋的政治形态演化的历史。与这个政治史的叙述密切联系，他们认为北宋道学，尤其是程朱理学，是产生于这样一个新型国家形态出现的背景下的特殊的儒学形态，和唐代以前的儒学有很大差别，他们认为这种儒学是一种新型的国民主义。日本的"国民主义"的概念也就是翻译了西方的"nationalism"这个词，所以他们是在近代民族主义知识的意义上来描述理学的。更为重要的是，内藤湖南、宫崎市定等学者进行了经济史研究，其中最重要的是对货币制度、长途贸易和城市经济的研究。比如货币制度方面，五代时期各国通行白银和铜钱，白银是当时的通货——也就是说有外贸的出现；到宋朝的时候，铜钱经济的发展使得原来的实物经济向货币经济发展，这是商品经济或早期的市场经济。城市生活在商品经济发展的条件下出现了新的现象和特征。长途贸易，包括海外的长途贸易，都已经出现——这些都是有根据的，前几年在南沙发现沉船，我们看到了宋代的货船，里面有非洲的象牙，有出口到外面去的装香料的盒子，等等。如果我们熟悉现代经济史的一些基本知识，当然也就知道长途贸易必然会促进劳动分工，这是资本主义发展的重要条件。

京都学派认为北宋时代已经出现了早期的民族国家、民族主义和长途贸易，以及随着科举制度的正规化而形成的官僚制度，他们把这些东西放在科举、郡县、理学等传统范畴中描述，但这些描述的背景显然是以欧洲现代性作为指标的，他们的概念是建立在近代西方社会史的框架下的，我们从中可以看到黑格尔主义、欧洲近代史学和韦伯式的社会理论的影响。但他们要用亚洲历史的叙述来对抗这个框架，重新说明中国和亚洲的历史。在这种努力中，他们创造了一个概念，就是"近世"——他们认为宋代出现了一个新的历史形态，这就是东洋的"近世"，用英语表述就是"early modern"。京都学派的积极部分是，它打破了晚清的鸦片战争导致所谓近代突变的叙述。当然，没有人否定西方的入侵和扩张对中国近代历史的发展具有决定性的影响，但是，这并不等同于说中国历史里不存在特殊的演变——近代性的萌芽是存在的。他们强调 10 世纪以来中国在政治、经济、艺术、文化、思想等各种制度设计方面都有早期的现代转化问题。如果我们把这个转化放到世界历史的框架里去叙述，就会带来对 19 世纪黑格尔等政治经济学家们所构筑的那样一个世界历史的改写。黑格尔对世界历史的叙述完全是以欧洲国家的目的论为框架的。但同时京都学派的这个叙述又有很大的问题——

它依然建立在欧洲世界历史框架下的"帝国—国家"二元论的对立里，即总是要把国家看成唯一的现代构架，进而贬低任何其他的政治形式。现在所说的国家是高度形式化的，在今天是具有主权性的实体——一个对内和对外都具有主权的政治形态，在民族国家体系中，它是以形式上平等的主权关系而被界定的；按照这个尺度，帝国则缺乏这种形式平等的主权关系，它有朝贡关系，是一种等级性的社会关系形式。包括费正清在内的很多学者说，中国不能够有外交关系，因为中国是帝国；中国总是自我中心的，是等级制的，而现代社会、现代国家体系是平等的。因此，他们倾向于把朝贡和外交相对立，把朝贡体系和条约制度相对立，把帝国和国家相对立，这些都是"帝国—国家"二元论在不同层面的复制。按照这个尺度，传统社会中的制度多样性就被看成是帝国的、前现代的、反现代的、落后的、传统的制度。

这就带来了几个层面的问题：

第一，这在历史叙述上存在很大的问题：按照这种叙述，宋朝是一个国家，那元朝是一个国家还是帝国呢？宋朝是现代的，元朝是不是呢？是后现代的，还是前现代的？假定明朝又变成一个国家，那清朝是反现代的、反国家的吗？或者说，它就更加落后了？在政治制度上，到底该怎样描述由宋至元的转变，以及由明至清的转变？我认为京都学派没有能力处理这个问题。宫崎市定知道有这样的问题，所以他就调换角度，不从政治的角度，而是从社会史、法律史的角度来叙述。比如，他解释为什么元朝是中国历代王朝中唯一没有颁布新的法律体系的王朝时就是如此。元朝早期运用的是泰和律——是金朝的法律，后来泰和律被废止了。元朝疆域范围拓得很大，内部多样性很大，没办法以金律统摄如此不同的地域和民情。元朝用的是类似于现在习惯法的制度，不是正规的成文法的制度。宫崎市定说，这是因为宋代以后发生了社会转变，必须运用新的制度。元朝和宋朝有很多不同，很难把这个王朝描述成宋代那样的一个国家模式，那怎么描述它的一致性呢？他论证说，宋代以后社会生活本身变化了，这种变化一直延续到元朝，法律上的困难是因为社会生活改变了，无法再援用前朝的模式了。清朝与明朝的周边关系非常不一样，如果按照"帝国—国家"的二元论，在宋元明清的历史变化里，到底怎么去叙述早期的现代性呢？假定宋代是早期现代，那元朝和清朝好像更接近于帝国，是不是就倒过去了？京都学派有历史目的论和进化论的问题，所以不能自洽。

第二，京都学派的理论也不利于描述实际的历史关系。比如很多历史的创新，像朝贡制度、土司制，这些制度是多样的，不是同质的，在每个地方都不同。像康熙要派人做调查，调查之后才回来设计制度——每一个地方的法律和制度都不一样。西藏，乾隆设立噶厦制度；在平定准噶尔以后，还沿用伊斯兰法；西南的土司制度，也是特殊的制度。再说到朝贡制度，其实有各种各样的朝贡，理藩院是处理与蒙古这些地方的关系，可是处理与俄罗斯等国家的关系在表述上也被纳入朝贡范畴里去。这些是朝贡还是外交？是朝贡贸易还是对外贸易？是等级的还是平等的？如果说帝国没有外交，民族国家有边界、有外交、有行政统辖权等，可是1689年《尼布楚条约》就已经明确用了西方传教士带来的划定边界的技术，设定了边界内的行政管辖权——条约中提及的"逃人法"，就是不让这边的人逃到那边，那边的人逃到这边，而双方的政府不得庇护这些逃人。这不就是边境领土内的行政管辖权吗？条约规定了一定数量的贸易，这不就是所谓的贸易准入吗？现代社会理论在处理国家与帝国的区别时，往往用边界与边疆来区分二者，即民族国家有明确的边界，而帝国则是以双方或多方公用的边疆为自己的边缘区域。清朝很多地区有"frontier"，可是在很多地区又有明确的边界——因为要处理沿边地区少数民族的归属问题及贸易问题。这是非常复杂的一套制度和实践。如果把这样的实践都放在欧洲历史里——韦伯以来对国家的概念都是按照客观的指标界定的——就会发现这套客观的指标在 17 世纪就有了。那中国到底是国家还是帝国？他们大概没有办法叙述。

第三，京都学派大概也没有办法叙述这个时代的国家间关系。一个例子是，近代以来，从《南京条约》开始，我们与西方国家签订了那么多不平等条约，但是不平等条约是以形式上有平等的主权为前提的，没有主权也就没有权力签订条约。换句话来说，中国作为有现代主权的国家，其主权的确立是以签订不平等条约的形式出现的。这个形式上平等的主权完全不能描述实际上平等或不平等的关系。另一个例子，美国是帝国还是国家？美国到底是有边界还是没边界？——美国当然有边境，到美国去要过海关——可是美国的边界可能在土耳其、在伊拉克、在阿富汗，到处都是美国的边界。那么美国渗透到全世界所有角落，它到底是帝国还是国家？我们规范式地描述出两个不同的时代——所谓前现代、后现代——在政治上是国家和帝国的区分，这个区分不但不能描述我们的历史，也不能真实地描述我们的现实。

有没有转变？——有转变。这个转变就是从 18 世纪以来，欧洲的启蒙运动和近代国家的实践，以一种特殊的能力创造了普遍主义的知识，这种普遍主义的知识在政治领域是一种政治合法性的理论，也就是一种平等主义。近代的所有政治必须与平等政治相关联，比如说"国家不论大小，一律平等"——实际上是不平等的，所有区域的关系、国际的关系我们都知道是不平等的，不过在形式上必须是平等的，这是形式主义的知识发生重要作用的时代——

从 17 世纪到 19 世纪逐渐发生了这种转化。在任何一个社会内部，政治的合法性也必须建立在平等的基础上，因为我们是公民，不能有形式上的分封制度、贵族制度——但实际上当然是有的。我们都知道这个社会很不平等，越来越不平等，而且在创造着不平等。可是，它的所有合法性的叙述必须是平等的。比如说，我们明明知道是不平等的，所以经济学家说平等不是结果平等，而是"机会平等"，其实机会也还是不平等的；因为我们还没有做到这个平等，我们只能谈起点平等——这都是合法性的理论，是一套现代的知识。所谓的起点平等不过是一套合法化的叙述。在现代社会，任何政治实践只要不与平等实践相关，就没有合法性。这就是为什么在历史叙述里，现代人总是把包括朝贡等在内的体制都贬为前现代、封建、落后，把过去多样性的制度、理念的实践都贬低为传统的、落后的制度。现代社会最大的一个问题是：除了形式上的平等之外，对于实质上有没有平等——实质上的平等与形式上的平等之间的关系问题，在国际上和国内，都是一样存在的——难以给出任何回答。

再一个就是多样性问题，现代社会不断瓦解文化和社会形态、生活方式的多样性——研究人类学的人更深地体会到这一点，许多研究早期帝国社会的人也都越来越意识到，莫卧儿帝国、中华帝国的制度里面，保持它自身不同地区文化多样性的能力，远远高于现代社会体制，这是真实的。这不等同于说那些制度都是好的，可是就文化和生活方式多样性而言，在世界范围、中国范围内被摧毁的程度是日益加深了，而这与近代国家的形式主义的制度有密切关系，它高度组织化，而且用一套形式化的制度渗透到所有的社会机制里边去。这使得对过去的所谓帝国的研究可以成为我们反思近代社会的一个重要视野。

比如我们看关于朝贡体系的多样性的问题。日本的滨下武志（Hamashita Takeshi）教授主要是从贸易的角度来研究——尤其是海洋贸易。朝贡体制是非常丰富、复杂的制度，它也不完全是与国家制度相对立的制度。滨下教授的描述暗示，亚洲不存在欧洲式的国家关系，而只是一套离散性的、"中心—周边"体制。可是我们看清朝与俄罗斯、西班牙、葡萄牙等国家的关系是外交性的国家关系，还是帝国的朝贡关系呢？恐怕很难否定其中存在着国家的要素。中国历史很早就出现了国家这个形态——中国历史所谓的延续性中这大概是最重要的一个特点。中国的历史经常被描述为是连续的，可是里面其实有无数的断裂，但它的确在政治的中心形态里包含了稳定性，这就是它的早熟的国家制度。无论是汉朝还是唐朝，没有郡县制作为国家内核，我们就很难理解这些制度。今天很多朋友为了批评民族国家、批评西方，就倒过来说我们中国实际上是一个"天下"、一个"帝国"，这等于倒过来确认了西方的"帝国—国家"二元论，因为他们忽略了中国的国家制度的萌发和发达是非常古老的。秦朝作为郡县制的最重要的实践者，它是大一统的、作为国家的帝国，而不是一般的所谓与国家相对立的帝国模式——秦朝是从战国时代高度发展了的国家形态里面转化出来的，不是一般意义的离散性帝国，它内部的官僚制已经很发达。徐复观先生在写《两汉思想史》的时候，对以宰相为中心的制度给予高度的重视。他的研究是在"文化大革命"时期形成的，但他思考的是传统"中国"的问题。他研究的核心问题就是，中国为什么摆脱不掉专制主义——这个专制主义是以皇权为中心的。在欧洲历史里，这种专制、皇权的独裁，是随着官僚制的发达而瓦解的。可是在中国，汉代以来——更不要说宋代以后，以宰相为中心的文官制度已经高度发达，与近代的英国一样——现在有很多研究也大概能证明英国的文官制度部分地受到了中国文官制度传统的启发。可是，为什么中国这么发达的文官制度还摆脱不掉皇帝独裁？那个时候他研究了所谓"中朝"的问题，就是说外戚和宦官系统形成了中朝，破坏了以宰相为中心的行政权。如果我们简单地回到"天下"和"帝国"这类传统的范畴，认为这个范畴与近代国家完全不一样，在我看来反而是落入了欧洲中心主义的另一种陷阱——真正的陷阱，因为这样就否定了我们内发的历史的可能性。

在我的书里，以公羊学为线索研究"帝国和国家"的问题，就是要解释这个时代的政治合法性。我举一个例子来谈这个问题。我在论述公羊学和今文经学的时候，主要提出两个观点。第一个观点：研究清代今文经学的人多半认为，清代的今文经学到乾隆晚期，也就是庄存与、刘逢禄的时候才出现。他们相信东汉以后今文经学——除了个别的例外——就没了，是古文经学、宋明理学，还有史学，成为支配性的儒学形态。我在阅读资料的时候，特别是与春秋学相关的材料的时候，发现在列朝政治实践中，公羊思想有着重要的影响。例如与宋代对峙的金朝，还有最终入主中原的蒙元王朝，为了把自己对中原的占有合法化，开始挪用儒学的很多知识，其中"大一统"的理论和史学的正统理论，是尤其突出的。那时候一些为金朝或蒙古做事的汉人、蒙古人、女真人的士大夫给统治者上奏议，常常沿用公羊学、今文经学的思想——不是真正的经学研究，而是以其中的思想服务于王朝政治，其中最重要的是夷夏内外之辨。《左传》是严分夷夏的，《春秋》和《公羊》也都有夷夏之辨。到董仲舒写《春秋繁露》的时候，由于汉代帝国的大规模扩张，汉代的中国与先秦的中国地域完全不一样，在《春秋繁露》里，他对"中国"的界定、"夷夏"的界定，改变极大，在他的论述里，例如《竹林》一章中，"夷夏"开始相对化，就是说"夷"

和"夏"不是绝对的范畴，越来越取决于是否服从礼仪——当然本来夷夏之辨也在礼仪范畴之中。但将礼乐中性化，认为谁服从了礼乐就是"夏"，违背了礼乐就是"夷"，这是适应历史变化出现的理论，在这个理论中，夷夏之辨是可以相互转化的范畴了——这是历史变化的结果。我引用了很多这类奏议。元代的时候没有立新律，可没有新律怎么稳定统治？要建立"大一统"、建立自身合法性，没有法统就不行，没有合法性不行，所以很多学者开始试图解释《春秋》，把它解释为元朝的法统——也就是希望将《春秋》变成元朝的宪法。这个做法汉代的董仲舒就已经尝试过了，他把《春秋》作为律书来使用。到了元朝，就有士大夫建议用这个方法，在他们对《春秋》的解释中，有关内外问题和"大一统"的分析显然渊源于公羊学。因此，说公羊学中断了上千年，直到清代中期才出现，这完全是囿于所谓学术史的视野建立起来的结论。也就是说，只有把一些研究今文经学的学者当作公羊学的正宗来对待的时候，把所有政治性的实践都排除掉的时候，才能建立这个结论——说东汉以来就没有公羊学了——经学史里常这么说，这在我看来是很大的问题。

第二点，当年艾尔曼教授对常州学派有创造性的、出色的研究，但他认为清代今文经学的复兴是庄存与和珅做政治斗争的结果——当然，他的说法比这个要复杂很多。艾尔曼教授的这本书是过去20年中中国思想史研究的一部重要的著作，对我有影响，特别是如何解释经学与政治的关系，他的研究方法是很值得借鉴的。但我认为将清代今文经学的兴起局限在"庄—和"宫廷斗争的框架中，极大限制了对于清代今文经学的政治理解。我最近读到《中华读书报》的一篇报道，说清史学界重新研究庄氏经学，对艾尔曼的诠释提出异议。这个问题我在几年前就提出过，但主要是从思想史的角度提出的。重新仔细研究庄存与等人的文本，我们可以发现这些文本里内外问题占据了重要的地位，其实是以一种曲折的方式诠释"大一统"和"通三统"的问题。在这套叙述里反复出现关于夷夏、内外的再界定。清朝是少数民族入主中原的政权，怎么解释自己的合法性，怎样把自己解释为"中国"，这是一个重要的问题——"中国"这个词在清代的公羊学和今文经学里反复出现。庄存与及后来的一些经学家在夷夏相对化的范畴内来解释中国，所谓"夷狄可以为中国，中国可以为夷狄"——也就是在夷夏互变的历史里做解释。这与清朝这个少数民族王朝的合法性的特殊问题有密切关系。我们现在研究历史都是以宋—元—明—清这样的顺序来做的，清代处于一个王朝循环的框架内，但是，一般来说，清朝作为一个中国王朝的合法性——即被周边王朝、中国绝大部分士大夫和一般社会承认为中国王朝——要到乾隆时代才真正建立起来。清代史学的问题、经学的问题和整个儒学的问题，离不开政治合法性的问题。我在书里还研究了这套理论怎么转化到近代社会关系里去。比方说，当面对西方的时候，魏源、龚自珍还有很多传教士，如丁韪良，用了这套理论中的很多东西来解释西方的国际法和国际关系。在康有为、廖平的论述中，儒学的"大一统"观念已经直接转化到国际关系或全球关系的范畴中了。一些人批评说这完全是挪用，但我们同时要知道这个挪用并非没有历史前提，因为它与一套政治性的儒学理论及其历史实践有着关联。当一个新的社会关系到来的时候，这套理论逐渐也要转化过去，处理这个时代的新问题。这就是为什么我在研究儒学和近代思想演变的时候，反复地讨论方法论问题的原因。

讨 论

王铭铭：对在座的同学来说，听汪教授的讲座可能是不易的事。汪教授的讲座建立在四卷本的著作基础上，内容极其丰富和艰深。汪教授叙述了一些精彩的例子，试图从这些例子揭示出一些方法论的意义。虽然大家可能对他从事的专业研究不熟悉，但他的一般思想，必定已经产生不少启发。对我来说，第一个启发是，一方面，他从特殊性里寻找知识力量，寻找解释的框架；另一方面又坚决地认为，如果局限在特殊性里，而没看到其内部也有很多关系的局限性，我们的人文学和社会科学解释恐怕就站不住脚了。这就有点像我们人类学说的"在地知识"（local knowledge），这个概念要求我们做研究一方面要深入"地方"，另一方面又要具有普遍关怀。人类学不同于地方志，主要就是因为人类学的解释具备"在地知识"的特征。特殊性与普遍性之间的关系并不好处理。"本土化的人类学""西学和本土化的区别"等说法，使我们难以辩证地看待"在地性"与"普遍性"之间的关系。汪教授的处理至为精彩，至少比我们这个本来应着力处理这组关系的学科更精彩。汪教授的阐述，主要是具体的。他的四卷本，每一本都有专题。于我的理解，他今天讲了两方面。第一方面，是中国的分类体系的独到性和潜在的解释力及局限。他的第一卷涉及"理和物"的探讨，他讲得比较少。反倒是他的著作的第二部分，他今天介绍得多些。这样做，可能考虑到我们人类学和民族学也很关心"帝国和国家"。他提出的东西非常明确。在他看来，中国历史上，"帝国"和"国家"这两者是并存的，总是永远在一起发展的。对于我们今天的社会科学的研究，他有不满。他认为，我们现在落入了西方直线史的框架，我们以为中国也有一个从帝国到民族国家的转型过程。因为我们误会历史，所以我们要么用民族国家的概念套历史，要么倒过来想从帝国来"反思"民族国家，而不管怎么样，我们得出的结论，恰好承认了这个西方线性史的合理性。在汪教授看来，中国历史存在一个相对混沌的体系。他谈到京都学派，我听了觉得深受启发。京都学派到底有什么建树？有什么局限性？汪教授通过案例分析，证明两元之说才是对的。我觉得，这非常有创见。当然，这次讲座，也还是有值得辩论的余地。比如，汪教授说，中国在帝国时代已存在民族国家的许多特征。这当然值得赞同。不过，帝国时代的国家与今天的民族国家还是有所不同。关于帝国时代的国家，西方的理论解释并没有完全错误。比如，有西方社会学家指出，帝国时代的国家没有垄断暴力武器、军事技术的发展，只有到了现代（20世纪），才为国家垄断暴力武器提供了可能。国家垄断武器，是国家内部绥靖的前提。在帝国时代，国家的"疆域"可以非常大，但是没有办法进行军事垄断，反叛、颠覆永远是可能的。到了现代国家阶段，高级武器的发明，使垄断成为可能，反叛极其困难。因此，有西方马克思主义者说，现代社会是一个长期和平的年代，是历史的终结，而所谓"和平"，所谓"终结"，无非就是说不可能存在"革命性的历史变动"。这点我不知道汪晖教授会怎么解释？

汪晖：王铭铭教授提的是很重要的问题，但是，我认为这个问题可能不应放置在"帝国"和"国家"的对立关系里去讨论，放在另外一些社会形态学中考虑可能更为合适，比如从不同的国家类型的角度来分析。你刚才说的技术条件，我们知道中国历史上也有收缴兵器的，也就是以国家的方式彻底垄断武器。但是，确实如你所说，在现代国家的范畴内，基本上内部的反叛成为不可能。这其中一个原因是国家建制的变化，在这个意义上，我们可以考虑对不同的国家形态做一个分析，而不一定把它放在"帝国"和"国家"的对立面去叙述。美国是个试图垄断暴力的帝国主义国家，但是美国也没有能力完全垄断暴力，无论是现在的所谓"恐怖主义"还是其他的民族国家，也都有一些暴力的能量。就在国家范畴里面而言，暴力垄断是一个很大的问题。另外还有很多，比如说法律、公民制度的确立、生产的问题等，这些问题我都没有讨论。我试图批评19世纪的"帝国—国家"二元论，但并没有否定19世纪到今天在人类史上发生了前所未有的重大变化——这个与资本主义密切相关的变化是非常重要的。我想，也许这个问题可以找到其他的描述尺度。在民族主义理论里，界定民族国家的尺度虽然有对暴力的垄断这一条，但就单个指标而言，恐怕还不能成立，或者说，还可以找到许多反论。

在场研究生1：汪老师您好！听了您的讲座，我感觉您的思想史研究有一个中心的意思，就是说历史如其所示地展现给大家。在这个过程中您用了很多方法，比如说您提到了如果以我们现在的学科知识背景和词语来描述古代的文化，是很不恰当的，比如说井田制，现在可能单纯是经济的话语，但是在古代可能就包括政治、经济、文化的意义。我想问的就是，在您写完这部书，或者在讲座的思考过程中，能不能认为历史可以如其所示地向我们展示出来？

汪晖：这要看你在什么意义上叙述。任何历史都不可能复原，没有纯粹、客观的历史。我自己从一开始也说过没有要做一个纯粹客观的历史。我的书也没有叫"历史"，我曾经做过一个解释，有人问我，这部书的标题中的"兴起"是什么意思？"兴起"是复数还是单数呢？我说因为我们现在只能用现代汉语，要是能用古代汉语，我愿意用"生生"的概念，"生生之谓易"[1]，这就是个不断地产生、不断地消长、不断地变化的过程。比如说我刚才讲帝国的历史，就像某一种特殊的萌芽，一会儿上去了，一会儿下去了，一会又出来了，没有一个绝对的线性的叙述，更像是一个"生生"的东西，"生生"的意思是不否定历史，可是没有把历史看成直线的东西。每个东西都是从历史里展开的，但是不断包含新的东西，这是第一点。

第二，我从一开头就说了个用一句话概括的方法：把对象从对象的位置上解放出来。它的意思是，不完全是客观，是让对象主体化，也就是说对象本身变成活的主体，它不但是我们认知的客观对象，而且它也能向我们说话，能够为我们提供一些可以与我们对话的东西。在这个意义上就不存在一个纯粹的、死板的客观性，即它是活的。但是，我要强调的是，在历史研究里——我相信也包括人类学研究里——我们在研究过程中都努力趋近于对象，努力地保持"客观"。我们总想找到最好的方法，避免自己的偏见和主观性干扰研究过程。这也不等同于说所呈现的就是最终的客观——我没有这个意思。但是，我想，历史研究或者其他社会科学的研究，大概都包含这个过程，这本质上不是界定客观，而是通过研究把对象变成与你对话的主体，在一定程度上变成思想的源泉。

在场研究生 2：汪老师，我们这门课叫作"当代人类学理论的系列讲座"。而您这场讲座好像与人类学的关系表面上看起来联系不大，但是内在联系很多。您这部书叫《现代中国思想的兴起》，"思想"这个词比较玄，它可以指很多东西。但人类学中很重视民间的思想，它来自宗教、民俗等等，那么您这部书上讲到"帝国"、

---

1 《周易正义》卷第七《系辞上》，清嘉庆二十年南昌府学重刊宋本十三经注疏本。

"国家"也好，"物"与"理"也好，包括中国思想发展的脉络，其实都是一种精英层次产生的知识和思想。我想问您的是，如果要写一本中国思想的兴起，是不是应该把来自民间的思想加入这当中去？

汪晖：我觉得这个问题很重要。客观地说，我的研究仍然重视精英思想。我们放弃研究孔子、理学、经学、史学，就去研究大众的思想——我觉得这也很重要——恐怕从思想史这个学科来说有问题。这听起来很有辩护的味道，但我没有要捍卫这个学科的意思，我也不是这个学科的人。我要说的另外一点是，我的研究对象，比如说第三卷，特别第四卷研究科学的概念时，我也用了很多当时的刊物、教育制度的创制等作为对象，我仍然集中在精英的层面，但教育制度的问题恐怕又不仅是精英的问题了。如果能再写一个东西，呈现日常生活的实践，补足这个问题，我觉得对这部书来讲，会有很大的帮助。我也希望能做这个工作，虽然从思想史研究来说有它的困难。比如说土地的制度、家庭的制度、婚姻的制度，包括科学的观念和教育的课本等，是从上到下的一套设置，但并不是和大众生活、日常生活完全分离的。以早期的礼乐制度研究来看——马克思主义的研究已经提供了很好的范例，他们研究奴隶的生活形态或者是农民的生活，这些生活形态与礼乐是什么关系？所有的历史文本都是统治阶级、精英阶层提供的，我们能不能穿透它，再去接近那些生活；比方民间宗教等，都很重要。我还是要提一点——从人类学的角度不知道怎么处理：所谓民间与精英的二元划分，恐怕要重新考虑。比如说儒学，是精英的还是大众的？不好说。当然涉及少数民族和一些更为边远的地方的情况，可能有所不同。类似于精英和人众、中心和边缘等的划分，都有一些重新叙述的必要性。

我再举个例子。在讨论杨念群先生的《儒学地域化的近代形态：三大知识群体互动的比较研究》时，戴逸先生提到过一个问题。我也做了发言，与刚才王铭铭先生提的地方性知识的话题有很大的关系。念群受了很多人类学的地方知识的影响。他的那本书非常有意思，我觉得补足了原来的儒学研究一个很大的欠缺——就是把儒学总体化，看不到它与地方化之间的关系。但是，确实还有一些可以再讨论的角度，再写一本书也可以。比如说按照儒学地方化的写法，当然就要讨论湘学、皖学、粤学等等，可是你会发现，康梁也好、谭嗣同也好，清代中期的戴震也好——他是皖学的代表，可是他成为那么一个重要的人物是因为他到了四库馆，在北京；康有为、梁启超发生那么大影响，也是因为到北京——差不多所有这些人发挥全国性影响，然后以某一个地方性知识的领袖出现，与他们的社会流动和他们在中央的特殊位置造成的后果有密切关系，所以到底他们是地方还是中央、是边缘还是中心？不大好说。念群受福柯（Michel Foucault）的影响很大——如果把福柯的方法贯彻到底，地方化本身是一套话语，当儒学家把自己当成湘学的代表或者其他什么的代表的时候，不过是诉诸那个地方性认同。如果要对这些说法再做谱系学、考古学的分析，你会发现这些叙述的背后是另外一套东西。地方性知识非常重要，人类学实践已经有大量成果，告诉我们任何忽略地方性知识的研究都有问题——包括对大众性的研究。但是反过来说，忽略流动性的研究，也会带来很多解释上的问题。所以现在的问题，可能是怎么在方法上有突破，而且转化到具体的实践上、研究案例里面，怎么把这些东西关联起来的问题。

最近的《读书》杂志发表了陈春声教授的一篇文章，他在文中强调中央国家与地方的几重关系。假定能像费老在江村观察农民生活那样去呈现礼乐的问题，可能会使这个研究显得更加丰满。虽然我说我的研究不完全采用传统的思想史方法，但实际上我也受这个学科的限制。思想史的研究传统上来说是比较重视精英的。这也是美国到20世纪60年代以后整个思想史研究衰落的原因。像艾尔曼这样的学者凤毛麟角，除了他以外没什么人研究思想史，但他的思想史研究与以前的研究已经完全不一样了。

潘蛟：刚才谈到民间有没有思想、民间的思想是怎么样的问题。我是有这样的经验或者说这样一个看法：一般的大众不是思想生产者，生产思想的是少部分的精英，但是我们人类学的关怀是一定要听当地人的，当地人说的才是真的。而我的经验是，当地人的看法、想法，实际上是从别人那儿学到的。比如说以前去云南做人类学研究的人告诉我，他发现下去调查的时候，一个人特别有知识，特别有道理，就天天去找那个人采访。结果那个人可能被搞烦了，说明天你就别来了，我给你本书，你就自己去看吧。那本书就是20世纪50年代调查时候的白皮本。我自己也有这样的经验。开一个讨论地方精英与英雄祖先的会的时候，我让我的学生调查。他做田野时听说彝族人的历史是从日本那儿来的。反过来说，可能是日本人的传说——日本人来寻根，当地的老人听这故事的时候弄错了，就到日本去了。还有一个说法是说和仰韶文化有关。仰韶文化有几个刻符，在彝族的文化学派里就有人解释　在《贵州民族研究》中有篇文章，说仰韶文化的那几个刻画符号大家都不认识，但是用彝族的文字、经典来看，大家就认识。这件事情传到了凉山彝族里，问他们历史的时候，就演绎成：中国考古学遇到了问题，郭沫若都读不懂的文字，后来就找了个毕摩去，毕摩一看——这么个意思嘛——这个故事就又变了。

这些例子是说，我们把思想的生产者、文化的生产者一定要归给最底层的大众，可能也是我们的一种想象，也是人类学里面的一种概念、一种认知的范畴，或者是知识合法性确立的一个方面。

在场研究生 3：汪老师您好！您是否认为中国近现代社会和西方的各种学科对中国传统思想文化是一种杂糅或者是一种扭曲。如果您认为是杂糅或者扭曲的话，这种杂糅或者扭曲的具体状况是什么样的？而一般一个社会对文化必须有个依托，您认为这种杂糅或者扭曲对中国当代社会的影响是什么？对传统文化是不是一种扭曲，对中国文化和西方文化是不是一种杂糅？

汪晖：这个问题太大了，很难三言两语说清楚。而且两个范畴都不太好说。"西方文化"和"中国文化"，在现代学术里这些概念都很难用，如果你碰上一个西方人他会说"我们西方，每个地方都不一样"，也是都有自己的"local knowledge"。但是客观上来说西方在一定意义上存在，因为近代以后由于欧洲的发展，特别是工业化、民族国家、殖民主义所带动的历史，使西方成为一个非常强势的存在。我的意思是说西方在这个意义上已经不是一个外在于我们的存在，而是一种情境，是内在于我们的问题的。也就是说，西方不是一个外面的东西，我们现在批评西方——现在要抵抗西方中心主义——不是说要反对西方，而是说西方是内在于我们日常生活、存在于我们本身的存在，我们必须面对它，它与我们的自我有关。批评西方在这个意义上必然也表现为自我批评。在这个意义上，你说的杂糅也好、扭曲也好，当然都存在，不过看你怎么判断它。大家所以对它那么关注，是因为一方面它内在于我们，但另一方面在当代世界的权力关系里，这种划分仍然又有其分类学的意义——人们不断地运用它、不断地诉诸它——我们的自主性到底在哪里？

我在书里用了一个概念，叫"时势"，特别分析了这个概念在中国历史中的特殊作用。我把它看成与时间很不同的概念。孟子说孔子是"圣之时者"[1]——因为他因应变化，同时又有原则，有自己的一套理念。到宋代的时候叫"理势"——他们不但叫"时势"，还叫"理势"——为什么他们要提"时势"和"理势"的问题？儒学的历史意识当中有非常强烈的变化的意识。过去说时间是西方现代的观念——这只是在进化论、目的论的意义上。在一定意义上，儒学就是处理变化的理论。这个变化的意思是，儒学认识到社会的变化——要不然就不会有孔子——孔子是因为回应礼崩乐坏才会变成一代宗师。换句话说，就是礼乐根本没了，要自己造出儒学来。所以复古与创造是一件事情的两面。为什么宋代的人不仅要说"时势"，还要说"理势"呢？因为"理"是内在的——提出这个内在的观念，是因为他们发现社会已经彻底变化了，在一般形态的意义上是不可能追溯到什么"三代"的，土地制度、军事制度、日常实践、人的服饰……所有的东西都变了。汉代以后，佛学、道教兴起，宋代提出要"复古""辟二氏"，就是认为受外来影响太大了——所谓"变乱"——就是你说的扭曲，他们认为传统早就没了，要"追"，但是"追"的时候发现没办法讲传统，没办法把传统拿出来照抄——所以要"格物"——"物"本身也不像古代那样自明地呈现它的秩序了，"物"的秩序在它的内部，它有了内在性，就变成"理"了——是物之"理"，它的内在性——用现在的话来说那就是它的构造。因为作为规范的"物"没了，只能通过作为孤立的事物的研究理解其内在的构造——格物穷理变成我们自己建立与传统的关系的方式。换句话说，是断裂本身成为延续的形式，没有什么绝对的延续，断裂本身是延续的——这就是时

1　朱熹撰：《四书章句集注·孟子集注》卷十《万章章句下》，北京：中华书局，1983年，第315页。

势的概念。在我看来，儒学当中充满了断裂的意识，儒学如果没有断裂的意识就不会去讲"复三代"——如果"三代"还是延续的，是自明的，就没必要去"复"它，让它自动延续就可以了。所以近代史学有个很大的误解，认为中国的历史是延续的，西方的是断裂的。儒学提供的就是断裂的历史。欧阳修在《新五代史》中说"三代以上""三代以下"，所有儒学的史学都是这样——就是说三代再也不复存在，传统再也没有了，因为它没有了，所以我们要去"追"，"追"永远是在一个"时势"的关系里去追，是不可能简单回到原来的。

在今天来讲，西方就是我们今天要处理的时势中的一个支配性的要素。在这个意义上，构建自己所谓的认同和传统——这是个新的问题，是个认同的政治的问题，或者说是一个寻求差异的问题——寻求差异就是寻求与西方的差异。为什么今天黑格尔又复兴了？就因为他的著作是认同的政治的重要理论根据，科耶夫（Alexandre Kojève）、泰勒（Charles Taylor）等在不同的意义上都涉及了认同的问题。泰勒说，人的主体性是通过承认来确立的，而承认有很多的条件。认同不等同于恢复到纯粹的古代。我举这些例子不是赞成他们的认同政治，而是说明认同政治与"西方"或"自我"等范畴的关系。我没有直接给你一个回答，我觉得儒学的核心是有它的时间意识的。这个时间意识恰恰不以所谓的延续为前提，而是以断裂为前提的。延续是意志，"我"要"格物"、"我"要"复归"，这是"我"的创造性的意志。这样才能理解他们的叙述。这就回到我开头说的，假如我们只是从内在视野叙述历史，也是幻觉性的。因为内在视野是延续的，我们不能分析这个延续，其实不过是因为我们也被装在这个延续的叙述内部了。讲到你说的杂糅和扭曲的问题，与其说是中西之间的关系问题，不如说是到底提出什么样的社会理念的问题。它是伦理政治的，你先得设想一个好的社会，好的理念，才能讨论怎么样是扭曲、怎么样是杂糅。换句话来说，杂糅和扭曲在这个意义上不是关于"什么样"的客观描述，它包含了判断。

翁乃群：刚才你说的延续是一种一直的东西，同时也是合法化的，我很同意。什么恢复传统、回到传统，都是合法化的理由。有一个具体问题，就是当你说到国家的时候，谈到我们从宋代实际上就有国家的某种兴起。但是这个国家与后来说的民族国家还是有区别的。因为我们也是在西方的影响下一直谈到民族国家。但是回过头来看，在世界上有几个是民族国家？看看亚洲，可能朝鲜或者韩国可以这样说，但现在他们也大量移民；欧洲原来似乎更像民族国家，现在由于全球化、后殖民的结果，大量移民也进来了。可能这里面有很多解释要做。我们现在还是在西方的"帝国和国家"的套路上思考这个问题，所以可能——现在人类学家也提出这个问题，因为他们在非欧洲国家做田野，就发现这些国家都是多民族的——在国家的定义上，需要考虑一些问题。我不知道您是怎么考虑的。

汪晖：这是个非常关键也非常复杂的问题。首先是我们怎么看待民族主义的研究。过去几十年民族主义几乎是所有研究的核心，所有领域的研究不同程度地都与民族主义有关。这就是为什么霍布斯鲍姆（Eric Hobsbawm）说，19世纪以来如果你要做一个世界性的历史研究，中心主题肯定就是民族国家——这是19世纪以来的新主题。民族国家是民族主义的产物，霍布斯鲍姆是这么讲的：不是民族产生民族主义，而是民族主义产生民族——也就是说这是完全新的东西。而且，民族国家在当代研究中也被认为是晚近、现代的产物。这就形成一个反差，关于民族主义的研究都认为民族主义是一种新的现象，但民族主义运动却认为民族是一个漫长的历史过程。民族主义运动总是诉诸种族、宗教、语言、传统来讲述自己，但是在民族主义研究中，民族主义被看成很晚——18、19世纪才出现的新现象，与特殊的政治形式联系在一起。但是，我们不该忘了，当代流行的重要的民族主义理论都是从欧洲史里产生出来的。本尼迪克特·安德森（Benedict Anderson）是做东南亚研究的，他批评了西方的民族主义历史，不过他的研究还是与盖尔纳（Ernest Gellner）、霍布斯鲍姆、史密斯（Anthony D. Smith）差不多，他们相互之间在对话。他们在理论上都是将民族主义视为现代建构式的，都否认民族主义是自然的历史。他们强调它的现代性。在这点上我觉得当时京都学派的讨论很有意思。他们并没有单一地界定宋朝是不是国家，而是放在五代史、放在当时周边关系的前提下来描述的。他们发现了一种国家形态，这种形态是与近代民族主义描述的国家形态非常接近的。这是第一点，即我们不能忽略这样的历史的存在。

其次，如果我们把视野放到中西对比的模式之外来看，国家问题对描述中国史——或者说亚洲史，尤其是东亚的历史来说——有它特殊的重要性。不要说把中华帝国与其他帝国做比较，就是与其他地区做比较也无法忽略这一点。我和王铭铭老师去年在新加坡见面，我们见面之前，我去了马来西亚和印度尼西亚。在东南亚期间，我集中读了一些东南亚历史研究的书，包括东南亚的历史和殖民主义史。我觉得值得注意的是，人类学在东南亚非常发达，如爪哇等地，是人类学研究最盛的地点，民族主义研究也是与这密切联系的。但即使在新加坡，你也会感觉到，所谓的东南亚研究基本上就是对沿海的研究，几乎很少涉及印尼、马来西亚，也几乎很少涉及中南半岛、印度支那。为什么在东南亚研究中，沿海地区更受重视呢？我是外行，下面的说法只是猜测而已。我认为这可能与殖民史有很大的关系。西方在与东南亚打交道的时候，方式完全不一样。在印度支那等与中国有密切关系的地区都有强大的国家政体，在殖民过程里，条约的签订方式、与国家打交道的方式显然也受到政治结构的影响。比如，泰国免于被殖民的命运，与泰国存在着王朝国家有关系，这是泰王室至今享有威望和合法性的原因。沿海地区没有强大的中央集权国家，比较易于被殖民化，殖民者可以对部落各个击破，而在有着强大的中央集权国家的时候，殖民主义者也不得不去考虑与他们签订条约。国家问题对内部形态的研究来说有很重要的意义，假定把其他地区的历史放到这里比较，也会发现这些政治体的特殊性。本尼迪克特·安德森的《想象的共同体：民族主义的起源与散布》（*Imagined Communities: Reflections on the Origin and Spread of Nationalism*）主要以东南亚作为背景，那里既是政治文化不发达的地区，又是文学传统不发达的地区，所以他的"想象的共同体"的民族主义模式注重印刷文化的作用——比如他从文学、印刷文化的流行分析东南亚——印刷文化对于中国等现代国家也非常重要，但是与在东南亚的重要性又不一样，因为中国有漫长的印刷文化的历史，有长久的文学传统——这些国家仅仅靠现代文学和印刷文化凝聚国家文化，这种凝聚的脆弱性恐怕与中国很不一样。另外说到东南亚的国家，由于没有中央国家，殖民主义者对于部落的战争是相对容易一点的。如果有非常强大的政治体，就会遇到强烈的抵抗，在抵抗过强的时候，哪怕要对这个地方殖民，也必须扶植地方化的傀儡政权或者是第二等政权，才能确定他的殖民制度；如果这个地方没有中心制度就不行了。对于中国、日本和其他一些国家来说，殖民主义的策略就是将它们纳入条约体制。在这个意义上，国家文化及政治传统的差异在塑造近代文化、进入近代西方主导的体系过程中有着不能忽略的重要性。我这个回答不是回答你说的宋朝到底算不算民族国家——在算不算民族国家的意义上，我觉得这完全要看我们到底怎么处理民族主义知识。

我写这部书的最后部分时是在柏林，我周围的同事中有的研究莫卧儿帝国，有的研究奥斯曼帝国，还有葡萄牙、西班牙殖民史专家，以及研究早期德意志、俄罗斯帝国的学者，等等。没有人有能力做全面的比较帝国史的研究——它要求的语言和档案资料不是个别历史学家可以做到的。当这些人坐在一起讨论时，发现民族国家、民族主义框架正在变得非常没有说服力。这就是为什么我觉得要重新讨论这个问题。一方面这是个政治题目，另一方面我还是强调它的差异——事实上早期的国家能够和我们放在帝国范畴内的文化和制度相匹配，可以说中国在漫长的历史里是国家和帝国制度的复合体——当然，这个叙述本身已经是受到近代国家知识的影响才会形成的——它是复合体——它本来就是内在联系的、特殊的——既不能用帝国又不能用国家来描述的独特的政治。这个政治体当然不能简化为今天的民族国家。国家这个概念从19世纪以来已经被塑造为现代世界历史的目的，你要打破它才能与它对话，但反过来说，也只有与它对话，才能打破它。

在场研究生 4：我是《读书》的忠实读者。我在《读书》里看到一篇对李约瑟（Joseph Needham）的《中国科学技术史》（*Science and Civilisation in China*）的批判，认为这只是外国人"发明"的科技史。您刚才的发言不是与我们人类学非常远，恰恰是与我们都相关的东西。西学和中学，在面临这两个框架的时候，存在着一些问题，这对于我们可能是一种焦虑，对于您可能是一种忧患。我们是20世纪70年代末出生的，在文化快餐中长大，对于我们这些70年代末的学生，您能给出什么期望和建议，让我们摆脱这种学术浮躁的风气，走到比较好的环境中去？

汪晖：说到"李约瑟问题"，现在许多人重新检讨李约瑟的理论框架，但我还是觉得他有很大的贡献。在他的时代，西方人对于自己的文明成就很自傲，而中国人是非常自卑的，他做了非常系统性的研究，把这些东西拿了出来，对于西方中心主义的傲慢提出了坚实的批评，虽然他的批评不免也有另一种西方中心论的色彩。李约瑟是有自己的政治理念的人，不是一般的科学史家。他是一个在欧洲资本主义历史里成长出来的批判性的社会主义者——不是我们通常所说的社会主义者。他对于19世纪以来的帝国主义、殖民主义、工业化过程中产生的种种问题抱有强烈的批判态度。他对另一个文明的激情，很大程度来源于对于自己社会的思考。他当然是位学者——我开头也说了，任何一位学者无论有多伟大的动机，都要回到最坚实的一步步的研究上来，而且必须和最具体的学术环节对话，如果没有这个就不是学者——李约瑟工作的重要性就在这里。现在大家批评他的西方中心主义，怀疑他提出的著名的"李约瑟问题"到底成立不成立，这些问题值得检讨，但这不能否定他是很了不起的学者，是真正的思想家，而不只是个好古家。

你的第二个问题涉及方法。我觉得没有普遍的方法。每个方法都是在持续性的研究过程中慢慢发展起来的。我给年轻同学的劝告就是，你要坚持、要耐心、要在时间的隧道中长跑。我自己写书也是一个学习的过程，就是一点点地、慢慢地来，书的问题也很多。如果有一点可说的，大概就是还比较能坚持，不管什么潮流，不管别人怎么看，从事学术工作以来一直是这样做的，没有停止过。我怕的就是有的同学毕业后就慢慢放掉了。

另外你说到潮流——人都在潮流里面，完全离开潮流也是不太可能的。这是一个不断碰撞的过程。学术界，学者自身的变化也是这样的，都是在变化中寻找契机。每个人的思想和学术都有一个轨迹，但是找到自己强烈的兴趣还是非常重要的。没有强烈的热情，很容易放弃，所以能否找到自己真正感兴趣的问题还是非常重要的。

在场研究生5：我想问一个与讲座不是很有直接关系的问题。现代中国思想的形成有特定的时代，您的总的关怀的主流，是一种人物政治，就是关涉到具体的社会实践和道德上的表述。您能不能谈一下，思想史里我们看到一种思想，但是谁在实践这些思想、谁在书写，把这些思想表述出来，我觉得是有这样一批人的。像孔子，我想他在一生的绝大多数时段里不是一个体制内的人；还有清代的经学研究也有一个背景——他们有政治上的志业。您是不是可以谈一下，这样一批人他们在中国思想的传承和延续里起的是怎样的作用？还有《读书》杂志，我个人在这里要致以敬意，有这么一份杂志、这么一个读者群，是非常了不起的事情，可不可以请您谈一下，作为追求知识的人，在这样一个大环境里应该有什么样的志业？

汪晖：这是复杂的问题，我愿意在这儿回答一下。说到《读书》，其实除了《读书》本身主持的活动，我从来不以《读书》编辑的身份来说话——但《读书》影响大，我不提，别人也会提，好像不可避免，到哪儿都有人问这样的问题。大家可能知道，我从为《读书》写稿到担任《读书》的主编，总之，与《读书》相关，大概有20多年的时间。一半是作为作者，一半是作为编辑。过去十多年，特别是我担任主编这十年多一点的时间，《读书》杂志可以说是争论的焦点，仁者见仁、智者见智，被批评得也非常多——包括我本人。如果有同学还觉得这份工作值得，我感到很受鼓舞。

《读书》的定位是以书为中心的文化和思想的刊物。我们又特别加了一个界定，认为"书"并不仅仅是书本的书，也包括大书小书，书里书外——都是书。所以我们也有人类学的研究、田野札记，他们的研究既有读书，又有读社会文本的。

《读书》的存在有一些阶段。我们都知道《读书》是从20世纪70年代末思想解放运动起开始的，那时候老一代的思想活动直接与政治有关。现在把思想解放运动看成与国家对立——这完全是90年代以后形成的看法，并不符合实际。早期思想解放运动的参与者，比如李洪林、王若水等这些《读书》的作者，在体制内地位都很高。到80年代中期以后开始发生变化，就是我们这代人开始出现了。我们当时在国家体制内没有位置，就是作为年轻学生开始投稿、写作。另外，80年代的《读书》作为文人性的同仁刊物的色彩比较重，文学性比较强，比较好看。到了90年代发生一些重要改变，我觉得这与大学学科制度的变化和留学生制度有关系。90年代中国社会发生这么大的转型，很多问题用过去文人式的方式很难表达，所以必须扩大到社会科学的各个领域，可是社会科学的方法——由于大家都是接受西方社会科学训练的，写作本身与传统的文史方法很不一样。铭铭开始为我们写文章的时候，文字上还是非常西化的，现在越写越漂亮了。这个是事实——我们都有这个过程——是一代人的变化。像费老那样受西方的训练，文史的修养又那么好，能够把话说得那样圆润，不太容易。说老实话，当时在社会科学领域能够写他那样的文章的，绝无仅有。可是话又说回头，要是看费老早期的一些文章，包括英文再翻译过来的，也不是这样的。另外，他的一些概念变成大家今天耳熟能详的——差序、结构，放到那时候都是生词、新名词，老实说大家也不懂；那些词就那么自然吗？——也不自然。换句话来说，对待知识的这个问题，《读书》从80年代就遇到过，90年代再度遇到。这是所谓技术上的问题，但现在回想，看来也不完全是技术上的问题。就是让一种新的知识怎么重新慢慢变成我们的一部分，使它的表达和叙述不那么生涩。我们也没有完全拒绝这个东西，如果完全拒绝也不行。我的基本态度是：不是所有的文章，不是所有的问题都是可以那么好看的，如果我们对待知识和理论的态度都是愉悦的话，那也没有真正的理论，那我们就是向大众文化投降。这一点《读书》是非常坚持的。我们希望有越来越多的人读《读书》，可是为了赢得读者，要将杂志编得像流行刊物一样，那我也不必要做这个编辑了。

另外，我觉得恰恰是现代大学制度和学科制度的压力。有人就问，现在大学扩招这么多人，大学生比例比过去高很多——《读书》的幸运就是它的印数现在还不算太少，仍然保持稳定——可是我经常想，我们的大学生、我们的学者队伍比过去大很多了，那我们的印数应该是越来越多，不应该越来越少，或者只是维持现状我们就很满足，可是为什么它不能上升？从我做《读书》主编到今天，《读书》的销量是稳定的，但没有大学生扩招上升得那么快——我确实想过这个问题。我们做得不够好，我们希望《读书》既有思想又好看，但这确实不那么容易。做编辑，又不是你自己就能制造一份刊物，要靠广大作者和读者。可是这里面有一个问题，一个是刚才我说的大众文化的影响是很深的，更多同学更愿意读通俗的刊物、流行性的问题，不太愿意费脑筋，觉得下了课已经很累了，不太愿意想什么。这是一个原因。第二个原因与现在的学术制度、大学体制有关。我调到清华只有四年时间，但是这个过程也让我对现在的大学和学科制度有一点批评和怀疑，就是我们现在的学科化带来的问题。我们现在的学科化鼓励专业的研究——我一点都不排斥专业的学科训练，我认为所有的学科都要有基本的训练和专业的精神，没有这一条说什么也不成。但是，专业性的研究与思想和对问题的关心如果分离开来，变成所谓的纯专业化，就是把每位同学都制造成工具和螺丝钉。现在的教育制度的确是有把所有人都变成社会机器上的螺丝钉的趋势，按照这个要求训练大家，使研究者从他自己的领域离开半步都不知道说什么话，同时也不太能理解自己的研究与社会变动之间的实际上的关联，说到底也就是不能思考自己作为一个人、作为一个社会的成员到底应该关心的是什么——我们只不过是教育制度的被动客体。我们研究古代的时候尚且要把对象解放出来，做人类学尚且要把研究对象解放出来，但如果研究者根本没有主体性，怎么去做这种解放的研究？换句话来说，没有主体的存在、没有思考的空间，就会完全变成机械性的研究。

这就带来一个问题，就是现代的学术生产与文化生产一样，确实是机械复制性的。只要出了一个模式，大概十年左右，就是一大批同样的东西复制出来，各个领域都这样——有人说"范式转变"——同样的东西，又十年，又是一大批，又"范式转变"，就是没有自己独特的思考。这独特的思考从哪里来？思想是什么？思想是一个状态，是人具有自己主体性的时候存在的状态。要是有这样的状态，研究就比较有意思。现在很多人，包括我自己在内，有时候生产出来的东西——不是在好读不好读、可读不可读的意义上，而是在思想的意义上——非常的没意思。如果做学位论文是够了，可是作为活的东西、活的思想——没有！这是一个最大的问题。现在教育体制在扩张、学科体制在扩张，但思想的空间并不是真的在扩张。这与我们作为人的处境也有关系。现在大家都是个人主义者，都很强调个人，但个人越来越像一颗螺丝钉，越来越单一化。这对我们的学术研究还是有影响的。

回到《读书》来谈这个问题。《读书》杂志理想的状态是，真正具有高水准的专业学者，写一些具有思想性的、不同领域的人都可以介入的文章。你们看费老的文章，非常好看，真的是把他自己在一个领域长期的研究，心领神会后转化成活的思想表述出来。这样的境界很少有人能达到，即使要做也很不容易，不过有这样一个期待我觉得是很重要的。在 20 世纪 80 年代，我们有这样一个问题：很多人觉得自己很有思想，但什么基本训练都没有，什么话都可以乱说，现在有些人动辄反对学问，也还是这样的问题。现在总的来说学术训练很多，每个人都能有一套表述，但是看了几眼你就知道他从哪儿来到哪儿去，所有的东西都是可以预见的，看了开头就知道结尾会是怎样——就是这样的一个状况。这就使我很希望在中国这么剧烈的社会变动中——我觉得是在人类史上、现代世界上非常重要的社会变动——我们能够从自己的角度去介入这些变动，去思考和关怀这些问题，这绝对不是排斥新的知识，用鲁迅的话说，叫作"取今复古，别立新宗"[1]。这是我们希望达到的一个目标，但做得很不够，要持续地努力。

（覃慧宁/整理）

---

1 鲁迅：《文化偏至论》，见《鲁迅全集》第一卷，北京：人民文学出版社，2005年，第 57 页。

02　公理、时势与越界的知识

——在 2013 年卢卡·帕西奥利奖颁奖仪式上的演讲

　　2013 年当地时间 10 月 20 日，汪晖教授在意大利威尼斯卡福斯卡里大学（Universita Ca' Foscari Venezia）开学典礼上被授予卢卡·帕西奥利奖（Luca Pacioli Prize）。另一位获奖人为著名哲学家尤尔根·哈贝马斯（Jürgen Harbermas）。本文为汪晖教授在颁奖仪式上的演讲实录。

尊敬的主席先生、女士们、先生们：

　　获悉得奖的消息时，我正在德国的旅途中。卡洛·卡拉罗（Carlo Carraro）校长在信中邀请我来威尼斯参加颁奖仪式。威尼斯，"一支隐秘的贡多拉船歌，伴随着斑斓的欢乐而颤动（Heinlich ein Godellied dazu, zitternd vor bunter seligkeit）"，这是尼采的诗句。在《看哪，这人》（*Ecce Homo*）中，他说："要寻求音乐的别名，我必然只有想到威尼斯。我不知道热泪与音乐的分别。我不知道如何想到了欢欣和南方而不无恐惧之战栗。"[1]

1　[德]尼采：《查拉斯图拉如是说　看哪，这人》，楚图南译，合肥：安徽人民出版社，2012 年，第 294 页。

威尼斯之于我不仅是音乐。在启程来威尼斯之前，我特意从书架上挑出一本英国人所写的材料翔实的达·芬奇（Leonardo da Vinci）传记以备在旅途中阅读。在得悉获得了卢卡·帕西奥利奖（2013 Luca Pacioli Prize）之后，我对这位文艺复兴时代的"会计学之父"多了一些好奇。他是达·芬奇的好友，后者称之为"卢卡大师"，达·芬奇的传记中一定留有这位伟大数学家的些许线索吧？果然，在阅至该书第五章有关《最后的晚餐》（L'ultima cena）的创作过程的描述时，卢卡·帕西奥利登场了。1498 年 12 月 14 日，在为刚刚完成的巨著《神圣的比例》（De Divina Proportione）一书所写的献辞中，"卢卡大师"对达·芬奇的《最后的晚餐》做了这样的评论：

　　　　在众门徒听到那个声音说出"有人背叛了我"的时候，我们很难想象他们当时的表情专注到什么程度。通过行为和手势，门徒们似乎在互相对话，一个人跟另一个人说，而那个人又跟旁边另一个人讲，都显得惊讶不已。就这样，我们的列奥纳多用他那巧夺天工之手创造了这戏剧性的一刻。[1]

　　帕西奥利所说的"戏剧性的一刻"将两个本来相互分离的场景重新综合：一个场景是《马太福音》（Gospel of Matthew, 26: 21-2）中耶稣向他的门徒宣布"你们中间有一个人要卖我"的消息，另一个场景则是中世纪流传至当时的以圣餐为中心的画面。达·芬奇将神情专注而又满脸震惊的人物带入了圣餐的场景，像传统构图那样

1　转引自［英］查尔斯·尼科尔：《达·芬奇传——放飞的心灵》，朱振武等译，武汉：长江文艺出版社，2006 年，第 275 页。

将人物排成一线显然不能成立了。在"这幅永不安宁的杰作"（布克哈特［Jacob Burckhardt］语）中，中心人物是耶稣、圣徒和背叛者，他们被错落有致地安排在画面中，形成了一种被后来的评论者称之为"波浪形"的光学图谱。达·芬奇为了追求作品的精确性，甚至在画面中心钻了一个小孔，这就是落在耶稣右太阳穴上的整幅壁画的没影点。专注、震惊的气氛是精确计算的产物。艺术创作与精确计算之间的这种关联也体现在达·芬奇与帕西奥利之间的友谊和交往之中。1494年，帕西奥利的划时代著作《算术、几何、比与比例概要》（*Summa de Arithmetica, Geometria, Proportioni et Proportionalita*）发表，达·芬奇不但购买了这部书，而且在笔记本上记下了阅读笔记，据说有些内容与《最后的晚餐》有关。在帕西奥利完成于米兰时期的《神圣的比例》一书的前言中，作者说明书中"所有等边体和非等边体"的插图都是"由最杰出的画家、透视学专家、建筑师、音乐家和全能的大师——佛罗伦萨的列奥纳多·达·芬奇在米兰所作"[1]。

达·芬奇与卢卡·帕西奥利堪称意大利文艺复兴时代所独有的"全才"（*l'uomo universal*）。在他们各自的工作领域，我们可以清晰地发现一些交汇点：数学、艺术与宗教，而数学——宇宙的公理——无论在对宗教画面的诠释中，还是在世俗生活的筹划中，均具有本源性的位置。在帕西奥利的伟大著作诞生之前，由于商业和贸易的发展，在佛罗伦萨、热那亚，尤其是威尼斯，复式簿记的实践和思想已经有了长足的发展，但《算术、几何、比与比例概要》一书对于复式簿记理论的系统化却使之成为一种后世广为流传和运用的"公理"。桑巴特（Werner Sombart）说"复式簿记是由产生

1　［英］查尔斯·尼科尔：《达·芬奇传——放飞的心灵》，朱振武等译，第282页。

伽利略和牛顿的体系以及现代物理化学的同一精神产生出来的"[1]，因此我们有理由称之为"复式簿记原理"（the theory of axiomatics of double-entry bookkeeping）。在帕西奥利家乡的纪念碑上，镌刻着这样的铭文："他创立了复式簿记并撰写了其后来成为未来思想的基础和不变形式的数学著作。"将复式簿记的实践系统化为"不变形式的数学著作"，这一过程可以称之为复式簿记的公理化过程。存在于帕西奥利和达·芬奇的作品中的"公理"不但跨越了宗教与世俗、艺术与科学的领域，也综合了对自然的探索与对实用性的筹划。在他们的世界里，艺术、宗教、市场活动和科学研究如同奔涌的河流一样自由地分流又交汇、交汇又分流。从形式上看，公理直接表现为对于某个数学公式的运用和演绎，但实际上无论是簿记理论还是创作中绽放的瞬间，都是从无数的可能性中、从反复的调查和试验中、从特定历史时刻对古典的研习和突破中诞生的。

因此，公理总是与时势相关的。孟子称颂孔子时说："孔子，圣之时者也。孔子之谓集大成。集大成也者，金声而玉振之也。金声也者，始条理也；玉振之也者，终条理也。始条理者，智之事也；终条理者，圣之事也。"[2]孔子追慕古圣、洞察时势，在独特的情境和行为中展现普遍的精神。如同古代音乐的缘起，金玉之声相和，条理贯穿终始，其始于个人洞察之智慧，而终于圣人践行之力量。在这里，"始"与"终"的关系是辩证的，"集大成"并非只是收罗往圣之遗迹，更是"用巧夺天工之手"进行"创造"的行动。体现在圣人行动中的"理"不正是认知与洞察的开端吗？但是，认知、洞察并不只是主观的行动，而且是通过这种行动展现的物的秩

1　桑巴特：《现代资本主义》第二卷第一分册，季子译，第93页，上海：商务印书馆，1937年。

2　朱熹撰：《四书章句集注·孟子集注》卷十《万章章句下》，第315页。

序。北宋道学家邵雍说："夫所以谓之观物者，非以目观之也。非观之以目，而观之以心也，非观之以心，而观之以理也……圣人之所以能一万物之情者，谓其圣人之能反观也。所以谓之反观者，不以我观物也。不以我观物者，以物观物之谓也。"[1] 以物观物，即让物的秩序自然地呈现，但要让物的秩序自然呈现，不正需要一个洞见的智慧和建立在"心物合一"之上的"知行合一"的实践吗？在这个实践中，物的秩序与"我"合而为一，在"巧夺天工的片刻"重新诞生了。

这种对于普遍性的追慕也直接地体现在现代思想及其对知识的规划之中。由于与西方思想的碰撞，在 19 世纪末期与 20 世纪初期，几乎所有的知识领域都被重组了。我曾经将这个重组概括为以现代科学为基础的公理世界观对于以儒学及其价值为基础的天理世界观的替换。然而，天理世界观的衰败和科学世界观的兴起不是简单的兴替关系，它们之间存在着相互的渗透。宋明儒者将"天理"视为万物之特性、道德之起源和践履之标准，并以此为基点综合自然、道德和政治等各个方面。在这个思想世界里，对于自然和万物的认识始终是与对政治秩序的认知和道德规范的实践密切相关的。与此十分相似，近代中国的科学概念和格致概念以对自然的研究和利用为中心，但也经常与政治、道德和秩序等范畴相互关联。即便在公理世界观取代天理世界观的激烈冲突中，那种对于贯穿自然、道德、政治、艺术等一切领域的公理的信念仍然被保留了下来。1895 年，在中日甲午战争失败的震惊中，严复按照斯宾塞（Herbert Spencer）的社会学观念，以天、地、人的结构建立了

1　邵雍:《观物内篇》，见《道藏》本《观物篇》，上海：上海古籍出版社，1992 年影印，第 23—24 页。

一套有关自然、社会和道德的知识谱系以攻击和取代儒学的知识谱系，而在这个新的谱系中居于最高地位的是"玄学"或"炼心制事"之学，居于底层的是算学、化学、电学、植物学，处于中间层次的是农学、兵学、航海、机械、医药、矿务。这一科学的知识谱系与一种在实证基础上建构起来的社会模型密切相关。对于严复而言，"玄学"是与"群学"密切相关的，前者主要包括数学和微积分，即一种能够对事物的"必然之理"进行总体把握的知识，而后者则是能够将归纳和演绎的方法论运用到政治、刑名、理财、史学等领域的"群学"。[1] 因此，"群学何？用科学之律令，察民群之变端，以明既往测方来也。肄言何？发专科之旨趣，究功用之所施，而示之以所以治之之方也。故肄言科而有之。今夫士之为学，岂徒以弋利禄、钓声誉而已，固将于正德、利用、厚生三者之业有一合焉。群学者，将以明治乱盛衰之由，而于三者之事操其本耳。"[2] 在这个意义上，科学以其分科和实证的方式提供了一种新的社会模型及其新的道德原则。

从晚清至五四时代的大量文献中，我们可以从几个方面归纳天理世界观与公理世界观的尖锐对立：

第一，公理世界观逆转了天理世界观的历史观，将未来而不是过去视为理想政治和道德实践的根源。这一逆转瓦解了儒学世界观内部所包含的对于历史中断的意识和由此而起的通过恢复古典以接续道统的意志。在这一新的历史意识的支配下，不是以个人的道德／政治实践、不是以重构古典或复古的方式重构道统谱系，而是以一种投身未来事业的方式体现历史意志，构成了新的伦理。

---

1 严复：《西学门径功用》，见王轼主编：《严复集》第一册，北京：中华书局，1986年，第94页。

2 严复：《译"群学肄言"自序》，见王轼主编：《严复集》第一册，第123页。

第二，公理世界观以一种直线向前的时间概念取代了天理世界观的时势或理势概念：在古典思想中，时势内在于物之变化本身，内在于君子与时势的相互构成之中，物之变化并未被编织在时间的目的论的轨道上；而直线向前的时间提供了一种目的论的框架，将日常生活世界的变化、转型和发展全部纳入时间目的论的轨道。

第三，公理世界观以原子论的方式建构了"事实"范畴，并以此冲击天理世界观的形而上学预设，试图按照事实的逻辑或自然的法则建构伦理和政治的根据。在这里，"物"的转化是关键性的。在古典的礼乐范畴内，"物"（或"百物""万物"）不是孤立的、客观的事实，而是处于一定的关系、制度、秩序、规范之中的"物"。《周礼》中的"三物"指六德（知、仁、圣、义、忠、和）、六行（孝、友、睦、姻、任、恤）、六艺（礼、乐、射、御、书、数）。由此可知古典的"物"概念与一整套礼乐规范有着紧密的联系："物"是自然秩序的呈现，而礼乐也是自然秩序的直接体现，从而自然秩序之"物"也是礼乐之规范。在宋明理学中，"物"与礼乐秩序的关系疏离了，它不再直接地呈现礼乐规范，而必须通过"格物"的程序——"即物""穷理""至极"——以获得"理"。由于宋儒普遍地相信"理一分殊"，不同事物各有其理，从而为"格物致知"提供了一种认知的含义。这是宋代以降的博物学和自然之学常常被置于"格物致知"范畴之下的原因。在晚清时代，一种以原子论为核心的物质概念为实证科学提供了认识论的前提，"格物"概念中的"物"也就是建立在原子论基础上的事实概念，而"穷理"范畴中的"理"也不再是道德知识，而是指事物的客观规律。由于原子论式的事实概念的最终确立，任何对于事实的逻辑或自然的法则的反抗都必须以承认事实与价值的二元论为前提。

很清楚，这一新的公理世界是以现代科学及其信念为前提的。

20世纪以降，不但出现了以科学命名的各种门类的知识，如自然科学、社会科学、人文科学等大的分类和政治科学、经济科学、行政科学等小的分类，而且也出现了将"科学"或"科学的"作为形容词和定语的大量用法。科学概念几乎垄断了"真理"领域，其结果是：第一，进步的概念在过去与现在之间划出了清晰的界限，"科学世界，实与古来数千年非科学的世界，截然而为两世界"[1]，从而通过古典研究以产生新的宋明理学式的或文艺复兴式的人文主义不再可能。第二，就像孔德（Auguste Comte）将人类历史描述为从"宗教迷信时代""玄学幻想时代"发展到"科学实证时代"一样，直线向前的时间观念取代了时势的观念，从而宗教与科学之间的分野、以宗教为依托的神权政治与以世俗科学为认识论前提的共和政治是不可调和的。第三，由于"物"的概念发生了质变，首先在认识论上，其次在社会分工上，艺术、道德、政治、宗教等领域的严格分界已经不可避免。无论在认识的层面，还是在制度的层面，知识领域的"两种文化"、政治领域的政教分离、社会领域的公私两分、法律领域的群己权界成为现代世界的普遍现象。像文艺复兴时代那样自由穿梭于古典与现时、艺术与科学、宗教与自然之间已经完全不可能了。

在20世纪的中国，过去与现在、宗教与科学、精神与物质等"科学分界"与东西文明的范畴发生了奇特的联系。在晚清时代，人们公认科学研究及其创造的社会规范是西方社会在文明竞争中获胜的主要原因，进而也发展了在文明冲突论中理解科学的方式。科学及其奠定的公理现在与东方文明／西方文明、精神文明／物质文

---

1 吴稚晖：《书神州日报"东学西渐篇"后》，见《吴稚晖先生全集》第二卷，上海：上海群众图书公司，1927年，第99页。

明的二元论发生了关系。"精神之文明为我国所固有，其不逮西洋者，物质之文明耳，此差足自豪者也。今西洋方以物质之文明为基础，合精神而一之。中国乃不知吸取物质之文明，联合精神之文明以补我之短，为欲舍固有之精神，别求所谓物质文明者。亦思精神不存，物质将焉附耶？"[1] 在著名的《敬告青年》一文中，陈独秀将科学一词与"实利""常识""理性""实证"等概念相联系，而它的对立面则是"虚文""想象""武断"等字眼[2]，前者是西方文明的标志，而后者则是中国文明或东方文明的特征。新文化运动的这些观点也曾遭遇激烈的抵抗，但这些抵抗性的话语也同样将有关普遍公理的讨论置于文明论的框架下。他们声明中国文明是精神的、道德的、审美的，而西方文明是科学的、物质的、实利的。

在第一次世界大战的背景下，人们从两个不同的方向对科学文明展开批判性思考：在文化上，通过在与西方文明的对比关系中建立中国文化的主体性，否定西方文明的普遍意义；在知识上，通过"科学与人生观"的二元分化，将伦理学、心理学和其他社会科学从自然科学的完整体系中分化出来，进而否定科学公例或科学规则的普遍意义，实际上也是在知识的领域重建人的主体性。在前一个条件下，科学/艺术、科学/玄学、理智/直觉等等对立的范畴被视为西方文明和东方文明的各自特征，例如在1921年出版的梁漱溟的《东西文化及其哲学》中，我们大致可以将他有关西方文明、中国文明和印度文明的三种路向归结为：

---

1 《伦理学厄言》，载《科学一斑》1907年第3期。该刊由科学研究会（由上海龙门师范学校的成员组成，该校前身为汤寿潜任院长的龙门书院）编辑发行，1907年7月在上海创刊，月刊，计刊行4期。
2 参见陈独秀：《敬告青年》，载《青年杂志》第一卷第一号，1915年9月15日，第5—6页。

东方＝玄学＝艺术＝意见＝玄谈＝本体＝私德＝古化＝
第二、三路向

西方＝科学＝学术＝知识＝论理＝现象＝公德＝今化＝
第一路向

在梁氏的文化论中,"科学"不只是知识问题,"玄学"也不
只指道德问题,它们指涉的是科学与玄学所代表的两种不同的文
明。在科学的文明中,所有科学、政治、经济、道德、法律、思想
等等,都是科学的、理智的、认识的;而在玄学的文明中,所有的
科学、政治、经济、道德、礼法、思想等等,都是玄学的、艺术
的、直觉的。在后一个条件下,东西文明的各自特征被纳入了一个
知识的分类谱系之中,今天我们熟悉的自然科学、社会科学与人文
学科三足鼎立的结构与这一知识的分类谱系密切相关。在"科玄论
战"中,张君劢把问题放在"科学与人生观"的对立关系之中,目
的在于用"人生观"的自主性、多样性、偶然性、单一性来反对普
遍主义的"科学",从而清晰地区分出自然科学与精神科学的界限。
他说:"天文学,世界统一者也,未闻有所谓英国天文学法国天文
学也"[1];而"精神科学",如政治学、经济学、心理学、社会学等,
却没有"牢固不拔之原则"。[2]"人生观"的多样性是和"民族"文
化的多元性、个体心理的自主性直接相关的。用精神的多样性来对
抗科学的普遍性,用多元的文化和历史来对抗"科学文明"(西方
文明)的普遍意义,用主体的差异原则来对抗"科学"的同一原则
或公例原则,这就是"科学与人生观"作为一组对举的修辞模式的

---

1 张君劢:《再论人生观与科学并答丁在君》,见《人生观之论战》(上),上海:泰
   东图书局,1923年,第29页。
2 参见同上。

历史含义。通过科学与人生观的对立，历史文化问题终于转变成为抽象而普遍的知识问题：不是中体与西用的差别、东方文明与西方文明的对峙，而是科学与玄学、物理与心理、理性与直觉的对立，构成讨论的中心问题。正是以此为中轴，普遍的科学知识体系开始分化为不可通约的、具有自主性的不同领域，即科学的领域与精神的领域。通过对"科学之限界"的反思，人们提出了一个新的知识谱系，即一个能包容科学与"科学以外之知识"的谱系。在这个谱系中，形而上学、审美、宗教以及道德领域已经从"科学"的谱系中分化出来，并与之并列为独立的知识领域。与原先的科学概念相比，这一知识谱系仍然是一种分科的知识谱系，但居于统摄地位的不再是实证主义社会学，而是形而上学，其功能不只要求在科学知识领域之上保留"形而上学"的领地，而且还要求在科学知识之外，建立自主性的心理学、社会学、政治学和经济学等领域——这些领域不能由科学或作为科学之科学的"社会学"来统摄，而只能由形而上学来统摄——形而上学是一切知识的前提。

无论是东西文明的论辩，还是科学与人文的区分，问题的中心都涉及对于公理或普遍主义与支配的判断。在殖民主义、国家主义和科学主义的浪潮中，章太炎断言所谓"公理"与权力有着密切的关系：在殖民主义条件下产生的"文明化"过程、在现代知识及其体制下形成的对个体的操控，都是公理化的支配形式。章太炎对"科学公理"的揭露建立在两个基本原则之上：首先，他区分出两种自然概念，断言科学所研究的自然不是自存的自然，而是被纳入特定视野和范畴中的、受因果律支配的自然（即为科学所建构的自然）。从这一论点出发，他认为作为解释体系的科学并不能解释世界自身；"公理""进化"不是宇宙的原理或先验规则，而是人的观念建构；"公理"的创制过程与其说是（作为自然本性的）"公"的展现，毋宁说是"私"的曲折的表象。因此，"公理"是控制和支配的代名词。[1]其次，他把自然的运行从目的论的框架中解放出来，否定进化的道德含义，从而拒绝把个体与进化论的历史目的论相关联，拒绝把个体看作群体进化的工具，也拒绝在科学的名义下解构镶嵌在风俗、习惯和传统中的社会纽带。章太炎的反公理的思想并没有回到特殊主义，而是以其锐利的思想探索反公理的公理——一个"齐物平等"的世界。"体非形器，故自在而无对；理绝名言，故平等而咸适"[2]，齐物平等的世界在公理之名言之外，它提示我们只有突破"普世价值"的宣称才能达到普遍性。其实，"道可道，非常道；名可名，非常名"[3]，这不正是老子提示我们理解普遍性的道路吗？章太炎是20世纪中国反现代的现代性的先声。

让我回到公理与时势的问题上。在达·芬奇巧夺天工的那个瞬间，那些相互区分的领域——艺术、宗教、数学和计算——合而为一了；在帕西奥利写作他的《簿记论》(*Tractatus Particularis de Computis et Scripturis*，即《算术、几何、比与比例概要》的第三篇"计算和记录的详论")时，纸、阿拉伯数字、意大利方言、丝绸之路和地中海贸易所累积的信用关系和贸易实践、财产权、资本等等，全部综合在他的理论创造之中了。这是创造性爆发的瞬间，新的普遍性的诞生，它所凝聚的因素远比创造者自觉的更加丰富。歌德 (Johann Wolfgang von Goethe) 曾借小说人物之口称颂"复

1　参见章太炎：《四惑论》，见上海人民出版社编：《章太炎全集（四）》，上海：上海人民出版社，1985年，第443—444页。

2　章太炎：《齐物论释》，见上海人民出版社编：《章太炎全集（六）》，上海：上海人民出版社，1986年，第4页。

3　王弼：《老子道德经注·上篇·一章》，见《王弼集校释》，楼宇烈校释，北京：中华书局，1980年，第1页。

式簿记……是人类精神最美好的发明之一"[1]，但或许韦伯、桑巴特对于簿记与资本主义的关系的揭示更能解释为什么帕西奥利的理论的普遍价值。韦伯认为，当代资本主义体系运动的最起码的先决条件，就是将合理资本会计制度作为一切供应日常需要的大工业企业的标准。如果没有财产、资本、商业和信用的发展，复式簿记就会像之前的簿记实践一样在历史的暗影中徘徊；如果没有复式簿记在现代资本主义历史中的作用，中国的那些历史悠久的簿记实践也只会停留在历史文献的一角或者在某个作坊中的账房中默默运用。1918年，北京政府颁布《会计师暂行条例》，职业会计师制度确立，由此也产生了围绕簿记制度而展开的中西之辨[2]，以及中西簿记体系的长期并存、相互影响和漫长改革。[3]就像在科技史、经济史、法律史和文化史中一再出现的追问一样，当代学者关于簿记历史的讨论再次涉及了那些缠绕了学者们一个多世纪的问题。这个问题的开端是韦伯式的："在西方文明中而且仅仅在西方文明中才显现出来的那些文化现象——这些现象（正如我们常爱认为的那样）存在于一系列具有普遍意义和普遍价值的发展中，——究竟应归结为哪些事件的合成作用呢？"[4]但是，在20世纪的后半叶，这个问题被李约瑟修改为：中国拥有许多与西方相似的发明、拥有更多早于西方的发明，那么，中国与西方的分岔究竟是从哪里开始的呢？[5]在过去20

1　［德］歌德：《威廉·麦斯特》，董问樵译，上海：上海译文出版社，1999年，第43页。

2　参见魏文享：《上海商会与1930年代的改良中式簿记运动》，载《浙江学刊》2010年第2期，第101—107页。

3　参见喻梅：《中国近代两种会计制度长期并存的经济社会原因分析》，载《甘肃社会科学》2009年第5期，第120—122页。

4　［德］马克斯·韦伯：《新教伦理与资本主义精神》，于晓、陈维纲译，北京：生活·读书·新知三联书店，1987年，第4页。

5　参见［英］李约瑟：《中国科学技术史》第五卷《化学及相关技术》，周曾雄等译，北京：科学出版社，2010年。

年中，这个"李约瑟问题"有更进一步的推进：直到1800年，西方并没有任何完全为西方独有的内生优势，西欧中心的支配地位是在19世纪欧洲工业化充分发展之后，才真正奠定的。[1]这些立足于"分流"而产生的命题又带动若干子命题，其中一个可以称为"韦伯问题"的修订版：如果古代中国存在着与欧洲一样的，甚至比欧洲更先进的技术、科学、经济发展（包括簿记形式），为什么不是在中国，而是在欧洲产生了工业革命和资本主义？再就是：如果中国、印度或者其他文明的早期发明及其传播为欧洲的发展提供了前提，例如纸的发明、阿拉伯数字的传播，的确可以视为簿记发展的前提条件，但为什么欧洲的发明及其传播没有在更早的时代促进中国或者印度的同样发展呢？所有这些问题都是对韦伯所说的那个"普遍意义和普遍价值的发展"[2]的改写和修订，但它们都没有涉及现代资本主义在全球的发展的不平衡性，这种不平衡性压抑了其他地区的已经存在的发展或正在发展的可能性，因此，所谓"早期发展"的范畴也是将这类发展置于时间线索中的产物。在今天，有关"分流"（divergence）的探索仍在持续，有关"交汇"（convergence）的研究业已展开。"交汇"不是同化，其特征与其说是同质性，毋宁说是交流、缠绕、碰撞、渗透并保留着事物的多样性。伴随着生产、流通、消费、交通和信息技术的发展，"分流"在"交汇"中重新组合，但"交汇"仍会转化为新的"分流"。或许，那是交汇中的分流，分流中的交汇。"道生一，一生二，二生三，三生万物。"[3]

这是"世界历史"瓦解的时刻，也是重新思考世界历史的时刻。

---

1 参见［美］彭慕兰：《大分流》，史建云译，南京：江苏人民出版社，2004年。
2 ［德］马克斯·韦伯：《新教伦理与资本主义精神》，于晓、陈维纲译，第4页。
3 王弼：《老子道德经注·下篇·四十二章》，见《王弼集校释》，楼宇烈校释，第117页。

03 世纪的诞生：20世纪中国的历史位置

——对话章永乐

2020年12月23日晚，汪晖教授著作《世纪的诞生：中国革命与政治的逻辑》新书发布会在北京邺架轩阅读体验书店举行。汪晖教授与北京大学法学院长聘副教授章永乐进行了对谈。清华大学国家大学生文化素质教育基地常务副主任王巍担任主持人。对谈系邺架轩读书沙龙第21期活动，本次沙龙由清华大学国家大学生文化素质教育基地、清华大学图书馆、邺架轩阅读体验书店、清华学堂在线、生活·读书·新知三联书店、光明网联合主办。

章永乐：《世纪的诞生》这本书在今年出版，有不同寻常的意义，因为今年是"新冠元年"。

这里我要从100年前的梁启超说起。1919年，梁启超游历了欧洲，观摩了巴黎和会，在所谓"西班牙大流感"（其实并非起源于西班牙）尚未终结的时候，在巴黎近郊的白鲁威（Bellevue）生了一场病。他回来之后在报刊上发表了一系列文章，后来结集成《欧游心影录》。在里面，梁启超对20世纪下了一个总判断，他说："社会革命恐怕是20世纪史唯一的特色，没有一国能免，不过争早晚罢了。"其实早在20世纪初的时候，他就运用了"世纪"这个词，比如他在 1900 年初就写了《二十世纪太平洋歌》，1903 年写了《二十世纪之巨灵：托辣斯》。他借助"世纪"这个词来表达他的一种深刻的对时势的认识：我们这个时代和之前的时代已经有很大差别了。大致来说，在世纪初的时候，他对 20 世纪只是有一个比较模糊的感觉；但到了第一次世界大战之后，他对 20 世纪形成了一个非常清晰的总体判断，就是把社会革命和 20 世纪紧密关联在一起。从今天的后见之明来看，这个判断是比较准确的。

从 1920 年开始，正好 100 年过去了。100 年前有所谓"西班牙大流感"，今年有新冠疫情。汪老师在全球疫情的背景之下，出版了这本《世纪的诞生》。做思想史的人都知道，抓住关键词特别重要。汪老师牢牢地抓住了"世纪"这样一个关键词。他在书里告诉我们，19 世纪的中国知识分子实际基本上没有用"世纪"这个词，一直等到 20 世纪初的时候，他们才开始运用"世纪"这个词来描绘他们对正在到来的一个新时代的感觉。他们用的是"世纪"（而非王朝纪年、黄帝纪年或孔子纪年）来指称正在开始的新时代；这实际上是说，他们是在意识到了"20 世纪"的存在的时候，再往前追溯它的前史，才将上一个时代命名为"19 世纪"。从这种对新时势的自觉当中，逐渐就产生出一种新的政治形态，以及一种新的政治主体性。

汪老师这本书要论述的"20 世纪"，并不是百年时间的自然流逝，而是与剧烈的社会革命相关联的"短 20 世纪"。英国历史学家霍布斯鲍姆在《极端的年代》（*The Age of Extremes*）中界定的"短20 世纪"始于 1914 年的第一次世界大战爆发，终于 1991 年的苏联解体。苏联的兴衰实际上是其"短 20 世纪"的隐秘线索。但霍布斯鲍姆的这本书实际上有一些短板：第一，它没有摆脱"欧洲中心论"的色彩；第二，中国的位置在其框架中模糊不清；第三，作者是在新自由主义的高峰时期写了这本书，所以当他回顾 20 世纪时，有一种非常强烈的灰暗阴郁的色调，有一种非常强的"失败"的感觉。相比之下，我想《世纪的诞生》具有更广阔的全球视野，尤其是把中国的经验放在非常关键的位置，重构"短 20 世纪"的历史叙事，并且从已经终结的世纪内部寻找未来的动力。相比于霍布斯鲍姆《极端的年代》，汪老师《世纪的诞生》更具有面向未来的意义。

今年，面对新冠疫情，我们深刻感觉到时势已经发生新的变化。那么，21 世纪到底是一个什么样的世纪？这是我们讨论这本书非常重要的语境，我想今天和汪老师的对谈也会把这个问题带进来。

"世纪"背后的时空变化

章永乐：首先我想问汪老师的一个问题，是时间与空间的变化。"世纪"这个词是一个时间的计量单位，从鸦片战争到 19 世纪末，中国士大夫基本上没有用"世纪"这个词，但是到 20 世纪初的时候，突然冒出一堆关于"世纪"的讨论。这就意味着，"世纪"这个词绝不仅仅是个纪年方式改变的问题，它背后到底有什么样的时间与空间的条件变化，以及对时间与空间的感知变化？

汪晖：很高兴有机会在 2020 年即将结束的时候来讨论"世纪"的问题。今年夏天我写过一篇短文，是为一个展览写的序言，那个展览就叫"2020+"，意思有点像你说的"2020"作为"新冠元年"的意思。也就是说，时间的命名常常标志着人们对一种局势、时势的基本判断。

刚才章老师说，"世纪"这个词在晚清的时候并没有很多人使用。这个词的采用，也意味着格里高利历开始流行，格里历是 16 世纪的时候出现的，到 18 世纪才开始进入英国。在全球范围，包括在欧洲，真正地讨论"世纪"问题也要到 19 世纪的后期。那时欧洲流行的一个关键词是"世纪末"，就是说世纪到了一个将尽的时刻。欧洲"世纪末"的语境是文明危机，文学与审美领域的颓废状态，生物学和心理学领域开始出现的退化论，都给人一种文明好像快要完结的感觉。但在全球范围内，真正用"世纪"作为纪年的范畴，要到 20 世纪才开始。在亚洲地区比较早使用这个概念、运用格里历的是日本——明治维新以后就用了。不过，日本虽然引进了公历系统，但它一直有别的纪年系统，直到今天都还有。中国是在晚清开始使用，民国时双重地使用——既有公历系统，也有民国的纪年——实际上到现在台湾地区也还在用民国纪年，但越来越多地倾向于公历系统。俄国 1917 年十月革命后开始使用公历系统。中国真正普遍地使用这个概念，是 1949 年新中国建立以后，而且不再使用其他纪年系统。也就是说，运用哪种历法和纪年的方式，实际上带有一个自我指认：我们的时代是从哪儿开始的，时势是怎样的。从历史叙述上说，为了确认民族主体，也需要一种连续性的、可以溯源至源头的时间叙述，晚清时期康有为倡导的孔子纪年、刘师培提出的黄帝纪年，虽然与世纪的概念不同，但都试图建立一种连续性的、直线发展的时间框架。

梁启超是最早有意识地使用"20 世纪"这个概念的近代思想人物之一。1900 年 1 月 30 日，他在夏威夷写作了《二十世纪太平洋歌》，把两个重要的语词放在一起：一个是时间，就是 20 世纪，一个是空间，就是太平洋。

从全球的经济社会史的角度说，从 1870 年代以后，随着美国经济的崛起和德国在欧洲的崛起，逐渐地进入了一个新的历史时期。1898 至 1900 年前后美西战争的爆发是一个标志性事件，美国开始转向太平洋。一般来说，这也是全球资本主义重心从大西洋向太平洋转移的重要时刻。在这一如今我们称之为亚太区域的广袤空间，两个重要的政治体、经济体，当然也是军事体，迅速崛起，一个是美国，一个是日本，两个新"帝国"或者"帝国主义国家"。梁启超抵达夏威夷的时期，正是美西战争后的时刻。夏威夷刚刚经历了美国的殖民和占领，也存在抵抗的运动。他在那儿立刻感受到了在太平洋地区正在发生的重大转变。不仅是夏威夷，菲律宾、关岛、波多黎各和古巴在美西战争后都深陷于相连的危机。

梁启超是康有为的弟子。康有为重新发明了不同版本的"公羊三世说"，按照公羊学把历史分成三个主要阶段：据乱世、升平世、太平世。在这首长诗里面，梁启超把"公羊三世说"和一种按照世纪的分期所形成的历史分期结合起来，把历史分为三个阶段。一个叫作"河流时代第一纪"，像黄河或两河流域的这些大河流域的文明是早期的历史文明，这个时期在他的叙述中是据乱世的时期。然后是"内海文明时代第二纪"，以像地中海、中国的黄海、渤海等沿海的周边文明为主体的时期，他把它看作升平世的时期，也是小康世，他明确地在这首诗里面使用了这些语词。按照这个公羊学的历史分期，这之后就应该进入"太平世"了，也就是"大同世界"。可是公羊学的叙述到这儿中断了，因为沿海文明以后，进入了所谓的"大洋文明时代"，就是从以哥伦布发现新大陆为开端的，在 16 世纪以后出现的大洋文明，即殖民主义时代和此后的帝国主义时代。在 19 世纪晚期到 20 世纪初期，大洋文明的重心和状况都发生了重大的变化。第一是重心发生变化，第二是由于经济和军事技术的发展，使得这个时候太平洋地区呈现出极其复杂、危险的格局。在这样的状况下，按照"公羊三世说"来描述历史变迁的方式，到这里好像是断了。这是一个象征，也就是我们习惯于叙述历史、描述历史的方式，到了这里，无法准确地把握当下的时势了。

在这个背景下，《二十世纪太平洋歌》把时间和空间结合在一起，指认一个独特的历史时势。中国的命运和位置，无论是跟过去历史的关系，还是与整个世界历史的关系，都需要放在这样的一个条件下才能理解。拯救中国于狂澜既倒，我们怎样探讨自己社会的未来呢？这是提出这一新的时空概念的前提。也就是说对于 20 世纪的历史理解，时势的问题是一个前提性的概念，是一个方向。它不只是一个纪年，不只是时间的标记，它是对一个特殊的历史局势的认知。这是第一点。

第二点，在这首长诗中，梁启超以后的许多叙述已经萌芽了。梁启超在这首长诗里面开始使用"帝国主义"这个词，他把它叫作"民族帝国主义"。这个词实际上呼应了欧洲对于"新帝国主义"和旧帝国的区别，那旧的帝国指什么呢？旧的帝制政体。比如说早期的罗马帝国，甚至波拿巴帝国主义，也被一些论者归入旧帝国范畴。那为什么它叫"民族帝国主义"？是因为这个帝国主义和"民族膨胀主义"有关系，就是说不只是君主的好勇斗狠、侵略成性，而是这个民族本身的发展自然呈现出的一种帝国主义状态或态势。这个民族的扩张，他们把它叫作"膨胀"，是与经济的扩张、经济的特殊形式尤其是工业的组织形式如卡特尔、托拉斯等等联系在一起的。梁启超在抵达美国本土之后，于 1903 年发表了《二十世纪之巨灵：托辣斯》这篇文章，讨论生产的组织形式、生产过剩和帝国主义等这一系列的问题。

因此，时势的问题意味着旧的方式无法再持续了。也就是说，时间变化了，条件变化了，按照原来的变革路径再继续往下走也不太可能了。梁启超是在 1898 年戊戌变法之后流亡海外的。之前的变革逻辑是按照自强运动（洋务运动）、戊戌变法的方向运行的，即在清朝框架内进行改革和变革的一套方式，到了这儿他感觉到许许多多的不确定因素出现了，旧方式过时了，这就表现在他的一个新的时势意识里面。

反思帝国主义

章永乐：好的，汪老师已经把帝国主义的问题带出来了。我们知道，帝国主义在近代的时候，不仅是一种强大的军事力量、经济力量，它同时还伴随着一种思想的力量。也就是说，它会运用各种各样的理论来论证自身的正当性。比如说社会达尔文主义、文明等级论，通过这些东西来论证它的正当性。

我自己做研究的一个深刻体会就是，我发现晚清的知识分子，多数其实有一个特征。虽然有些人提出了要超越帝国主义的愿景，比如康有为在《大同书》里面其实就提出要超越当下帝国主义的阶段，但这是一个远景；在比较近的政策而言，康有为提出清政府要尽可能学习普鲁士—德国模式，这实际上不是要改变现在的帝国主义的这套规则，而是要在这个秩序当中改变中国的位置，也就是在不改变规则的前提下，把中国的位置往上提一提。也是在这个前提之下，你会发现明治维新获得了很多中国知识分子的认同和推崇。因为日本原先被西方各国看作"半文明国家"，它的地位和中国一样，但是它通过改革变成了所谓的"文明国家"。1905年打赢日俄战争之后，日本加入了所谓的民族大家庭，被认为是"列强俱乐部"的一员。所以在晚清的时候，虽然可能存在像章太炎一样的对19世纪欧洲文明比较全面的批评，但是主流大致还是一个承认国际体系的不平等性，但是改变中国在其中的位置的思路。但到了第一次世界大战之后，情况发生了很大的变化，中国的知识分子不仅是简单地要改变中国在这个体系中的位置，同时对体系本身提出了质疑。当然这里面有很多原因，很重要的一个就是欧洲列强在第一次世界大战中相互厮杀，最后导致它的文明等级论在声誉上损失巨大。

那么，不知道汪老师怎么看第一次世界大战前后发生的，帝国主义以及中国知识分子对帝国主义态度本身的变化？在您的书里是怎么去做论述的？

汪晖：从 20 世纪初至第一次世界大战前后，出现了一大批针对整个帝国主义的批判和理论，而第一次世界大战时期尤其如此。世界范围内的反帝运动，在这个时期之后才开始展开，例如朝鲜半岛的"三一"运动、中国的五四运动和其他地区的反帝运动。虽然此前有各种各样的奋发图强、抵抗外来入侵的运动，但是大规模的反帝意识和运动，在这样的一个时期里获得了新的意识、新的规模、新的形态。

中国的思想当中有不同的派别，刚才你提到了章太炎，其实不仅是他，也包括鲁迅和其他人。在晚清思想中，不仅针对帝国主义现象，还针对帝国主义的逻辑进行展开分析的，如章太炎、鲁迅这样的人，还是比较少的。鲁迅那时候年轻，是章太炎的学生。章太炎与严复的辩论之一，是围绕《社会通诠》展开的，核心论题之一是社会进化论。章太炎对社会进化论的激烈批判，就是强调这套社会进化论本身带着帝国主义的意识形态。尽管这本书未必是为帝国主义张目，但是社会进化论本身包含这个含义。章太炎发表的一系列文章，比如说《俱分进化论》（"善亦进化，恶亦进化"[1]）对进化

1　章太炎：《俱分进化论》，见上海人民出版社编：《章太炎全集（四）》，第386页。

的批判，包括对《社会通诠》中很重要的"军国民"的批判，就是在批评严复所说的中国只是一个宗法社会，没有发展成为欧洲式的所谓民族国家和军国民社会。章太炎指出，不同的历史形态中，都包含了"军国民"的要素，而中国的宗法社会本身有其漫长的演化和与欧洲社会不同的历史脉络，诸如此类。沿着这样的一个反思历史目的论的脉络，到1910年前后，他写了《齐物论释》，提出每一个事件都有各自的独特性和各自独特的位置，不能够放在一般的目的论的历史当中去叙述。这个思考本身，是对发展整个帝国主义意识形态的批判。所以章太炎思想对于20世纪有关帝国主义的批判奠定了一个重要的基础。鲁迅在1907到1908年前后跟随章太炎学习时，已经孕育了这样的思想。他对于知识分子当中弥漫的"兽性爱国主义"给予了尖锐的批判，背后是对帝国主义政治伦理的批判。

除此之外，在晚清的革命思潮中已经出现了社会革命的思想。同盟会的主流是民族主义的，推动和从事民族革命，但三民主义的思考中，已经包含了社会革命的思想。而社会革命的思想本身是内含着对帝国主义伦理的批判的。

但当时的主要方向是解决中国的救亡图存的问题。康有为一方面讲大同，讲一个超越整个现代资本主义的未来的世界及其基本逻辑，但是他的叙述当中又包含着这个逻辑。最典型的例子是杨度的"金铁主义"。什么叫金铁主义？金就是金钱、经济，铁就是战争工具、大炮火器。金铁主义的一个基本判断是什么？即认为到了19世纪晚期，世界已经进入了一个叫作"经济战争国"的时代；虽然过去历史上也有战争，但是这个战争不一样，是与经济的扩张有密切的关系的。因为有各种各样关于帝国主义的解释，从金融资本主义、生产组织，还有资本输出的角度等，其中一个比较重要的解释是由生产过剩和市场扩张、经济扩张所导致的帝国主义。

瓜分世界、形成势力范围，是帝国主义狂潮的主要表现形式。杨度的思想也代表了许多人提出的拯救中国的方案，就是按照金铁主义的模式，即经济战争国的模式改造中国。史华慈（Benjamin I. Schwartz）用"寻求富强"概括严复的思考。这两个东西综合在一起，构成他的一个叙述逻辑，但在金铁主义的强有力的逻辑之下，富强的直接表现形式是经济战争国。在这一背景下，才出现了像章太炎、鲁迅他们对于金铁主义的激烈批判。对金铁主义的批判本身，是对于帝国主义内在逻辑的一个思考和批判，也是对如何改造中国的道路的新探索。

这样的批判要到更晚的一个历史时期才逐渐扩展为更广阔的共识，在第一次世界大战时期有了集中的反映。第一次世界大战促使欧洲人重新思考战争的逻辑问题，思考为什么会出现帝国主义战争，也出现了对于帝国主义状况的反思。1914 至 1920 年前后，有关第一次世界大战的总结，包含几个基本逻辑。

第一波总结，就是当时的知识分子对于第一次世界大战爆发和造成的悲剧的总结。第一个总结是很乐观的，所谓"公理战胜"。就是把第一次世界大战视为文明和野蛮的斗争。法国、英国这些西欧立宪民主政体和共和模式被看成是文明国家；俄国、德国，包括奥匈帝国——尽管它们并不属于同一个阵营，一部分（如俄国）和协约国有关，另一部分是同盟国等等——被看成是野蛮的、旧的政体。"公理战胜"背后有一个文明论的逻辑。

但这个叙述方式很快就破产了。巴黎和会的结果昭示帝国主义的瓜分行径是不分政治形式的。这一点，晚清的知识分子其实已经意识到了，比如梁启超。梁启超在《二十世纪太平洋歌》《二十世纪之巨灵：托辣斯》等著述中，已经意识到美国的角色变化。从林则徐、魏源开始，对美国的评价是比较正面的，比如《海国图志》

对美国的叙述，美国过去是殖民地，后来争得独立，所以其中对它的《独立宣言》（*The Declaration of Independence*）有非常理想的一个看法。但是美国参与了八国联军干涉，美西战争后美国对其他地区的殖民扩张，使得许多人对美国也幻灭了，而美国的政体是所谓的共和政体。因此，从晚清到五四这个时期，仅仅从政体上来区分文明和野蛮的论述，尽管一段时间当中曾经占据过相当大的比重，其实是持续受到质疑的。这是第一种关于第一次世界大战的总结。

第二种总结，是把第一次世界大战看成是民族国家之间的战争。这个思考也是欧洲知识分子最初提出的。第一次世界大战（我们过去也叫欧战）是欧洲内部不同国家、帝国之间的竞争。这些参与战争的国家，都是建立了所谓的主权，处于所谓威斯特伐利亚体制之下，他们把自己看成是"同种而不同族"的民族，种是白种人，但里面分了不同的民族；这场战争就是因为有民族国家体制的出现，而导致的。在这个背景下，出现了对于民族主义和民族国家的反思。

这个反思也很快传播到了亚洲。日本的一些知识分子在战争期间就已经开始翻译西方对于战争的反思。由于战争期间巨大的创伤、牺牲，很多欧洲知识分子思考的时候，提出了一个新的概念，叫作"白种联合论"，这就是后来欧洲统一的一个基本设想。只不过当时使用的是带有种族主义色彩的概念，所以又呼应了亚洲地区的"黄种联合论"，更不要说日本以后的"大东亚共荣圈"等等。这一套论述是与这个逻辑有关的。也就是说，对于民族国家这样的一个政治形式，开始了很深刻的怀疑。民族国家的政治形式，在19世纪占据主流的文明论和政治论述当中，正是文明的标志。过去那些都是旧的帝国，而现在是一个"nation"，一个新的政治体。正是这样一个在文明论中被视为最先进的政治形式，导致了这场战争的不可调和。关于主权学说，关于政治理论，集中在这个问题上，它的核心就在这儿。在五四和新文化运动时期，对立的两派其实都包含这样的思想。即便是《新青年》，开头是非常主张公理的，但其中也包含了白种、黄种的论述，像刘叔雅，也就是刘文典，在《欧洲战争与青年之觉悟》[1]中长篇地论述这个问题，其实这篇文章与它的对立面《东方杂志》中的很多论述是非常接近的。这是第二种关于第一次世界大战的论述。

帝国主义与民族国家有密切的关系，这也呼应了 20 世纪初期梁启超和其他人的"民族帝国主义"这个概念，也与日本对于帝国主义的思考有所呼应。日本的进步思想家幸德秋水（Kotoku Shusui）1901 年发表了一本书，就叫作《二十世纪之怪物帝国主义》（『廿世紀之怪物帝国主義』）。我所能看到的研究帝国主义的成书作品中，这本几乎是最早的。1900 年前后是全球，尤其在欧洲内部，讨论帝国主义这个话题多且议论纷纷的一个时期，但欧洲的第一部关于帝国主义的经典研究，是霍布森（John A. Hobson）1902 年所作的《帝国主义：一项研究》（*Imperialism: A Study*），这本书影响非常深远。列宁（V. I. Lenin）1916 年写《帝国主义论》（«Империализм как высшая стадия капитализма»）就大量引用了霍布森的这本著作。而幸德秋水 1901 年出版的这本书又早于霍布森。幸德秋水当然也涉及了经济等，但有意思的地方在于，他特别强调了帝国主义与民族主义之间的关系。幸德秋水面对的现实是：日本在经济上还没有达到欧洲诸国、美国这些强国的水平，但已经转变为一个帝国主义国家。刚才章老师说到帝国主义不仅是一个经

---

1 刘叔雅：《欧洲战争与青年之觉悟》，载《新青年》第二卷第二号，1916 年 10 月 1 日，第 1—8 页。

为未来而辩论

济、军事的问题，同时它还是意识形态，是价值观、世界观，是叙述历史的方式，等等。就此而言，幸德秋水把对帝国主义的批判更多地集中在了主观的方面，也就是民族主义的这个方面。从 20 世纪初到五四这个时期，对于民族主义的再思考，这是另外的一部分源头。

第三种论述同样是相互连接的。在 1900 年以后，中国的知识界，也包括其他地区的有识之士，都意识到了帝国主义不仅仅是侵略和占领别人的土地，这是全世界从早期文明史起就经常发生的现象。这个时期最重要的是生产形态、市场扩张，是资本主义经济的组织方式发生变化。比如说梁启超写的托辣斯、德国的卡特尔这些联合的生产组织形式，还有金融与实体经济之间大规模的结合，当时大规模讨论这种合并。这种新的经济组织方式造成了生产率的大幅度提高，也造成了生产过剩。生产过剩以后，内部就要产生阶级冲突，对外需要寻找市场。

由此出发，对于帝国主义的第三种解释是社会民主主义和马克思主义的。社会主义和社会民主主义都对帝国主义的社会经济根源进行分析，这个根源，其中一点集中在社会内部的阶级问题上；在这个过程中，阶级冲突了，资本与劳动之间发生剧烈的冲突。当年有一句话很出名，出自现在大家都特别想要得到的"罗德学者"的创设者塞西尔·罗德（Cecil J. Rhodes）。罗德其实是南非的金矿矿主、大资本家，他与 1899 至 1900 年前后的布尔战争，也就是英国与布尔这两个白人小共和国（德兰士瓦和奥兰治这两个布尔人共和国）之间围绕金矿发生的一场战争，有非常密切的关系。罗德有一句名言是："要是你不希望发生内战，你就应当成为帝国主义者。"[1]

1　［法］米歇尔·博德：《资本主义史（1500—1980）》，吴艾美等译，北京：东方出版社，1986 年，第 179 页。

这句话当年霍布森引用过，后来列宁也转述过；此后关于帝国主义的理论中，都涉及这个问题。卡尔·波兰尼（Karl Polanyi）的《大转型：我们时代的政治与经济起源》（*The Great Transformation：The Political and Economic Origins of Our Time*）讲到市场扩张，国内的阶级矛盾如何外化成为帝国主义之间的竞争和斗争的历史。也就是说，第三种解释涉及了基本的经济社会方式，这就出现了大家需要寻找新的社会道路的问题；也就是梁启超说为什么需要有社会革命，是因为基本的社会组织方式必须改变，才可能避免彻底摧毁文明的世界大战的形式。

所以，欧洲战争，第一次世界大战，更不要说第二次世界大战，发生在西方经过18世纪晚期到19世纪整个工业革命之后，即在政治、经济、文化好像都达到了最高峰的时候，也是在文明论的论述达到顶峰的时候，即这套帝国主义意识形态不但支配西方知识界，也支配所有非西方地区的各种人思考世界的基本方式的时候，所谓文明的欧洲自我爆炸了，暴露出最野蛮的底色。在这样的一个背景下，出现了各种再思考。梁启超经过欧游回到中国的时候，他对欧洲文明已经发生了完全不同的观感。当时局势，与他在晚清写《新民说》等文章时完全不一样，他也处于完全不同的一个时代氛围。

帝国主义列强的均势和协调

章永乐：从晚清以来，中国知识分子一直有中国被列强瓜分的担心。但这个担心一直没有变成现实，其中当然有中国人民的反抗所产生的威慑作用，但我想另一个很重要的原因，是列强之间的均势（balance of power）和协调（concert of powers）。

列强在中国的利益是相互冲突的，导致没有一个国家能够单独把中国吞并。除了因为利益冲突而导致的牵制之外，列强还有主动的"协调"。比如1900年的八国联军侵华是一次协调，《辛丑条约》商议过程也是一次协调，我们知道当时英国和美国是主张不要瓜分中国的。辛亥革命当中，也存在一个非常强的大国协调的因素，当时六大列强（英法德美日俄）决定既不支持北方的清政府，也不帮扶南方的南京临时政府，不借钱给他们。最后他们支持袁世凯，挫败了革命派要求定都南京的诉求。这样的一种"协调"，在当时一些中国精英看来可能还有一个好处：当欧洲列强和美国介入的时候，往往能够抑制日本作为区域霸权对中国的打压。

所以这种协调和均势，经常被中国的政治精英当作一种可以利用的因素，从李鸿章到蒋介石，都非常积极地不断运用这种因素。而美国也是在这个机制当中，被很多中国知识分子认为是某种可以特别寄予希望的力量，因为借助它可以牵制日本和欧洲列强。所以，您怎么看待帝国主义列强的均势和协调？它对中国，第一是作为一个统治结构的要素，第二是对于中国的反抗本身，到底有什么样的影响？对中国革命的具体形态来讲，不同时期的列强关系，到底怎样塑造了中国革命的整个进程？

汪晖：关于这个话题，其实章老师有更多的发言权，他专门写了从全球史的视野讨论门罗主义的文章。[1] 那个讨论很有意思，我做一点回应。

首先是怎么看待均势和协调的问题。总的来说，与其说是协

1　参见章永乐：《威尔逊主义的退潮与门罗主义的再解释——区域霸权与全球霸权的空间观念之争》，载《探索与争鸣》2019年第3期，第97—109页。

调，不如说是无法协调而造成的格局。大国协调的所谓"维也纳体系"，从 1815 年起，早期大概相对有效地运行，不到半个世纪，大概到 1848 年革命之后已经有很大的问题，之后这个机制一定程度地在持续，比如 19 世纪晚期柏林的会议（1885 年 2 月柏林会议）等等。这些协调会议都有。但总的来讲，我们怎么去分析协调和不协调？帝国主义在瓜分全球的过程中，有一些殖民地没有再被瓜分。比如说非洲的安哥拉，原来是葡萄牙的殖民地，葡萄牙当时已经非常弱了，但安哥拉最终没有再被瓜分，没有再经瓜分的主要原因是没有达成协调。像这一类的问题，不完全是协调的结果，而是不能完全协调起来的产物，这是第一个方面。

中国的情况是比较独特的。第一，中国是一个幅员辽阔的国家。在 19 世纪，特别是鸦片战争之后，中国的周边，几大霸权都已经相继形成了各自的势力范围，比如英、法对东南亚和相邻地区，英国人对西藏，俄国人对新疆等等，更不要说内地的变化，几个口岸等等。也就是说，这个时候实际上没有一个霸权有能力完整地对中国进行殖民统治。它们未能瓜分中国，是均势，还是未达成均势？这是一个问题。总而言之，在一个张力关系当中，没有一个国家有这样的能力，形成利益独占。虽然八国联军镇压了义和团运动，但是他们受到的震慑也是巨大的，如果他们要完全用殖民的方式进入中国，遇到的抵抗和困难是巨大的。所以他们也不敢简单地在中国这样一个国家里面，使用在其他地区的殖民模式。

再一个，原来讲的协调和均势，主要是指欧洲几大国之间，从晚清开始，有两个原来不在均势和协调范围内的重要国家出现了。一个是日本，日本是亚洲新崛起的帝国主义国家，它与欧洲国家之间产生着各种各样的复杂纠葛。比如 1902 年缔结的《英日同盟》（*Anglo-Japanese Alliance*），这又有"三国还辽"作为背景。三国干涉还辽中有一定的大国协调的因素，就是甲午战争签署《马关条约》，割让辽东半岛给日本之后，俄罗斯帝国、德意志帝国和法兰西第三共和国逼迫日本把辽东半岛还给清政府，最后俄国人占据了中国东北的利益，德国人获得了胶州半岛的权益。1904年日俄战争爆发后，美国的介入是很明显的，日俄和谈的《朴茨茅斯条约》（*Treaty of Portsmouth*）基本上是美国协调的结果，而美国也并不在欧洲原来的大国协调框架下，也就是说出现了两个重要的新角色。

有意思的地方是美国在其中的新角色。确实像你刚才说的，近代中国知识分子对美国的幻想是最多的。美国是后来者，它所提出的中国保全论，"利益均沾、门户开放"，是适应新形势的、相对成本较小，但能够获得新市场的一个主要方式。如果用殖民方式，遇到抵抗的话会有许许多多的困境。用章太炎在晚清比较印度与中国的时候的说法，他发现印度和中国都是大的古文明，不同的地方在于，中国有漫长的国家制度传统，而印度缺少这种统一国家的制度传统。一旦有这个传统，在外来殖民者进入的过程中，要形成它的自我组织的能力，是很困难的。其实，在殖民主义的历史当中，建立缓冲国也不是罕见的例子。比如泰国这样的国家，它就属于在几个列强之间建立一个缓冲区，但是维持了当地政府表面的自主形式。所以，美国的这个角色是很重要的。

要说欧洲的大国协调，霍布斯鲍姆说过，大国协调其实一开头就不是真正的协调，能够使它有效运行的，是因为后来英国的主导。英国是真正主导性的，它是一个头，摆平里面的这些关系。如果考虑到东亚地区后来发生的变化，美国这个角色是不可或缺的，它与中国政府之间的合作、介入中国内部事务的模式值得琢磨。这个时期，由于"利益均沾"和"门户开放"构成了新的帝国主义的模式——并不一定需要去占领一个地方，把它变成自己的殖民地，加以直接管制等等方式。美国在亚洲地区所采用的相当多的方法都是如此，比如对菲律宾也是用这样的方式。

在这个背景下，出现了一个格局。1900 年前后，也就是八国联军侵华之后，是所谓"瓜分论"和"保全论"最甚嚣尘上的时候。孙文写过一篇很著名的文章，意思是说，中国既不允许你们瓜分，也不需要你们来保全，中国是我们自己的，只有中国人才有权决定自己的命运（《支那保全分割合论》）。[1] 孙文这样的态度，其实代表着一种新的中国社会力量。

理解辛亥革命

章永乐：我的下一个问题是关于对辛亥革命的理解。我们可以看到的是，辛亥革命的核心人物的思想与革命实际取得的制度性成果之间，存在着很大的落差。思想上，当时已经提出了社会革命的诉求，比如晚清时期孙中山、汪精卫、朱执信等在和保皇派的辩论当中，会提土地问题、社会的分化问题、阶级问题等，他们也重视俄国 1905 年革命的经验，主张政治革命与社会革命齐头并进。而他们的社会革命主张又反过来触动了列宁，列宁基于他对中国革命者思想以及其他亚洲革命的了解和思考，提出了"先进的亚洲与落后的欧洲"这一命题。

但是，在辛亥革命具体展开之后，我们发现，它的成就是极其有限的。比如说社会革命这一方面，1912 年统一共和党、国民公

1　参见孙中山：《支那保全分割合论》，见广东省社会科学院历史研究室等编：《孙中山全集》第一卷，北京：中华书局，1981 年，第 218—224 页。

党、国民共进会合并组建国民党的时候，当时为了在各个党派之间取一个最大公约数，甚至连"男女平等"这一条都不愿意写进党纲当中。当时因为宋教仁作为新的国民党的实际组织者和领导者，没有把这一条写进去，有同盟会的女会员感到很愤怒，还动手打了宋教仁。至于政治层面，孙中山等人的设想更是受到严重挫败，南方的很多立宪派与革命派对袁世凯很有好感，而且列强也支持袁世凯，最后北京成为中华民国的首都。袁世凯死后，中国很快陷入军阀割据和混战的状态。孙中山后来在《建国方略》当中说："夫去一满洲之专制，转生出无数强盗之专制，其为毒之烈，较前尤甚。于是而民愈不聊生矣！"[1] 这里可以说是对辛亥革命所取得的实际成就的非常大的不满。

那么，从思想史与制度史两个方面来看，我们对辛亥革命的观感可能会非常不一样，您怎么来看这样一个落差？

汪晖：这也是历史研究当中特别有意思的一个问题。总的来说，我并不认为这两个方面是完全矛盾的。

在历史进程中有许多时候，思想的突破常常不在最先进地区，例如德国哲学。马克思很早就说过，德国是当时欧洲最落后的，国家不统一，容克地主制，经济上落后，社会分裂，但德国的革命性主要体现在它的哲学里面，它的思想成了此后19、20世纪整个世界思想的特别重要的发源地。就是说思想的先进性或者说思想的革命性与政治的落后之间，不完全是单一的现象，也有普遍性。当然这不能反过来说经济社会发展程度较高的地区，思想就一定是落后的，而是说两者之间可能出现相应的平衡发展的情况，但不平衡也

---

1 孙中山：《建国方略》，见广东省社会科学院历史研究室等编：《孙中山全集》第六卷，北京：中华书局，1985年，第158页。

是经常出现的现象。很多年前，有一位德国学者研究全球史，在德国历史学家当中引起过争论。处在正统地位的历史学家认为，英国史作为一个全球史研究还差不多，德国也没什么殖民地，德国那么落后，做不了全球史。但塞巴斯蒂安·康拉德（Sebastian Conrad）研究启蒙的全球史，提出一个观念的全球史问题，就是从全球范围内来看，德国的那些基本观念发生转化，与其他的地区发生互动，其产生的后果又不能够完全还原到德国史里面。比如启蒙，到处都有启蒙，但你不能用康德的观念或门德尔松（Moses Mendelssohn）的观念来界定所有启蒙，因为每个地区启蒙的早期源头或许与德国思想有非常密切的关系，但内涵又相当不同。

所以第一，我认为思想和现实之间的不平衡，其实是一种常态。毛泽东在《矛盾论》里面提过这个问题。他引用过列宁对恩格斯（Friedrich Engels）的引用（"引用的引用"），换句话说，列宁也讨论过这样一个问题。[1]列宁说，在那些社会关系落后的地方，理论是第一位的。一般来说，他们都是马克思主义者、唯物论者，唯物论都强调首先是物质条件，经济、社会这些是最主要的，但是在政治的意义上不一定，在有些地方，经济社会条件还很落后，却存在革命发生的条件，而这些条件之一，便是理论的先进性及其与实践的结合。

列宁在1912年前后就对孙文和中国革命的看法连续发表了《中国的民主主义和民粹主义》（«Демократия и народничество в Китае», 1912）、《亚洲的觉醒》（«Пробуждение Азии», 1913）、《落后的欧洲和先进的亚洲》（«Отсталая Европа и передовая Азия», 1913）

---

1 参见毛泽东：《矛盾论》，见《毛泽东选集》第一卷，北京：人民出版社，1991年，第299—340页。

这一系列的文章。这些文章对中国革命进行总结，其中最重要的有两点。第一，在这个时代要进行革命，必须把社会主义与民族主义、政治革命与社会革命相结合。第二，列宁看到了孙文主义当中有社会革命的思想，即民生主义里面带有社会主义因素。他很清楚地说，在经济社会落后的条件下，社会主义因素实际上是发展资本主义经济的前提。换句话说，如果完全用私有产权等典型的资本主义方式，是无法发展资本主义经济的。列宁在1905年俄国革命失败之后已经总结过这一点。他说，如果都像德国的容克地主制，每个人固守着自己的一点私有财产，农业的资本主义根本不可能发展起来。那个时候他受美国的经验和亨利·乔治（Henry George）的理论的影响，强调西部开发、土地国有化和以土地涨价归公为内涵的再分配。到1912年前后，孙文提出了民生主义和社会革命的理念，已经不只是在资本主义的脉络下，而是在社会主义的脉络下提出这个问题，对列宁是有启发的。

第二个启发就是，他意识到在这些落后地区进行革命，需要有一个综合的革命，将当时的民族革命和社会革命结合起来，而这个民族革命和社会革命同时发展的思想，在欧洲的社会主义运动中是不成立的。欧洲社会主义认为需要通过阶级和社会关系的改造来推进社会革命，民族革命只是资产阶级的范畴，而孙文要把这两者结合起来。这一点也对列宁关于在不发达地区如何进行社会变革的思路有影响。正是这样一个经验，使得思想的传播就有了极大的作用。

辛亥革命爆发前后，革命者自己就已经意识到革命本身的不彻底和失败。除了一开头的振奋，很快就是失望。但我们也要看到另外一面，就是早期的理论准备虽不像欧洲那么发达，不过相较于过往的社会变革，这已经算是有理论准备的革命了。我把辛亥革命放在一个20世纪初期的革命序列当中来理解，我觉得这是有意义的。

这个序列既包括在中国内部的序列，也有在世界范围内的序列。谈论20世纪，是无法在一个单一社会内来谈论的，20世纪意味着全球都进入一个新的历史时期。20世纪爆发的第一场革命，1905年俄国革命，是失败的革命。这场革命是由内部长期矛盾积累而产生，但同时又是由日俄战争中俄国方面的失败所触发的。这场革命是失败了，但是日俄战争的爆发，导致整个世界对这一问题进行关注，并不只是中国，全世界都在关注日俄战争，实际上它的世界性影响甚至超过在中国的影响。中国近现代史研究中，对甲午战争、戊戌变法、辛亥革命等重大事件有很多非常深入的研究，但是日俄战争的研究在中国是很弱的。它是一个世界性的事件。1905年俄国革命，触发了1906年波兰华沙起义、1905至1907年波斯的宪政革命、1908至1909年的土耳其革命、1910年的墨西哥革命、1911年中国的辛亥革命、1917年十月革命、1924年中国大革命，而后则是共产党领导的又一轮土地革命。列宁所说的"亚洲的觉醒"，不是说中国已经取得胜利，这是由一系列失败的革命构成的一个序列，这个序列意味着世界将由于这一系列事件的发生而发生巨变，这个序列将是不可逆转的一个新时代到来的标志。从这一点上来说，辛亥革命是非常重要的。

辛亥革命的成果中的另一要点就是，再回到旧制度已经不可能了。鲁迅先生的回忆中说得很清楚，从二次革命，张勋复辟到袁世凯称帝，都再也不可能像晚清的改革运动那样用帝制的模式来推动中国的变革，而一定是在新的条件下创造新的机会。所以，尽管辛亥革命本身的制度性成果很弱，之后很快就是内乱，但是另外一方面，它提供的这个基础，已经使得基础性的政治社会条件发生变化了，这就为以后的变迁提供了前提。辛亥革命确实是一个重大事件。

重读卢森堡

章永乐：汪老师的叙述中非常重要的一个贡献是把辛亥革命与十月革命关联在一起。我们之前耳熟能详的一句话是"十月革命一声炮响给中国送来了马克思列宁主义"，但汪老师告诉我们，其实辛亥革命反过来也对十月革命的领导人产生了思想上的冲击。这样的话，中俄两国的命运实际上就整个地关联在一起了，这里面就涉及我们在今天怎么来看十月革命的问题。

我读《世纪的诞生》写十月革命的第六章时有一个强烈的感觉：汪老师是在做一个"二阶观察"的思想实验。在这里面，重要的人物是罗莎·卢森堡（Rosa Luxemburg）。罗莎·卢森堡自己对十月革命有一个观察，汪老师又观察了罗莎·卢森堡对十月革命的观察，然后再通过这一观察来反思我们纪念十月革命的基本思想方法。您赞扬了卢森堡对革命的思考方式，她对革命的批评是从"不成熟的革命所蕴含的本质的未来性"出发的，但是她对十月革命的一些具体批评，如在土地政策、民族政策上的见解，可能在视野上还是存在着一些较为欧洲中心主义的缺陷。通过把罗莎·卢森堡和中国革命做一个对照，其实就把中国革命的一些本质性特征给带出来了。最后上升到对十月革命怎么看的问题，同时也包含了怎么理解中国革命的一个思想方法上的反思。我不知道这种"二阶观察"的解读，您是否认同，您怎么来评价罗莎·卢森堡在您的思考与写作当中的意义？

汪晖：卢森堡在今天的西欧社会或者西方知识领域，影响其实是很大的。列宁主义伴随着苏联解体已经过去了，至少进入低潮，在第三世界，毛泽东思想或许拥有更大的影响，而直接援用列宁理论的社会运动已经很少，反而是卢森堡式的论述，在左翼知识分子当中影响巨大；语言不同，但实际的逻辑是基本一致的。

我先说两点肯定的方面。就像你刚才说的，我把卢森堡对十月革命的批评是以肯定革命的"本质的未来性"为前提的。卢森堡对十月革命有很多非常严厉的批评，例如她批评了十月革命的土地政策，批评了十月革命的民族自决权的观念，批评了十月革命完全抛弃了资产阶级民主，强调民主是必须被继承的。这是她对十月革命的批评的几个最主要的方面。也就是说，她认为十月革命犯了巨大的错误。但另外一方面，我在这儿为什么要提到她？在历史研究领域，过去二三十年大家最经常使用的词是陈寅恪先生提出的"同情之理解"。在历史研究当中，对古代还可以同情，对 20 世纪基本看不到太多同情。讲"同情之理解"，是说需要站在特定历史人物的位置上去设想那个处境，产生共情作用，也意味着要从一个带有革命色彩的视角重新去理解那个时代，否则完全只是外在的。不过，历史学界基本上对此没有太多自觉，只是说要同情过去，没有说要同情这些主要的历史的脉络。卢森堡的批评方式本身带有一个意义，就是她虽然对十月革命非常批评，但她没有简单地否定这场革命，她知道这场革命爆发的前提、最基本的历史条件在什么地方——那个历史条件是整个帝国主义时代所造成的激烈的冲突，是西欧的左翼，特别是工人阶级，他们的政治代表人的阶级性背叛，是沙皇制度的遗产和自由派的投机，使得革命不得不采用新的形式。在这个条件下，卢森堡带着同情。这个同情反过来也是从她自己对波兰革命的理解而来的。她虽然是一个波兰裔犹太人，但同时是德国社会民主党人，她对德国的社会民主党是带着激烈的批判的。如果把她与卡尔·考茨基（Karl Kautsky）做个对比，就可以看得很清楚，他们两人都批评十月革命，但是卡尔·考茨基基本上是完全的否定，而卢森堡则是带着同情进行批评。这个同情的批评就意味着她仍然把那场革命视为一个历史条件的产物，并且带着参与到运动内的一个视角去理解它，并与她的俄国同志们辩论。在今天谈论20世纪历史，一说都很动感情，很容易情绪激烈，在大谈"同情之理解"的时候，对20世纪却是最没有同情之理解的。这是一个历史研究的现状。同样是反思，后代的反思，我把它叫作"后悔史学"。后悔史学实际上假装是它的后代，其实这些后代早已自外于20世纪的运动，从来不和那些运动在同一个视野里面，不过是以"后悔"的名义发布的历史宣判。历史宣判的意义在于自我肯定，而不是自我反思。卢森堡不一样，她是内在于那场革命的，这是我觉得她积极的方面，从方法论来说，至今也有意义。

从另外一方面来说，她是一名共产主义者，她对俄国革命的主要批评，其中一个是关于农民和土地问题的。她说，为了获得农民的支持，把土地给了农民，这意味着创造出无数的小资产者、小有产者，这就等同于创造了一个更强大的革命的敌人。等革命成功了，这些人是最反对进一步的社会改造的，她认为这是十月革命的第一个错误。第二个错误就是民族自决权。她认为为了革命的临时战略和策略，就采用了民族自决的方式，只能有利于波兰、乌克兰等国家和地区的统治阶级。波兰是俄国控制、统治下的一个国家。按说卢森堡应该是同情的，不过她看得很清楚，如果支持波兰独立的话，最欢喜的其实是它的上层统治者，是那些利用民族主义来获得自己权力的阶级，而普通的无产阶级是没有利益的，这是她的第二个看法。因此，民族自决权是与社会主义运动的基本任务相互矛盾的。第三个是关于民主问题。如果放弃了民主，革命最后只是变成少部分人密谋专制的工具，不再具有民主性。联系到后来的专政问题，我以为她最后所提的这一条是值得思考的。

但卢森堡的讨论基本上是从欧洲革命的视野出发的，她没有理解俄国革命真正的性质，更没有理解中国革命的真正的性质。在俄国大概有 80% 以上的农民人口，在中国有 90% 以上的农民人口，这些革命运动是通过农民的转化而发生的。对于这个转化的政治过程，卢森堡是有一点化约论的，将阶级理论化约到原有的一般的阶级结构里面，缺少动态转化的理解。这是她的一个典型的看法。

她也没有列宁的另外一个视野，即亚洲的视野或非欧洲的视野。这也是我在书中为什么把十月革命问题放进来，因为我觉得十月革命也可以从亚洲的视野去讨论。十月革命是第一次世界大战即所谓欧洲战争的直接反应，但如果把 1905 年革命以后的那个革命序列放进来的话，也可以看到第二次俄国革命和亚洲革命之间有亲缘性的关系。这个亲缘性关系包含在两个方面，第一个方面刚才说了，虽然俄国的工业化程度比中国要高，但是它仍然是大规模的农业国家。卡尔·考茨基在分析俄国革命的时候已经说得很清楚，他说：为什么巴黎公社失败了，而俄国革命却成功了？要理解这一点，就要理解巴黎在整个法国的独特的地位，因为两次法国革命都得不到农民的支持，完全是市民和工人（城市人口）的斗争；而俄国革命所以成功，是出了彼得堡以后还能得到农民的支持。在中国更不用说了，我们后面讲人民战争，农村包围城市，农民在中国革命中的作用是前所未有的。第二个方面是卢森堡没有意识到，阶级这个范畴不能只是在经济层面、用静态的方式来理解，而应该从政治变动中理解阶级、阶级关系和阶级政治；要理解政治性阶级的形成，比静态的财产权关系复杂很多。这在中国以后的经验中可以说是至关重要的。

列宁所以要分析帝国主义问题，是他意识到全球已经被组织在新的关系当中，原有的民族问题和阶级问题虽然有区别，但又是混在一起的。列宁在这个问题上有很多不同的、有时候听起来有点矛盾的表述。比如说"每一个现代民族中，都有两个民族"[1]，他指的是民族中的阶级关系。但那些非西方世界的革命似乎又是民族的运动。他在这个民族运动背后发现了帝国主义时代由全球劳动分工的再形成而产生的阶级关系及其独特形式。在这个背景下，不仅是亚洲革命，也包括以后我们称之为第三世界的革命都普遍具有这样的性格，在全球劳动分工的意义上产生的、呈现为不平等的民族关系的阶级性关系。这是当时的西欧革命者很少意识到的内容，他们基本上处于资本主义经济发展到一定阶段，即通过工业化往新的一个阶段转变的过程中，以阶级革命的形式推进社会革命。这可能也是 1860 年以前——尤其是 1848 年革命前——马克思主义的主要看法。马克思有一个著名的论述，在波兰问题涌现出来的时候，马克思在 1848 年革命前说过一句话，大意是：波兰的解放不能够在波兰解决，波兰的解放要在伦敦解决、在英国解决。意思是说在资本主义发展最发达的过程中，通过阶级的解放来解决旧有的民族和统治的问题。

但到 1860 年代，马克思已经意识到阶级和民族之间的问题并没有一条像直通车那样的捷径，所以他委托恩格斯去研究爱尔兰问题，后来共产国际也专门形成过关于波兰问题的决议。在《临时中央委员会就若干问题给代表的指示》（ *Instructions for the Delegates of the*

---

1 列宁：《关于民族问题的批评意见（1913 年 10—12 月）》，见《列宁选集》第二卷，中共中央马克思恩格斯列宁斯大林著作编译局编译，北京：人民出版社，2012 年，第 344 页。

Provisional General Council: The Different Questions）的法文版标题 [1]
中，已经出现用"民族自决权"来解决波兰问题这样的表述，这很
可能是民族自决权在西欧马克思主义和共产主义运动中的首次出现。
但这一套论述始终没有发展起来。这个论述真正地发展起来，是在
亚洲革命的脉络下。列宁的民族自决权的思想是 1914 年第一次世界
大战爆发前后提出的，但是中国的民族革命与社会革命并肩而行的
思想，其实远早于这个时候。这就是为什么在 1912 至 1913 年前后
列宁会感到兴奋，也是在这个意义上，我们需要重新来看待卢森堡
关于这个问题的讨论。

卢森堡对日俄战争后的世界格局及其对欧洲社会主义者的启发
有过论述，但对 20 世纪中国革命，她是没有太多的论述的。不仅
是她，早期的托洛斯基也是如此，因为他们都是用工人阶级、无产
阶级这套论述来看待这个问题的。我印象中，托洛斯基到 1920 年
代上海工人起义的时候才意识到，革命的路径不只是从伦敦到巴
黎，到柏林，到莫斯科，而是很可能从彼得堡到莫斯科，到乌兰巴
托，到上海，到新德里。他勾画了另外一个路线，也就是他意识到
在资本主义中心地带之外可能出现新的局势，而列宁很早就已经意
识到这一点了。

拉狄克（Karl Radek）在列宁去世以后的回忆中提及，在中央
委员会政治局讨论的时候，经常听到列宁非常兴奋地谈中国，说以
后中国要如何，没有一个人说话、回应，因为不知道他在说什么，
就好像他一个人梦呓一样。一直到列宁去世的时候，正是中国大革
命要起来的时候，情况才悄悄有点变化。这也回到你前面提到的辛

---

1 *Instructions pour les délégués du Conseil central provisoire de l'A. I. T. sur les différentes questions (1866).*

亥革命的两重性的问题。研究思想史、社会史，这两者之间的关系是非常独特的，既需要还原到社会现实中，又需要理解我说的能动性。也就是许多理念在当时并不被人理解，却不但具有预言性，又实际上影响了当时的运动的这样的一个过程。

20 世纪的两重性及史学方法论问题

章永乐：如果说汪老师对卢森堡进行了"二阶观察"的话，大家读第六章，还可以进行一个"三阶观察"。我想汪老师刚才的几个回答当中，凸显出了一点，就是人的主动能动性。其实您的史观有一个特色，我想是以前的很多评论者没有充分注意到的，就是您重视人的主动能动性，将历史视为一个可能性的领域，通过历史行动者思想所展开的可能性，来观察和把握那条现实中产生的历史道路。因此，现实中的历史道路是诸多可能性当中的一种，它是人的行动的结果，是人的思想和意志实施的结果。我是非常喜欢这条路径的，我自己的博士论文也和这个密切相关。我在美国做博士论文，讨论的是古希腊和罗马史家们对"反事实"（counterfactual）的运用，其实就是在一个可能性的领域当中来把握和理解现实性。

但其中可能有一个很有意思的史学理论上的探讨，就是在过去的几十年当中，我们其实可以看到，您说的"后悔史学"的论述也可以采取一种看似非常重视人的主观能动性的修辞。有一种比较有代表性的看法是，过去中国革命的很多论述比较强调历史的必然性，而"历史必然性"的话语很容易被视为是不重视人的主动能动性，作为对这种话语的一个反动，许多人就去寻找历史上其他的可能性，就是把这个现实的 20 世纪道路之外的，那些所谓"被压抑的可能性"释放出来。所以我们可以看到有大量的研究是去研究其他各派的思想。比如说，为什么中国就没能走英美道路呢？为什么中国非要进行激进的社会革命呢？那么，我想也是与对五四运动、对新文化运动的解释相关的，很多人会认为五四运动具有某种19世纪的底色，但后来不知道怎么着，就被卷到一个社会革命和民族主义相互交织的运动轨道上去了。不知道您怎么来看这样一种认为新文化运动有一种"19世纪的底色"的论述？或者是不是可以这么理解：新文化运动其实只是运用了19世纪的一些词汇，而它对词汇的应用本身实际上已经是在一个20世纪的语境当中了？我想这个问题事关重大，也请您来做一个回应。

汪晖：这是一个很有意思的问题，我先把后面的问题回答一下，然后再回到史学方法论的问题上来。

先讲五四这个话题。所谓五四的"19世纪底色"，无非是说民主、科学，因为民主、科学都是19世纪提出来的基本价值和问题。第一个，它所回应的直接目标是什么？《青年杂志》在1915年创刊，正是袁世凯称帝的时候，它最直接的对立面其实是袁世凯称帝的问题，我们看陈独秀讲法兰西文明等等，这些都是19世纪的内涵。但是伴随着第一次世界大战的爆发，出现了完全新的东西。不要说《新青年》在1917至1918年以后逐渐发生新的萌芽，即便它的对立面，以《东方杂志》来说，也已经可以很清楚地看到对资本主义经济、对资本主义政治制度的怀疑，认为19世纪基本的经济社会模式已经过去了。

在中国的特殊语境下，面临着一个双重的问题。这就是世纪的诞生的独特性所在。20世纪的诞生不是一个从19世纪自然顺延而来的历史。我们在20世纪之前根本没有这个概念，换句话说，我们叙述19世纪、18世纪、17世纪的过程，这些都是20世纪的产物；我们重新组织了历史叙述的方式，这些都是在 20 世纪的条件下重构出来的过去的历史。在重构历史的过程中，遇到的一个两重性问题，这也是之后 1930 年代中国社会史论战所反复辩论的一个问题，即中国社会性质的问题。两重性问题，涉及西方思想与中国的现实之间到底是什么样的关系，也涉及 19 世纪与 20 世纪是什么样的关系，这个关系是双重的。在什么意义上是双重的呢？在全球关系当中，中国已经置身于帝国主义时代，它面临的挑战与其他社会（包括西方社会）面临的挑战非常接近。但另外一方面，中国社会又不是在欧洲 19 世纪当中产生出来的社会，中国社会有大量不同的、在进步论的表述之下被看成是前现代的历史。这样，挪用 19 世纪的知识，放置到 20 世纪的空间里面来，就变成方式之一。这个挪用的方式本身，是 20 世纪的独特产物，这是我想要说的第一点。

第二，在第一次世界大战，特别是到 1917 至 1918 年、十月革命之后，整个《新青年》开始转向激进化。在这之前，《东方杂志》对战争的再思考已经很清楚地显示，其中涉及了劳动问题、阶级问题、妇女问题、民族主义的问题，几乎都是 19 世纪的危机所在。知识界的共识是实际上已经无法再重复 19 世纪了，这才会出现一个新的思考。但即便在这个条件下，无论是大革命的出现，还是后来中国的共产主义革命，都没有简单地把自己的革命视为后资本主义的革命。恰恰相反，它们都包含着 19 世纪的内容。20 世纪本身包含了它的两重性。第一部分，是它大量的社会内容都带有欧洲 19 世纪的性质，晚清的富强问题、民族主义问题，都是从 19 世纪里面出来的。但是 20 世纪不同于 19 世纪的地方就在于，它始终包含了自我质疑和试图进一步超越的努力，就是说这里面包含自我否定性。我特别提到了"自我否定性"，就是说它一方面要发展资本主义经济，但另外一方面，需要找到走向一个新的社会形态的机会和可能性，这是它的整个脉络。这不仅是论述，而是社会主义运动所带有的，或者是社会变革运动所带有的两重性。

也就是说，它不是一个单一的运动，否则我们就很难理解。中国之前，无论是国民党还是共产党，所要完成的许多建设，比如说工业化、城市化，包括我们的大学教育制度等等，很多都是在 19 世纪的框架下发展的。也就是说，19 世纪内在于 20 世纪的历史进程，但是 20 世纪由于出现了对于全球性资本主义的反思，而不断地在这个进程内部出现了自我否定的要素，这是持续发生的，几乎在经济、政治、文化、社会所有领域都可以看到它的自我否定性。也可以说，就工业化、国家建设等等方面而言，20 世纪内在于 19 世纪的进程和内容。

刚才的提问还涉及看待历史的方法问题。首先，研究历史与研究一般的自然史不同。人都是有思想的，都是行动的，是实践着的人。在这个意义上，人的能动性是永远没法从一般静态的实证方法上推论出来的。所谓能动性，一定程度上是针对自然的延续性来叙述的。按照这种连续性论述，历史只能按照一个过去的轨迹往前走。但 20 世纪的诞生，没有一个简明存在的、前置的 19 世纪。这本身表示着一个新的格局、新的时势的出现。在这个意义上，能动的方面是历史研究非常重要的一脉。

其次，这也涉及我对 20 世纪的界定问题。无论讲"长 20 世纪"还是"短 20 世纪"，都有不同的历史脉络。比如乔万尼·阿里吉（Giovanni Arrighi）从经济史，特别是金融—国家框架的角度，分析了"漫长的 20 世纪"，从 1870 年代开始，整个美国兴起、成为主导的中心地带的历史过程。这一过程迄今没有完成，所以它是漫长的。霍布斯鲍姆所说的"短 20 世纪"，则是从 1914 年第一次世界大战的爆发，到 1991 年以苏联解体为标志的冷战终结的历史过程。虽然我前面讲了帝国主义，比如梁启超对帝国主义的认识等等，不过我所分析的20世纪的核心进程，确实是和革命，一个广义的革命（不只是战争等等）或广义的社会变革过程连在一起的。也就是说，不只是帝国主义决定了20世纪，而是对于帝国主义的持续的抵抗和寻找变革道路的过程，构成了中国20世纪的核心环节。因此，我把漫长的革命视为"短20世纪"的核心内容，这个革命是渗透在几乎所有领域里面的。这是我想说的第二点。

再次，就对历史必然性的批评而言，我觉得不是没有道理的。卢森堡对列宁的批评也包含这个意思，她认为列宁把给定条件下战略策略的运用变成了历史必然性，并将之推荐给整个世界。中国革命的过程中，是可以避免许多错误的。它有很多不同的脉络，这是可以讨论的。但这不等同于说可以取消基础性的条件来理解这个问题。能动性的问题是两面的。能动性一方面是说，任何一个社会变迁都与我们人的主动的选择、人的行动有关。但另外一方面，用马克思的语言来说，能动性也是自然史的一部分。在一个更广阔的自然条件下，人也是在既定的历史条件下进行选择。

回到前面说的，能动性的问题与我们如何理解历史有关系。人类历史不仅仅是客观事实的堆积，而且总是无法离开对其意义的理解和诠释，这是人类史与别的史不一样的地方。这个意义一定是与人的实践和他的动机有关系的。要研究这个过程，我们需要回到这样一个层面上才能解释，即如何理解人类的社会变迁。

"民族形式"作为一种新的创制

章永乐：涉及中国新民主主义革命的成功经验，我们熟悉一个说法，叫作"马列主义普遍真理与中国具体实践相结合"。中国共产党人是先接触到苏联和共产国际所产出的马列主义原理，了解布尔什维克的城市起义的经验，然后再在实践当中探索一般原理如何在中国的土壤当中落地生根。

在延安时期，毛主席明确倡导探索"民族形式"，倡导"中国气派""中国作风"。那么，我们如何在近代以来的民族主义的理论谱系中，定位这种"民族形式"的诉求呢？"中国气派""中国作风"中的"中国"，在时间与空间意义上，又可以做什么样的理解呢？

汪晖：这是理解20世纪的大问题。"中国作风""中国气派"是1938年毛泽东在延安的时候提出来的话题。[1] 那个时候正是抗日战争的特殊时刻。我们先来说一说它的具体条件，然后再来说它的普遍意义。

第一，这是在20世纪的一个独特的历史条件下发生的事件。按照20世纪流行的现代化理论的逻辑，社会发展遵循着从边缘到中心、从乡村到城市这样的一个发展逻辑。但是在1938年，由于日本全面侵华战争的爆发，国共两党，尤其是共产党，大规模地撤出城市，到了乡村地区，也就是进入新文化运动以来完全不同的语境中。民族动员面临着的直接对象是农民。顺便说一句，"农民"这个概念也是一个现代概念，在日本可能19世纪末已经开始出现，在中国基本上要到20世纪初，我记得1907年左右，有一份农民杂志或农林杂志创刊，开始使用这样的范畴，但那个时候是一般描述性的。刘师培在1907年前后就曾谈论过农民与中国革命的关系

1　参见毛泽东：《中国共产党在民族战争中的地位》，见《毛泽东选集》第二卷，第534页。

问题。但是大规模地使用"农民"这个概念，应该是在1920年代，《中国农民》《农民运动》纷纷创刊，《东方杂志》也出版过"农业及农民运动专号"。毛泽东在《湖南农民运动考察报告》中，把农民运动看作一个新的政治主体的诞生过程。我们现在要讲民族形式的内涵，往往会讲民族、国家、领土及其文化形态，但民族形式的问题直接面对着"社会主体由谁构成"的问题。中国的新文化一直是在都市里发展的，包括白话文运动等等。而在抗日战争时期，提出中国的民族形式的时候，经常涉及民间形式问题，原因是抗战动员面临着如何与大量不识字的农民交流的问题，需要讲民间的形式和民族的形式之间独特的历史关系。提出"中国作风""中国气派"的同时，其实也已经预示了当时中国革命的路径问题。

第二，民族形式问题的提出，针对的是马克思主义在中国的命名问题。中国共产党迄今为止都强调马克思主义是它的主导的意识形态，但马克思主义是一个外来的思想，不光马克思主义是外来的思想，中国共产党早期的形成过程，与国际共产主义运动也有非常密切的关系。辛亥革命、新文化运动和五四学生运动对于共产党的成立提供了前提和脉络，但早期成员基本上都是知识分子。在提出民族形式这个问题的时候，除了讲马克思主义中国化之外，它也涉及共产主义运动的中国化，就是它如何使得自己变成中华现代文化的一个有机部分。民族形式的问题，不是一个简单抽象的论述，而是具体地体现在革命运动、社会组织到文艺形式等等方面。提出民族形式问题的目的也是要在历史和传统的脉络下，重新创造现代中国的文化内核、价值内核和它的形式。它既是与共产主义运动有关的，也同时是中国的，民族形式问题实际上也蕴含着如何在民族解放运动和共产主义运动中界定中国的内涵的问题。毛泽东所提的"中国作风"和"中国气派"，影响了一代人，从陈伯达等政治家，到冼星海等文化人，音乐、艺术、文学、理论、戏剧等，都大规模地讨论这个问题，及其与民间形式的关系问题。达成相对共识的就是民族形式不是任何一种单一的民间形式或其他文人形式的直接延伸，而是在这个条件下产生的新的创制，是一个新的东西。这个新的东西是能够应对当时的所有挑战，来确立中国的主体性的一种文化形式。所以，20世纪30年代末到40年代的这些讨论，对毛泽东思想的形成，对中国革命道路的形成，也包括对中国改革路径的形成，都是有意义的。

"置换的政治"

章永乐：您在著作中讨论了"置换的政治"。许多源于西方的概念在中国得到适用，但其内涵逐渐被置换了，比如科学、民主、封建、阶级、民族这样的概念，在20世纪都经历了含义的某些变化。我想问的一个问题是，"政党"这个概念，在20世纪中国革命当中是否也经历了某种显著的内涵的置换？我们可以发现，晚近中国思想界对于政党的很多讨论，实际上有一些很有意思的意义的滑动。比如有学者将中国的领导政党视为历史上的儒家士大夫执政集团的当代形态，这和20世纪我们所讲的这样一个"置换的政治"，到底是不是同一个逻辑，还是说这事实上已经是"短20世纪"之后的一种新的赋予内涵的方式？

汪晖：就政党而言，我可能更同意你后面这个表述，我觉得它是演化的结果。但它的早期，毫无疑问带有置换的性质。我所以提出"置换的政治"，是因为这涉及理解和研究20世纪历史的基本方法问题。从思想史、文化史的角度说，20世纪的主要的基本概念，都是通过翻译进入中国历史之中的，它们大多来自西方。当然存在许多原生的范畴，比如中间地带、第三世界等等，但大量概念，不仅是一个、两个概念，而几乎是一组概念——阶级、个人、社会、国家、民族、政党——虽然有汉语的词根，但作为概念来说，这些都不是传统概念，都是通过翻译进入中国的。

正因为这样，在思想史和文化史研究当中，经常会出现一个方法论上的问题，就是很多人会认为这些都是误译的结果。比如说"封建"，中国早就不是封建社会了，如此大规模地使用，是否完全是误解的结果？其实使用"封建"这个词的很多历史学者和思想家，他们也明白这之间的差别，比如我们看章太炎关于宗法社会的辩论，他对此是非常清楚的，但是这并没有妨碍他们继续使用这样的范畴。印度的"Subaltan Studies"（庶民研究）的代表人物，芝加哥大学教授迪佩什·查卡拉巴提（Dipesh Chakrabarty）写过一本书，里面有一节讨论无产阶级革命，主要是讨论"庶民（subaltan）"这个词的来源。"subaltan"这个词其实是葛兰西（Antonio Gramsci）的概念，但是在印度他们就用这个词，为什么不用无产阶级呢？印度和中国当年一样，工人阶层人数很少，很难构成一个无产阶级，资产阶级人数有限，是否构成一个阶级，也可以讨论。中国有资本家，但是能不能构成政治性的阶级也说不清楚，更不要说无产阶级了，但是中国又发生了无产阶级革命，印度也出现了印度共产党所领导的农民运动和革命。所以他就提出说，无产阶级被置换为农民这样一个问题。我的看法是，这不只是单一概念的置换问题，而是整个社会语境的置换问题。在这个意义上，不是一般地去检讨说谁误译了或是错误理解了，而是需要把这个翻译过程和具体语境，和它的政治实践关联起来，才能理解这个概念的意义，这是我们从方法论的角度来说。

所以"置换的政治"对于 20 世纪中国的历史解释是非常关键的。概念的解说，比较过去的文本和现在的文本，说明这个译法对和不对，这是一些基础性工作，是有意义的，但是作为思想史、社会史和政治史研究来说是远远不够的，仅仅如此无法理解社会变迁的深度。

回到政党这个角度。很清楚，"政党"在 20 世纪出现的时候，它是与"阶级"的概念密切相关的。以中共来说，它是被指认为无产阶级政党的，所以当时它也努力地、持续地探求自己与工人阶级的历史联系，包括从井冈山到延安，也努力地去表述自己与城市无产阶级之间的关系。但更大规模的实践主体是农民。这些农民如何变成一个政治性的无产阶级呢？怎么去解释这个问题呢？我过去讲"人民战争"作为一个政治范畴，使得党和苏维埃，和一般的社会运动，发生复杂的关联。但这样一个关联的结果是什么？这个关联的结果就是也改造了政党本身。同样叫"共产党"，但经历过大革命，尤其是 1928 年以后的共产党与之前的共产党是非常不同的，因为它的社会关联的模式发生了重大变化，群众基础发生了重大变化，直接目标与战略也发生了变化。所以，政党与大众运动之间的复杂关系在持续地发生变化，一直到共产党执政，作为国家的领导性政党，其任务、目标和社会基础都在持续地发生着变化。

刚才讲到政党的政治性，如果只是在形式上看——我记得郑永年写过《作为组织化皇权的中国共产党：文化、再造与转型》（*The Chinese Communist Party as Organizational Emperor: Culture, Reproduction, and Transformation*）这本书，他比较多地从形式上来叙述，有一定的道理。但在 20 世纪的语境中，如果只是在形式上看，可能看不清楚。也就是说，需要放在政治进程和它的政治价值发生作用的过程中，才能理解它是什么样意义的一个政党，才能在这个意义上去讨论政党问题。那一部分我其实在第二卷（"20世纪的中国"）和第三卷里面有讨论。现在这一卷里有过一点分析，是在十月革命那一章（第六章）里面，就是分析大众运动与政党之间发生关联的模式，后面还会有一些分析它的演化。后面你提到的这个问题，我个人更倾向于在演化的意义上，而不是置换的意义上去讨论。

20世纪的遗产

章永乐："短20世纪"终结之后，19世纪的影子笼罩全球，您之前探讨20世纪终结之后的"去政治化的政治"，大概就和这个19世纪的影子有很大关系。

其实在前面几十年，我们好像没有这种特别强的"21世纪开始了"的感觉。可能到近几年，尤其是今年的时候，我们才慢慢有一些感觉了，因为全球的形势发生了新的变化，中国与世界的关系也在经历着深刻的转型。尤其是今年暴发疫情，我们很多人都经历了一个峰回路转、一波三折的过程，我们的心态或多或少都发生了某些变化。所以，一种新的世纪的感觉，现在好像已经逐渐出来了。在这个时刻，我们再来读《世纪的诞生》，就可以有这样一个问题：在21世纪刚开始的时候，在一个新的时代到来的时候，我们怎么来看它和上面这一个时代的关联？20世纪的这些遗产，在我们这儿到底是一个什么样的位置？尤其是20世纪里面包含着的一种可能性与未来，在我们这个新的世纪又可能会怎么展开？

这里找想到葛兰西化用罗曼·罗兰（Romain Rolland）的一句话，大致意思是说，我在知识上是悲观主义者，但在意志上是乐观主义者。对于这个新的世纪，您是怎么来看的？您对于悲观主义和乐观主义的看法，和葛兰西是否有共同性，或者比他更乐观一些？

汪晖：更乐观谈不上，但的确不是悲观主义。如果讲意志的乐观主义，我觉得就像鲁迅的"反抗绝望"，就是这个道理。鲁迅的"反抗绝望"基本上是他的两面，一方面对现实的某种持续的悲观。过去周作人说他虚无，但是鲁迅从未陷于完全的虚无，恰恰相反，不是绝望，而是反抗绝望。反抗绝望首先是对绝望的否定。他没有描述一个乐观的未来，反抗绝望不是乐观，但也许可以说是意志的乐观主义，即强烈地探求、寻找和投身实践的这个意义所在。

我们处在所谓的 21 世纪的开端，但是 20 世纪的结束是在哪儿，其实是值得讨论的问题。我使用"短 20 世纪"，主要指的是那样一种独特的革命形态过去了，但不等同于说我们已经完全走出了它，只是那样的一个状态过去了。我在给第三卷起标题的时候，最初想到的是《世纪的终结》，后来我决定使用《世纪的绵延》。"绵延"不否定当中的变化，不否定其中存在的区别，在绵延的意义上，"终结"是一种意志。终结的意思是说，我决定重新开始，要一个新的开头，就好像梁启超决定现在是一个新的世纪了。这个意思是一样的，所谓过去不能够延续了，也就是宣称新政治诞生。在这个意义上，这个"终结"不是历史终结论意义上的终结，而是接续的一个意志，就是重新去探讨未完的使命。

这里有几点是值得思考的。第一，20 世纪经过这场革命，虽然革命的直接的理念并没有实现，并没有完成我们想象的那个状态，但是通过革命所完成的世界格局的结构性变化是清晰的。换句话说，列宁在 1912 年前后对于中国的论述是挺有预见性的。他认为中国通过社会主义发展了农业资本主义，获得了一个新的机会。以后有了第三世界的运动、民族解放运动，西欧和几个少数霸权控制整个世界的格局发生重大变化，这个世界性的格局是在20世纪的历史当中发生出来的变局。这个变化不仅是在中国，非洲、拉丁美洲、亚洲都在变化，而且这些变化反过来也影响了欧洲和美国。所以这个区域性的变化是理解21世纪的非常重大的前提。

第二，就像你提到的，我过去写过关于"去政治化的政治"。由于新自由主义浪潮的冲击，构成20世纪政治能动性的那些力量似乎在消解，因此，如何设想新政治，我觉得需要重新思考。在这个意义上，新文化运动就值得思考，包括你刚才讲的民族形式的这场大讨论也值得思考。为什么呢？因为新文化运动所思考的问题恰恰在于：旧的政治不再有效了。所以陈独秀说我们不讨论政治。他说的不讨论政治，是指不讨论旧的那个国家政治，即军阀政治、政党政治、议会政治，这些都是19世纪的政治的新形式，但在20世纪中国的语境中，已经蜕变为旧政治形式。新文化运动提出青年问题、妇女问题、家庭问题、文学问题、语言问题、劳工问题，通过这一系列问题使得政治的内涵发生变化了。换句话说，《新青年》也好，新文化运动也好，的确是通过文化的方式创造了新的政治内涵和新的政治可能性，就和1930年代民族形式的那场大讨论一样，它提出了新的内涵、新的作风和新的气派。

对于在今天这个去政治化的条件下，如何能够产生出新的内涵这一点，20世纪的遗产特别有意义。20世纪与过去历史的最大不同，在于它较过去几乎任何一个时代有更强有力的能动性，创造自己的这个时代的意识是非常强烈的。在这样的一个状况下，这个遗产的意义在哪里？比如说在欧洲，我们看欧洲的社会主义运动是非常悲观的，因为连工人都没有了，工人阶级也没了，从哪儿去找呀？可是他们没有想过吗，中国那个时候也没工人阶级，怎么能够产生出那样强有力的一种政治；那个政治里面产生出的各种问题和教训，都值得我们思考。但对这些问题的检讨不能掩盖另一个更具有生产性的问题，即它的能量的产生。这是一笔非常重大的思想和历史遗产，在面对一个新的局势的时候，尤其值得重新去回顾。不存在简单的蓝图，但是这样一套历史实践和它的可能的经验，也是让我们在重新进入历史的同时，也重新回到我们的现实，去探索新的可能性的一个契机。

提　问

王巍：非常感谢汪晖先生和章永乐教授的精彩分享，他们今天的对谈，思想非常深刻，内容也非常丰富。接下来，我们看一下现场观众有没有什么问题。先由两位观众提问，再请汪老师一起回答。

现场观众1：汪老师您好，我是北京大学法学院的博士生。我在读您的《世纪的诞生》时在想的一个问题是，这个"诞生"是说20世纪相对于19世纪的诞生，还是说其实是一个更长的时间，是20世纪相对于之前的全部，或者说很长一段时间的历史时期，诞生的一个新的形式？之所以问这个问题，是因为您刚才谈到现在我们仍然处于一种20世纪"绵延"的状态。换句话说，100年或者说这样一个时间尺度并不重要，重要的是某种根本性的变革，可能是整个人类社会的数千年未有之变局，是不是在这样的意义上去理解您的《世纪的诞生》，会更合适一点？

现场观众2：老师您好，我是清华大学法学院的博士生。今天的主题是"20世纪中国的历史位置"，我们知道20世纪中国发生了非常大的变革，不管是政府组织形式还是各个方面，从北洋政府到国民党、共产党。我的问题是，怎么去理解这个20世纪的中国？因为我觉得20世纪的中国太复杂了，所以我想首先理解20世纪的中国是什么，我们才能来讲20世纪中国的位置。

汪晖：谢谢。我简单地回答，第二个问题要说起来又话长了。

《世纪的诞生》所以用了"世纪的诞生"，而没有用"20世纪的诞生"这个词，是因为之前没有这个范畴，所以我说的是一个特殊时刻的出现。我觉得这个时刻非常独特，过去在中国历史上从未用过这样的方式来自我界定，这是第一。第二，中国历史上也从来没有过用这样界定自己的方式，把自己与全球连接起来。就是在时间关系上，它再也不是一个简单的从过去到现在、再到未来的模式，它同时包含着我称之为"横向的时间"的逻辑，即从这儿到那儿，从那儿到这儿的过程。有很多事情并不只是从过去来的，而且是从其他地方来的。我讨论过在世纪初期如何创造自己的前史的这个过程。我们今天讨论未来，也会去讨论苏格兰启蒙运动、德国启蒙运动，讨论英国模式、美国模式、俄罗斯经验、日本。这些讨论，如果把它放在19世纪以前的中国历史中，是不可思议的，之前中国的政论不会用这种方式来表述它，都是在历史脉络中谈的，比如"三代以上""三代以下""前朝"如何等等。这些经验都变成我们思考自己社会的一个方式，一个内在过程。

我所以提到位置这个问题，是因为它所处的位置与历史上其他时刻是不同的。这不是要夸张地说别的都不重要，而是说20世纪，不管大家喜欢还是不喜欢它，客观上都构成了一个新的起点。我所以说它是"绵延"，就是迄今为止发生的主要问题都需要回到与它的关系当中，才能获得理解。20世纪作为一个事件的诞生，不只是一个时间问题，还是一个历史事件，它改变了历史的脉络和轨道，在这个意义上它非常独特。

也是在这个意义上，我说它有点像欧洲人所叙述的19世纪。

19世纪是欧洲所谓现代性的主要界标，它的所有的问题都回到那儿去。我有一个墨西哥朋友曾经写过一篇文章叫作"The very idea of 19 century"，他发现连拉丁美洲历史也必须按照19世纪的框架来叙述，19世纪构成了一个轴线。也是在这个意义上，20世纪对我们来讲，它的重要性在于几乎所有的关系都发生改变了。我们今天在这个环境当中来讨论问题，男女同学坐在一起，在100多年前，学校不是这样的，这是不可能发生的。所有的联系的模式都是在这十几年中发生了根本性的变化。因此，要理解今天发生的事情、现在的位置，就必须回到与它的对话当中。历史当中有这样一些独特的时刻，就好像雅斯贝尔斯（Karl Theodor Jaspers）说轴心时代是一个特殊的时代，或者内藤湖南说唐宋转变是一个特殊时期，欧洲会说文艺复兴、启蒙运动是一个特殊时期，20世纪对我们来说，具有这样一个转折性的意义，所以它有一个独特的位置。

到了活动规定时间的最后一分钟，简单回答下最后那个大问题。我刚才也特别提到，从时间和空间的角度来说，中国的再界定，是没有办法从单一的轴线上来给予叙述的。这就是刚才章老师提到的那个民族形式的问题的讨论。在这个意义上，你在不断地界定自身的主体性的时候，其实已经无限地扩展了它的边界。

王巍：再次感谢两位嘉宾的精彩对谈。我们普通人思考时间的时候一般都是小尺度的——就像今天晚上的沙龙是7点到9点两个小时。而汪晖先生和章永乐教授是以"世纪"这样一个大尺度的角度，来看待中国在世界上的地位。希望大家多去阅读汪先生的这本书，去思考在21世纪的时候，中国会有什么样的历史地位，包括我们自己作为个体，在这个21世纪怎样去面对后疫情时代的这样一个变化。

再次感谢汪晖先生和章永乐教授，也谢谢大家。

　　　　　　　　　　　　为未来而辩论

04 20世纪充满悲剧，也留下遗产

——在北京对外经贸大学的演讲

2012年5月10日，汪晖教授在北京对外经济贸易大学做了题为"变动秩序中的中国文化自觉"的演讲。本文根据演讲实录整理而成，原刊于《东方早报》，2012年5月15日。

20世纪文化政治传统：超越原有民族国家身份

"变动秩序中的中国文化自觉"这个题目是同学们给我出的。我有过类似话题的访谈，这其实是个非常不好讲的题目，每个字眼都可以展开讨论。

看到这个题目时，我想起美国政治理论家塞缪尔·亨廷顿（Samuel P. Huntington）的"文明冲突论"，这是冷战结束前后影响最大的著作。

亨廷顿批评了美国的外交政策，认为美国错误地把伊斯兰作为对立面，并重复了文明冲突论的看法：未来的社会，能够对美国构成挑战需要具备两个基本条件，第一是美国一贯的外交政策传统，要有实力。阿拉伯国家或北非、中亚的伊斯兰社会没有实力，有潜力构成挑战的是中国和欧洲。第二，欧洲在文化上属于西方文明，与美国一样，不构成文明冲突。但中国不是西方文化的一部分，又具有挑战美国的实力，所以美国的对抗重心是中国，而不是伊斯兰世界。这当然是基于美国的政治文化保守主义脉络的讨论：冷战之后，怎么看待当代世界。

我不赞成亨廷顿的看法，但是这样的看法，在一定时期的政治范围内产生了重要影响，原因不在于是不是描述准确，而是他引导人们重新理解世界。

有知识分子批评亨廷顿，主要角度是"全球化"——世界已经是平的。但较少人谈论另一个角度：我们需要认真思考20世纪的文化政治的传统。

当我们讨论文化，往往会想到儒家、道家、宗教等，这当然没错，但还有一种重要的文化传统，它能促使看起来不同的人站在一起形成共同的目标，这种政治文化的传统，是20世纪留下的重要遗产。别的时代并非没有这样的因素，但只有19、20世纪大规模的国际主义运动产生了这种文化。人们在民族解放运动中超越了自己原有的民族国家的身份。

现在，这种政治传统在逐渐消失，很少被重新记起、提出。

我之所以提到这一点，是在"文明冲突论"成为一种论调的时候，追问还可以用什么角度去理解和回应变动社会中的秩序。实际上是希望从这儿出发重新理解20世纪遗产对我们的意义。

新文化运动：反思传统、重提价值

过去的二三十年中，一般的思考，更多的是对20世纪的批判、否定。由于 20 世纪发生了很多悲剧，对这个时代进行批判否定，有合理的部分。我在这里举个简单的例子：英国著名历史学家埃里克·霍布斯鲍姆著有多卷本世界历史著作，而他对 20 世纪所起的标题是"极端的年代"。很多 20 世纪重要的知识分子、作家、科学家对这个世纪的评价、看法，都是比较负面的。

《极端的年代》写的是一个"短 20 世纪"：起始是 1914 年第一次世界大战，结束是 1991 年苏联解体，由一战开始，至冷战结束，并不是 100 年。在这个极端的年代里，发生了两次世界大战，穿插了无数的暴力和冲突，这在人类史里是罕见的。

但是，20 世纪对中国来说，对很多国家、地区来说，又是不可绕过的时代。整个中国的现代转型，离开 20 世纪是不可能理解的，这是一个变动的世纪。100 年前我们还在进行科举、留辫子、穿长袍马褂，处在完全不同的社会秩序中。站在这里回想 100 年前的事情，有时觉得不可思议。

理解我们正在经历的重大变迁，就需要理解 20 世纪和中国之间的关系。文化自觉这个命题，在 20 世纪是尤其突出的命题。

五四提出觉悟，与第一次世界大战爆发、共和危机，有非常深的关联。第一次世界大战爆发之前，戊戌变法、辛亥革命，都是把西方的一切看成我们的模式，要学习西方制度，建立现代国家。但第一次世界大战爆发后，中国发现这样学习是有问题的，但仍然不清楚自己是什么样的处境，得从头想起。陈独秀在 1916 年 1 月的《青年杂志》上发表了一篇文章，题目就是《一九一六年》，里面说"一九一五年与一九一六年间，在历史上画一鸿沟之界：自开辟以讫一九一五年，皆以古代史目之。从前种种事，至一九一六年死；以后种种事，自一九一六年生。"[1] 这段话表示，从 1916 年起才是现

1　陈独秀：《一九一六年》，载《青年杂志》第一卷第五号，1916 年 1 月，第 2 页。

代，要与过去的想法决裂，所以提到"自觉"这样的问题。那时的知识分子忽然意识到，中国人寻求变革，寻求半天，但寻求的方式有问题，所以这个时候提出觉悟。

这就是新文化运动的发生，不仅仅是陈独秀、胡适、鲁迅等，包括相对保守的一批人，那时候也重新思考文化、文明，所以发生东西论战、反传统运动。进而在文化上重新提出价值的问题，设定新的出发点，认为原有的模式要重新改过才有可能获得新的未来。

我之所以提这个例子，是因为它正像是我们所处的现在——同样处在普遍危机中。2008 年以来的世界性金融危机，1916 至 1919 年同样是世界性危机，整个世界战争和社会危机同时爆发出来，今天的状况和新文化运动时期对比，危机内涵不同，但也是处于世界性的危机中。然而我们看知识领域，看国家、媒体，人们与那时候面对危机的方式完全不一样。2008 年以后有各种各样的具体方法、经济对策出台，但很少出现文化讨论，很少思考危机背后文化的根源是什么。我们只是想经济的原因，比如信贷危机怎么传播到全世界，很少想到文化和人们的信念到底是什么。实际上，讨论文化问题与拯救经济危机的方式不是没有联系，虽然两者有区别。1916 至 1918 年也要讨论战争贷款，知识分子不是不关心这些问题，但他们还是去讨论文化问题，因为这样的政治模式本身需要从根本上进行再思考。修补是不行的，需要彻底的反思，在这个意义上，文化的问题，文化运动和文化自觉，在第一次世界大战整个过程当中，成为中国知识领域的重要问题。

　　　　　　　　　　　　　　　　　　为未来而辩论

20世纪文化的意义在于创造政治能动性

20世纪中国的文化和政治之间有一种特殊关系。文化扮演创造性职能，创造新人和新的政治。过去常常说被政治决定，政治不是我们的创造物，而是决定我们命运的事情；到了今天，市场利益、经济活动决定我们的选择，只有在这个背景下确定人生的战略目标。大部分情况下，无论我们多么聪明能干，都不真正具有能动性，我们其实是被政治或经济决定的。

而20世纪曾经产生过这样一种文化，在特定历史时刻，给我们自我创造的机会，创造自己的政治，自己介入社会，不是被动的，不是经济的、政治的动物。简单地说，政治包含两种不同的含义，第一个含义，只要在社会关系中的人都是政治的，从各自的思考出发，能动地介入政治，这是每个人所具有的政治能力。第二个，也就是通常说到的与国家、政党，与权力紧密结合在一起的政治，在这个意义上，能动性没有了。20世纪文化的意义，在于创造政治能动性。

大家都知道最近钓鱼岛问题变成新的危机，但现在的情况与40年前不一样。20世纪六七十年代的"保钓运动"是在冷战格局下发生的。台湾海峡两岸对立，美国控制了周边区域包围中国，社会主义阵营与资本主义阵营激烈对抗。不同阵营的社会里，对人的身份有强烈界定，政治性、身份论、阶级成分……与另一个阵营发生任何关联都是危险的。但"保钓"就是在台湾地区去美国的留学生中首先爆发的运动，诉求是反对帝国主义、殖民主义，是爱国主义运动。去年清华开过一个关于"保钓运动"的讨论会。40年后

（从"保钓运动"算起）这些台湾留学生到大陆来，其中有人发言说，他们这些人大多数是国民党后代，很多人的父辈是高官，而恰恰在"保钓运动"中，他们重建了与祖国、与大陆的血肉联系。这使他们超越了冷战身份，创造了不同于冷战政治的政治。

新文化运动产生出了新的政治，创造出不同于机械界定的社会身份的一种人。这是文化与政治之间最明显的互动。这种文化政治的力量，在今天变得越来越珍贵。越来越开放、流动性越来越高的社会，自己决定的能动性、创造政治的能力，却未必高。

改革有现代传统的内在脉络

在我看来，20世纪以战争与革命为最重要的线索，一个重要开端是辛亥革命，离开辛亥革命这个变动，很难理解20世纪。

现在很容易把五四时期或者20世纪80年代看成文化高峰期，思想自由、新说迸发，但重新阅读历史，可以发现文化讨论并没有中断，并不仅仅是知识分子运动，政党政治内部也是。举个简单的例子，与改革有关，改革从1978年开始，理论基础是市场经济、商品经济，学经济的人应该知道，改革很重要的理论依据就是孙冶方提出的价值规律。但价值规律理论并不是在改革时提出的，而是在1959年。而顾准发表《试论社会主义制度下的商品生产和价值规律》是在1957年。这些理论脉络，在中苏分裂后已经在孕育，没有中止，20世纪70年代中期再出来。

为什么五四时期与20世纪80年代有相似性？原因很简单，新文化要拒绝军阀政治、政党政治，创造不同的新的政治，读《新青年》可以看到其中的政治领域，包含妇女解放、劳动、劳工问题、文化、教育、家庭……这些都是新的政治，同时也是新的文化。20世纪发生的很多事情，最为重要的成就，就是从这个地方开始的。没有这样的新政治，也没有后来的进步政党出现、土地改革、妇女翻身、阶级解放……20世纪80年代有相似也有不同，一代新人诞生，在政党政治之外产生文化，但文化运动的空间不再严格控制在政党结构下，创造了不同的文化空间，新的要素是在另一个知识分子与文化的空间下出现的。

20世纪有悲剧也有遗产

在我看来，现在经济危机、社会分化的情况，不仅在中国、不仅在第三世界，而是全世界都出现了。

从政治角度，需要政治改革，没有人对此怀疑，但是要什么样的政治改革？要是有人觉得他可以给出一个特别自信的答案，最好不要相信，我不相信存在一个现成的、给定的模式可以解决。我曾经把政治危机概括为"代表性断裂"。中国是共产党领导下的多党合作制，在西方有议会制、多党制等不同形式，但是在很大程度上，19世纪形成的政党政治，无一例外出现严重危机，也就是代表性危机。

我们遇到的极大问题是媒体问题。每个人都是媒体，只要表达就是媒体。重要的在于这种空间被创造出来的时候，有什么样的文化政治产生。如今媒体政治在世界范围内都是核心，过去差异的边界在消失，看起来是对立的、不同的，但很多时候其实是合谋的。过去国内报纸和西方报纸意识形态对立，而今天有时对立，有时一个调子。这个状况意味着不是在对立中选择一方，而是怎么说出自己的话，以什么语言、什么方式叙述问题。

中国革命里至少提出两个道统，一个是毛泽东提出的，可以从人民英雄纪念碑的碑文理解，是一种反抗的、革命的道统；另一个是孙中山的道统，尧舜禹文武周公……是创造道德的合理化谱系的道统。工业化使得原有的革命模式面临困难，这是真实的问题，学术界和理论家围绕这个问题展开辩论，这是对社会主义时期的估价问题。最早意识到这个问题的是列宁。

矛盾从一开始就存在，要克服资本主义的问题，不得不进行新的劳动分工，依照现代分工模式，重新组织社会。这在毛泽东的时代已经意识到了，也有过辩论，是革命问题中完全无法克服的问题。这是 20 世纪一个不完全成功的政治实验，这个政治实验里同时包含自我否定。20 世纪的政治发展，文化运动是运动的自我否定，一边推进运动，一边检讨、批判，寻找超越形式。今天走在这样的路径当中，我们处在市场经济社会里，市场经济导致社会分化，许多分工不可避免，分工的方向有没有提供文化政治的可能性，是值得理论探索的。

20 世纪即便在资本主义社会里，也存在这样的探索——探索企业文化中工人的地位问题，比如德国宪法中就规定工人的地位问题，这个法律化过程，是 20 世纪 60 年代以后推进的结果。西方在 20 世纪五六十年代抗议运动爆发前，是冷战构造特别稳定的时期，在稳定的情况下爆发运动，动力是什么？这个部分是重新思考文化遗产的时候需要去探讨的。在给定的现实中，生存需要适应，但文化运动本身包含超越、批判的状态，是不适应。这就是 20 世纪的文化激荡，不满意现实，要介入现实，创造超越的形式。我不觉得我们现在可以重复这个遗产，形势、条件发生太大变化，但值得提出的是：遗产中有一部分恰恰是不断从文化领域重新界定政治经济的逻辑。比如我前些时候去少数民族地区看他们重建社区的努力，目前还很初步，但已经产生出可能性，比如劳动者与雇主关系的协调，怎么利用社群力量抗争，不按照一般法律模式。《劳动合同法》本来是保护工人的，但是由于劳资关系很不稳定，工人觉得工作压力太大常常主动离岗，一年要换一个地方，得不到法律保护。在这种方式下，彝族的少数民族工人，创造出社群性连带来获得企业中的位置和补偿。当地的少数民族知识分子，也在帮助、研究、讨论怎么使他们获得组织的形式，微观层面也有文化运动。这就不是单纯适应，而是创造生存模式，超越旧有社群之间的模式。

我不是为20世纪的悲剧辩护，20世纪充满了悲剧和牺牲，值得我们反思。但是另一部分遗产，更值得我们思考。要思考悲剧发生的原因，而不是抽象否定，否定只能为意识形态服务。当下的政治和经济是最主导我们的两个领域，不能以为套用旧的、别人的模式就可以解决。学习各种各样社会的经验，理解今天遇到什么问题，是必要的。文化自觉不是抽象的东西，以每个人的能动性为前提，重新理解立足的时代处在什么状况，面对什么困难挑战，新颖性究竟在哪里。这是变动秩序中文化自觉的含义。

（许获晔／整理）

第二部分　新文化的政治

01　什么是五四文化运动的政治？

——答周展安问

2009 年 6 月 18 日，汪晖教授接受清华大学中文系博士周展安的采访。本文根据访谈实录整理而成，首刊于《现代中文学刊》2009 年第 1 期。

五四为新的政治提供了哪些前提？

周展安：20 年前，您在写作《预言与危机——中国现代历史中的"五四"启蒙运动》[1] 以及《中国的"五四"观——兼论中国现代文学史和思想史研究的历史前提》[2] 的时候，在写作方法上，一方面是动态的历史分析，另一方面似乎更倾向于一种共时的、结构性的分析方式。而在近来的研究比如《文化与政治的变奏——战争、

1　汪晖：《预言与危机——中国现代历史中的"五四"启蒙运动》，载《文学评论》1989 年第 3、4 期，第 17—25、35—48 页。

2　汪晖：《无地彷徨："五四"及其回声》，杭州：浙江文艺出版社，1994 年，第 177—229 页。

革命与1910年代的"思想战"》¹等文章当中,似乎是动态的历史分析的意味更浓一些。五四是作为一场运动、一个内涵丰富的事件（event）被看待的。不知道我这种理解对不对,或者请您谈一谈您在不同时期的五四论述有些怎样的区别。

汪晖:这些论文的写作毕竟隔着20年了,要隔着这么长时间来比较是很困难的。但是,两者之间确实有变化。在20年前的文章中,我讲的是启蒙的态度与方法的问题,不是一般的结构,而是辩证的、自我解构的关系。也就是说,我当时提出的问题是五四运动为什么会解体,而现在写出来的部分是在问新文化运动是如何形成的。从时段上来看,20年前写的是我现在还没有写到的部分。我在《预言与危机》中,研究的主要是《新青年》以及《新潮》《每周评论》等杂志,是新文化运动的主体部分,而现在写出来的是它的对立面和前提,是政治性的问题。这一点是差异,但也不是绝对的差异。《文化与政治的变奏》显示的正是两者的差异和两者的重叠方面。在早期的文章里,要处理新文化运动是怎么解体的,就必须处理这个运动的"同一性"及其内部的复杂要素,因此,"同一性"问题是动态的,是运动的同一性,而不是结构的同一性。今天的问题是五四为新的政治提供了哪些前提?在这个文化运动中诞生的政治的新意究竟何在?要讨论这个问题,就必须讨论"五四文化运动所批判和拒绝的旧政治是什么政治"这一问题。在20世纪80年代末,这个问题并不是清晰的——也许是过于清晰的,因为启蒙与救亡都是不证自明的问题。救亡是什么?救亡一定有具体的内涵、具体的方式、具体的主张,也就是有具体的政治。启蒙是

1　汪晖:《文化与政治的变奏——战争、革命与1910年代的"思想战"》,载《中国社会科学》2009年第4期,第117—141页。

　　　　　　　　　　　　　　　　　　为未来而辩论

什么？在五四前后所谈的"觉悟""自觉"各不相同，各有针对的对象，不同的"觉悟"和"自觉"构成了"同一性"的同时也就构成了矛盾和冲突。如果不谈具体的政治及其构想的差异，而只是谈启蒙与救亡的差异，就把握不住这一时代文化论战的政治意义了。

关于五四新文化运动的解体以前说过很多，历来认为到了五四学生运动之后，尤其是 1920 年、1921 年，伴随中国共产党的成立和新的政治局势的形成，新文化运动就基本结束了。过去有两个主要的讲法：一个是比较传统的说法，认为这个时候政治发生了变化，即从旧民主主义到新民主主义，中国革命的一个新的阶段开始了。对于他们来说，五四新文化运动谈不上失败，而是发生了转化、深化。当然，转化本身意味着自我克服，但这不是失败。这是一个传统的说法。第二个就是 1980 年代流行的一种说法，认为新文化运动中的启蒙没有完成，你刚才说的人的觉醒，在当时被定义为启蒙的中心问题，这至今仍然是事实，新文化运动的一个基本的内容在这里。这是他们和《东方杂志》等很不同的地方，尽管他们也谈到对德宣战问题、复辟问题，但根本的是解决人的问题。从文学上的浪漫主义倾向，到伦理领域的非道德化的自然主义，到政治哲学领域中的无政府主义的流行，所有一切都表明，"人"力图从各种实体的或者观念的桎梏中解放出来。陈独秀、李大钊在这个问题上的看法存在着不同的取向，但人的方向的确是有一致性的。也因此，李泽厚的"启蒙与救亡的双重变奏"[1]这个命题的合理性是存在的，只不过他完全没有呈现这背后的政治逻辑是什么，他只看到形式上的对立。

1　参见李泽厚：《启蒙与救亡的双重变奏："五四"回想之一》，载《走向未来》1986 年第 1 期，第 18—40 页。

就是在这个意义上，他们认为新文化运动失败了。我当时的论述，第一，是批评了"救亡压倒启蒙"这个说法，因为启蒙就是救亡的产物，没有救亡不存在启蒙这个问题，不可能有一个纯粹的、抽象的启蒙，但反过来，这个救亡不同于历史上的其他救亡，它和许多新的价值及其运动方式联系在一起；第二，虽然启蒙是救亡的产物，但启蒙又预设了一些自己的前提，这些预设的前提和它的历史性前提之间、它的方法之间，有矛盾。因此我虽然也承认这个运动解体了，但我这个说法和一般的说法有差别，是因为我强调思想内部存在着解体的要素。胡适说五四运动解体是因为学生运动的兴起，政治介入了，因此文化运动没有了。不但是胡适，就是陈独秀本人也强调过当时就是要谈文化问题。从这个角度看，胡适的说法有一定的道理，但是这个说法是比较外在的，过分外在的一个主要的毛病就是切断了文化运动和五四运动的一个实际的历史和思想的联系。因此也无法解释陈独秀为什么参加了这些历史运动，更不要说傅斯年、罗家伦这些第二代，他们也都是在这个运动中的，尽管《新潮》和《新青年》是不一样的。

我在文章里面提了一个概念，叫作"态度的同一性"。"态度的同一性"首先是针对"方法的同一性"来的，也是对"五四"启蒙运动基本特征的一个客观的概括。我们可以发现，启蒙在西方或在中国，都是混乱的，没有一个纯粹的所谓启蒙，所以恩斯特·卡西尔（Ernst Cassirer）说欧洲启蒙运动也是千差万别。但是欧洲启蒙运动里面有一个相对稳定的东西，就是它不管在什么领域里面，都有一个方法，说到底就是实证的、理性的方法，所谓理性重建、实证还原。我说过，新文化运动的一些代表人物也曾试图把分析和实验的方法运用于历史、宗教和文学领域，例如吴虞、陈独秀等人对家族制度与专制主义的关系的分析，李大钊关于物质变动与道德

　　　　　　　　为未来而辩论

变动的论述，胡适的白话文理论和用实验的方法对《红楼梦》进行的考证。但是，试图在五四启蒙运动中寻找某种一以贯之的方法论特征几乎是不可能的。中国启蒙思想所依据的各种复杂的思想材料来自各个异质的文化传统，对这些新思想的合理性论证并不能简单地构成对中国社会的制度、习俗及各种文化传统的分析和重建，而只能在价值上做出否定性判断。它是一个直接的价值观斗争。作为一个思想运动，它是在面对过去、反叛过去的激烈的态度中形成的，而没有建立起自己的方法论体系——方法论的问题也许在那场运动后逐渐被提出，例如"整理国故"和科学、社会科学的发展。在"态度的同一性"基础上形成的启蒙思想运动，本身包含了对启蒙的思想原则的否定因素，这与欧洲启蒙主义的理性主义和经验主义基础不大一样。民族主义、无政府主义、非理性主义、马克思主义等等都是其表现。这些"主义"在更为根本的前提和精神上与启蒙原则的对立和冲突，也必然导致中国启蒙运动的分化、解体和转向。这是我 20 年前要解释的问题。

今天所讨论的问题有所不同，我要问的是当时的政治前提到底是什么？只说救亡是不够的，因为自 1840 年以来，都是在救亡，可到底是什么东西发生了变异？新文化运动的一个基本前提是对共和的忠诚，共和是一个基本的价值；为什么是在建立了第一个共和国之后，对共和的辩护变成了一个政治问题？共和危机到底是什么危机？这个是过去的人没有清楚说明的。当然，袁世凯称帝、张勋复辟是被看作危机的表现的，但仅仅如此吗？我强调说辛亥革命以后就出现了危机，辛亥革命诞生之日，就是共和危机开始之时。伴随普遍王权的衰落，使得中国幅员广大的王朝出现了新的政治危机，康有为很明确地提到这个问题，要注意他从 1911 年就开始思考共和问题，当然这个问题可以追溯到辛亥革命前他与革命派的辩论。《共和平议》[1]也是《新青年》针对的主要论辩对象之一。康有为是反对袁世凯称帝的，可是却被《新青年》作为主要的论辩对象，为什么呢？他提倡孔教的政治内涵是什么？是支持专制、帝制吗？还是也有别的政治意识？过去都是在专制、民主这个二元论里面讲，可是《新青年》试图回避不谈的政治，到底是什么样的政治？这个是我要去钩沉出来的内容。

共和危机是五四新文化运动要回应的对象，这里的"共和"当然首先是指受到政党政治和军阀政治羁绊的、空有共和之名的国家政治，而不是共和的基本理念。《新青年》的主要作者群是高举"科学""民主"的大旗，忠诚于共和的价值，来展开对于康有为及其同道的复辟主张的全面批判的。在这个意义上，也可以说是"共和"理想提供了思考新政治的可能性。但是，共和危机还有更深一层的含义，在这里，危机所指向的不仅仅是现实存在的国体和政党，更涉及共和理念本身。因为当时对于共和危机的观察，并不仅仅是来自袁世凯称帝和张勋复辟等等所造成的混乱的政局，也来自对辛亥革命之后就开始的中国普遍王权衰落的认识，来自对西方现代文明之危机的认识。康有为关心的是君主立宪问题，是如何找到一种政治形式以弥补普遍王权衰落造成的危机问题。辛亥革命后，1912年外蒙古宣布独立，同年西藏驱逐清朝驻藏官员和士兵，1913年初，与蒙古签订"相互承认"的条约，其后，西姆拉会议召开，西藏危机也出现了。康有为那时写了《蒙藏哀辞》等文章，他对"共和"的批评是与此相关的。几乎同时，各省的自治运动也在发展，国家处于四分五裂的境地，北洋政府作为中央政府的合法性其实从未真正确立。袁世凯恢复帝制的努力也就发生在这个语境

1　康有为:《共和平议》，载《不忍》1917年第9—10期。

　　　　　　　　　　　　　　　为未来而辩论

中。因此，以什么样的方式解决中国的政治危机是不同政治力量面对的问题。

　　五四新文化运动不是仅仅受激于国内的政治形势，也是受到第一次世界大战以及德国革命、俄国革命等等事件深刻影响的结果。对于第一次世界大战，大致说来也有三种不同的解释。第一种解释将欧洲战争解释成（同种却不同民族的）民族国家间战争，由此也发展出两种思路，一是强化中国的民族国家地位，二是超越西方民族国家，形成新的政治体；第二种解释将欧洲战争解释为民主国与专制国之间的战争，即英美是民主共和国，而德国及俄国是专制君主国，由此将战争解释为民主与独裁、公开政治与秘密政治、共和与君主的政治对立；第三种主要是在俄国革命和德国革命发生之后，即将战争的起因和结局归结为阶级间的战争和阶级斗争的成果，因为俄国和德国是在国内革命和政权更迭的背景下退出战争，并签订和平协议的。因为有这些重大事件的影响，五四的思想者们就不可能再去重复18、19世纪西方现代性的老调，将自己凝固在戊戌变法、辛亥革命及其遵循的模式之上，他们必然会带着自己的觉悟，重新去改造这些理念并创造新的政治。

　　因此，五四文化运动是不断变化的，即便以《新青年》为对象也可以观察到清晰的变化。不仅是陈独秀转向马克思主义之后的变化，即便在此之前，也存在着变化。新文化运动是以文化这个范畴为中心的，但新文化运动不可能没有对立面而成为一场运动，所以我逐渐地强调这个时代有一个思想运动、文化运动，不完全是新的运动，包括像《东方杂志》等也是这个文化运动的一部分。因为他们虽然是高度地重视政治，但是到了新文化运动前后，他们的问题，他们对政治的关注逐渐转向了文化和文明这个问题。因此就要问：文化和文明与政治这两个议题之间构成一个什么样的关系？也只有讲清楚了这个关系，才能继续论证我20年前说的文化运动的解体是什么意思。这是应该讨论的核心。当然，我今天的讨论要比那个时候更为具体和历史，也更具有政治性。差别主要是在这儿。

文化运动产生出新的政治

周展安：五四新文化运动虽然是以文化命名的，但并不是一个单纯的文化运动，它同时也是一个社会运动。陈独秀们既讨论"吾人最后之觉悟"，讨论文学革命，也讨论劳工、妇女、人口问题。但陈独秀们同时又对文化运动和社会运动有明确的区分。请您谈一谈五四时期文化和社会的关系。

汪晖：社会是晚清就出现的范畴，严复的"群学"不就是讨论社会的吗？但晚清有没有这个范畴和讨论五四有没有这个范畴，不是一个问题。就单个要素来说，五四的要素在晚清几乎都出现了，如科学、民主、共和包括白话文问题，都不是五四的独创，在晚清时期都已出现了的。但是，我们不能在一个纯粹实证的意义上来认识这些要素，来认识晚清和五四的关系。我们要追问的是，到底五四是在什么条件下提出这个问题的，它的特点在哪儿。讲文化和政治，是从文化和政治自身的历史脉络来的，不能把文化、社会、政治变成一个分类的范畴。新文化运动接触社会问题的一个核心是从文化这一范畴出发的，是从文化和政治的变奏里面衍生出的。社会范畴是通过文化问题才获得独立的意义的，文化是一个特殊的策略，社会问题在这个特别的历史脉络里面才能产生，不是说有个天生的所谓社会问题。虽然晚清就讲社会了，可是真正的社会科学的思想，的确是在五四运动之后才真正生根的。严复的"群学"是一个世界观性质的东西，但五四之后的社会学就有了学科的意义。五四时期社会问题所以能够浮现，一定程度正在于他们把原有的政治问题悬置了，悬置了才会有"社会"这个范畴出来。我说把"原有的政治"悬置了，不是把政治悬置了。"原有的政治"就是国家的政治、政党的政治、议会的政治等等。但五四文化运动不但将政治的边界大大扩展了，而且也改变了政治的含义——家庭、性别、阶级、语言、文学、劳动等等，都成了新政治的题中应有之义。用一句时髦的话说，微观政治出现了，不是否定国家政治，不是否定政党政治，而是通过有关家庭、个人、阶级、婚姻、劳工、人口、教育等等的讨论，重新确定新政治的地基。这都是新文化运动的内容。因此，"文化"不是一个抽象的问题，文化是重新确认政治，介入政治，与政治相互渗透，并创造出新的政治问题、提出新的政治价值的方式。社会不只是一个客观的范畴，提出社会问题本身意味着价值的转移，这个问题本身包含着政治性。不是说用文化和政治相互对抗，而是说通过文化运动产生出新的政治，就是把所有这些社会问题提升到更高的高度，而不把政治范畴仅仅视为国家和政党独霸的领域——这是军阀政治和旧式政党垄断的领域。只有从这些方面，我们才能理解什么是五四文化运动提出的"文化"的含义，也才能理解"社会"这个范畴在文化运动中的意义。

总之，不能在分类学的意义上来看待文化和社会，也不能在分类学的意义上来看待文化和政治。新文化运动中的文化不是一个可以和政治区分开来的范畴，文化和政治的对峙只是一个策略，是陈独秀他们用以介入政治的策略。但这个策略又不仅是策略，因为从文化入手介入政治，意味着要对什么是政治重新开始考虑。这是价值问题，也是评判问题。这也是为什么"态度"在这场运动中居于如此重要的位置。所有的政治都有自己的文化。文化是强烈自主的力量，是创造政治的力量。主义是文化也是政治。如果政党政治只是结构性的权力，没有真正的主义、思想、价值，只能是"去政治化的政治"。政治冲突在一定意义上就是价值观的冲突，就是文化思想的冲突。新文化运动一个很重要的贡献，在于它为新的政党政治提供了新的文化基础，在于它为政治提供了伦理内核——政治的核心是伦理和价值，政治对抗和辩论的核心也是伦理和价值。无论是国民党的政治、无政府主义者的政治，还是共产党的政治，没有这个文化基础，是不可能产生这种政治冲突的。要在这个意义上来理解这个独特的历史时期，不能把后面的历史搬到这个历史时期来，要进入历史脉络里面来思考他们要拒绝的政党政治是什么样的政党政治，那不是抽象的，而是国民党改造前的政党政治，也是在北洋军阀、地方军阀控制下的政党政治，是缺少伦理内涵、充满权斗而缺少"文化"的政治。改组后的国民党和新生的共产党则是有新的文化支撑着的政治运动，也因此，才会有真正的理论斗争，包括一个政党内部的理论斗争。

不要预先形成对于文化、社会、政治这些概念一个固定的看法，然后带着这些看法来认识五四时期的历史，也不要急着去给出关于这些概念的定义。不要抽象地认识这些概念，而是要在具体的文本脉络和历史脉络里来认识这些概念在当时的具体语境中的关系。重要的是考察当事人在运用这些概念的时候，他们真正的目的是什么。《新青年》所讨论的劳工问题、女性问题、家庭问题等等，在今天看都是政治问题，但这一类的政治问题，是和旧式的国家政治不同的。陈独秀们谈文化和社会，是试图将政治从"国家与政治完全一致"这个关系中解放出来。他们清楚地知道，当时谈文化、谈社会，都是在谈政治，但同时，这里的政治不同于旧式的国家政治、政党政治框架下的政治——我在这里提到"旧式的"，是因为新政治也并不等同于对国家、政党等概念的否定，而是要重新赋予这些概念新的内涵，或者从新的价值出发去规范其政治性。

"觉悟"问题

周展安："觉悟"是方法吗？还是有更加具体的内容？如果没有教条主义，那么会不会流于盲动主义和机会主义？觉悟也好，主体的创造也好，是不是总要有方向问题，总要有路线问题？

汪晖：觉悟，有不同的觉悟，有不同觉悟之间的斗争，因为有斗争，那么觉悟当然有自己的所指。五四新文化运动，新旧之间，都讲觉悟，新旧之间在冲突，那么什么在冲突，当然是有内容的。但是，就当时的历史条件而言，首先要看他们为什么要讲觉悟，对谁觉悟，针对什么而来的觉悟。由于第一次世界大战和中国的共和危机，很多人对于戊戌变法、辛亥革命的模式，对于18、19世纪的欧洲现代性模式产生了深刻的怀疑，资产阶级民族国家、自由竞争的资本主义经济，议会框架下的政党政治，以及与此相关的价值系统，都失去了自明的先进性。为民主辩护，是在这一前提下发生的。同样，对传统的尊重，新古典主义或新保守主义，也是在这个前提下得以理论化的。在这种情况下，觉悟的问题出来了。觉悟，首先就是不能走别人走过的道路，就是发现以前的东西不对了，因此要有自觉、觉悟。张君劢、梁启超、杜亚泉等等讲觉悟都是从这里出发的。比较梁启超早年的《新民说》和写作于欧洲战争期间的《欧游心影录》，可以发现前者内含完美的西方形象，而后者则显示了西方文明的千疮百孔。梁启超此时所谈的"中国人之自觉"，不再是借鉴西方文明的自觉，而是从西方文明危机中反观自身的自觉。1917年4月，杜亚泉在《战后东西文明之调和》中说："战后之人类生活，必大起变化，已无疑义，改革时代，实近在眉睫之前。"[1] 又说"此次大战，使西洋文明露显著之破绽"，一种"东西洋之现代生活，皆不能认为圆满的生活"、"东西洋之现代文明，皆不能许为模范的文明"的"觉悟"油然而生，"而新文明之发生，亦因人心之觉悟，有迫不及待之势。"[2]

如我在《文化与政治的变奏》一文中所说，这不仅仅是所谓"保守派"的观点。《新青年》的基本政治主张在于奠定真正的共和根基，反击帝制复辟的迷惘。但他们不可能对战争危机视而不见，而俄国革命和德国革命也给了他们重新看待西方历史的契机。陈独秀在《一九一六年》中说："创造二十世纪之新文明，不可因袭十九世纪以上之文明为止境。"[3] 他断言：在欧战的影响下，军事、政治、学术、思想"必有剧变，大异于前"。一年以后，俄国二月革命爆发，陈独秀在《俄罗斯革命与我国民之觉悟》中断言："此次大战争，乃旷古所未有；战后政治学术、一切制度之改革与进步，亦将为旷古所罕闻。吾料欧洲之历史，大战之后必全然改观。以战争以前历史之观念，推测战后之世界大势，无有是处。"[4] 两年之后，李大钊写作《BOLSHEVISM 的胜利》，宣称："一七八九年法兰西的革命，不独是法兰西人心变动的表征，实是十九世纪全世界人类普遍心理变动的表征。一九一七年俄罗斯的革命，不独是俄罗斯人心

1　伧父：《战后东西文明之调和》，载《东方杂志》第十四卷第四号，1917年4月，第1页。

2　同上，第1—2页。

3　陈独秀：《一九一六年》，载《青年杂志》第一卷第五号，1916年1月，第1页。

4　陈独秀：《俄罗斯革命与我国民之觉悟》，载《新青年》第三卷第二号，1917年4月1日，第1—2页。

变动的显兆，实是廿世纪全世界人类普遍心理变动的显兆。"[1] 所有这些，都是有着具体内涵的觉悟，对于李大钊和陈独秀而言，阶级问题也逐渐变成了"觉悟"的内容。

新文化运动提出的"觉悟"问题，是对于那个时期的政治进行分析的结果。因为普遍王权的衰败，产生了议会政治、多党政治、军阀政治、民族国家政治等等，在这个政治之下，出现了资本主义经济，这是当时讨论要针对的问题。要认识什么是"觉悟"，首先要分析当时具体的历史脉络，明白讲"觉悟"的人所针对的问题。所有的"觉悟"都是在这个运动里面、在这个特定的事件里面产生的。人们对自己有了完全不同的理解，对自己的理解又是通过对历史和时代的认识而来的。"觉悟"并不像你理解的那么抽象，它们是有丰富的历史内涵的。也是在这个基础上，因为有各自的历史内涵，所以才能产生新的、不同的政治选择。没有对于欧洲资本主义市场经济的否定，就不会产生出社会主义思考；没有对西方国家文明破产的认识，不会产生出重新讨论东方文明这样的问题。而没有这些，就不会出现讨论十月革命和法国大革命的差异的问题，就不会讨论民主是不是有了断裂、有不同的民主这样的问题。你可以看到，所有这些都发生在这个时候，都围绕着共和危机、第一次世界大战而来。尤其第一次世界大战使我们发现以前的榜样、现代想象的标准忽然不行了。这是所有人都发现了的，康有为、梁启超、杜亚泉、陈独秀、李大钊都说不行。他们所采取的种种方法，或者接续，或者调和，或者决裂，都是在这个"觉悟"的前提下才产生的，因此我才说这是不同的"觉悟"之间的冲突。

1　李大钊：《BOLSHEVISM 的胜利》，载《新青年》第五卷第五号，1918 年 10 月 15 日，第 448 页。

周展安：文化革命是强调觉悟，强调"主观内面之精神"。但是如果这个觉悟仅仅是局限在知识者群体中，那么它无法真正具有革命性，理论只有掌握群众，才会变成革命的力量。毛泽东在1939年关于五四的两个讲话中，反复强调和群众结合的问题。毛泽东的重点是放在革命主体身上，"革命是什么人去干呢？革命的主体是什么呢？"[1]毛泽东虽然没有正面触及觉悟的问题，但这里谈动员群众和强调觉悟是一致的。但毛泽东的说法也提醒我们，谈觉悟和主观精神等等，都必须时刻联系着群众路线。群众路线，即如何联系群众、联系哪些群众是"短20世纪"中国革命的核心问题。如何联系群众以及联系哪些群众当然也就是区分朋友和敌人、识别阶级的过程。而这个问题，1919年之前的陈独秀们是没有认识的，陈独秀在1919年的《〈新青年〉宣言》中还是反对阶级政治，要求全民政治的。请您谈谈对这个问题的看法。

汪晖：任何历史运动都有自己的缺点，不过我更愿意把这理解成历史运动的一个局限，而不是简单的缺点。我们要把问题放在历史脉络里面来看，否则就无法真正发现新文化运动的意义和独特性。一方面，在五四时期讨论劳工问题、性别问题等等，本身也是有阶级的视角的。另一方面，当毛泽东在讨论群众路线的时候，是在一个具体的战争环境里面，作为一个政党的政治领袖来讨论的。新文化运动所承担的历史角色和他是完全不一样的。

毛泽东在《五四运动》和《青年运动的方向》等文章中，提出知识分子应当和工农大众相结合的问题，要求把启蒙主义的"化大众"转变为知识分子的"大众化"。[2]这一方面来自进行广泛的革

---

1 毛泽东：《青年运动的方向》，见《毛泽东选集》第二卷，第562页。
2 参见毛泽东：《五四运动》《青年运动的方向》，见《毛泽东选集》第二卷，第558—569页。

为未来而辩论

命动员的现实需要，另一方面也是中国马克思主义意识形态对中国社会的不同阶层对待革命的态度的分析、对中国革命的指导思想和前途的基本认定。作为"毛泽东思想"的一个有机部分，毛泽东的五四观也是历史唯物主义对待中国历史的娴熟运用；而运用历史唯物主义的概念、方法解释中国历史的过程，又是和中国共产党人为制定现实的革命策略而对中国社会性质和中国社会各阶级进行分析的过程相联系的。总之，毛泽东的批评是在自己特有的历史脉络里展开的，我们不能把毛泽东的历史脉络强加到五四身上。毛泽东同时高度肯定五四运动，他认为五四运动为共产党的成立做了思想上和组织上的准备。对于毛泽东来说，五四运动不仅提供了中国共产党及其现实策略的合理性和合法性的历史证明，而且也是一个关于未来社会及其与中共关系的现实的预言。其实，五四运动不仅为共产党，也为国民党的改组做了思想和组织上的准备。孙中山这样评价五四运动："此种新文化运动，在我国今日，诚思想界空前之大变动。推其原始，不过由于出版界之一二觉悟者从事提倡，遂至舆论放大异彩，学潮弥漫全国，人皆激发天良，誓死为爱国之运动。倘能继长增高，其将来收效之伟大且久远者，可无疑也。吾党欲收革命之成功，必有赖于思想之变化。"[1]无论对共产党还是国民党，五四新文化运动的作用都不可谓小。新文化运动促进了马克思主义、布尔什维克主义、杜威主义等等思想的传播，这些理论和主义是和阶级、劳动、商品、资本主义、社会主义、共产主义等等特定的概念相伴随的。它们共同联系着一种新的政治，新的政党政治。没有这些理论和主义，以民族解放和阶级解放为诉求的政治组织就

1　孙中山：《致海外国民党同志函》，见广东省社会科学院历史研究室等编：《孙中山全集》第五卷，第210页。

无法找到自身的政治主体。在这个意义上说，从五四新文化运动到新型的政党政治的产生，不是一个简单的自我否定，而是运动本身包含的政治逻辑的一个必然的延伸，这是第一。

第二，新文化运动不是作为政治组织、作为政党来起作用的。恰恰相反，《青年杂志》的创刊采取的是一种与政治断裂的方式，即所谓"改造青年之思想，辅导青年之修养"，促进国人"根本之觉悟"才能完成[1]，虽然它本身也是一个政治行动。我说过，政治存在于人类生活的各个方面，从日常生活、社会团体到国家领域，但现代政治的一个独特性在于政治与国家的密切联系，以致当现代人讨论政治问题时必定指一种与国家有关的活动。换句话说，这一作为国家活动范畴的政治构成了现代政治的最为根本的特征。但是五四时代的根本自觉不仅产生于共和政治未能真正生根的意识，而且也产生于对18、19世纪西方现代性的幻灭，因此重构政治的行动必须以更新这一特定的政治模式为前提。新文化运动的任务是"站在社会的基础上造成新的政治"[2]，以反击以国家为中心的政治，因为后者其实是"去政治化的政治"。它致力于以文化方式来激发政治，但它的社会改造方案又包含促成全新的国家政治、全新的政党政治的兴趣，即"文化"及其"运动"不但能够在社会的基础上创造新人（"青年"），而且也能够通过新人及其"根本之觉悟"逆转国家与政党的去政治化的趋势。

不能简单地衡量新文化运动，这样会把握不住新文化运动的独特性，也把握不住政党政治、大众运动和战争的条件下文化运动的独特性，因为其间有历史差异，这个历史差异要放在相应的脉络里

1　参见记者（陈独秀）：《通信·答王庸工》，载《青年杂志》第一卷第一号，1915年9月15日，第2页。

2　陈独秀：《谈政治》，载《新青年》第八卷第一号，1920年9月1日，第1页。

面来看待。如果在 20 世纪三四十年代，还是像新文化运动那样来做一般的启蒙，那么对毛泽东来说当然就不行了，在这个意义上，毛泽东的批评是有道理的。但反过来说，中国共产党包括毛泽东也都是这场运动的产物，没有这场运动，怎么会产生出他们的思想脉络。即便在后来的语境中，五四文化运动的意义也需要认真思考，例如，文化运动与政党政治应是什么关系？文化运动都应该变成大众运动和政党政治的文化运动吗？历史当中的对话关系，也需要历史地去把握。要去寻找一个历史事件的独特性，否则就会在历史解释上陷入事后聪明的目的论。

周展安：1923 年，瞿秋白发表《〈新青年〉之新宣言》，特别突出运用社会科学研究社会性质的意思，认为不是要抽空地讲思想，而是要阐明革命的社会基础，"《新青年》当为社会科学的杂志。《新青年》之有革命性，并不是因为他格外喜欢革命，'爱说激烈话'，而是因为现代社会已有解决社会问题之物质的基础，所以以发生社会科学，根据于此科学的客观性，研究考察而知革命之不可免。"[1] 并且提出了社会公律的说法，"当严格的以科学方法研究一切，自哲学以至于文学，作根本上考察，综观社会现象之公律，而求结论。"[2] 文化是高度能动的领域，社会科学是强调社会公律的，从《新青年》创办初期的言论到瞿秋白的宣言，再到 1930 年代的更加强调研究经济问题、注重数据分析的社会性质论战，似乎有一个强调规律、思想逐渐定型同时文化的能动性逐渐弱化的趋势，如何认识这一点？

汪晖：首先社会科学的诞生本身，就是思想创造的产物。中国

1　瞿秋白：《〈新青年〉之新宣言》，载《新青年》季刊第一期，1923 年 6 月 15 日，第 3 页。
2　同上。

社会史论战并不预设思想定型和能动性的弱化，社会史论战正是积极地创造新政治的一个途径，只是它的论述的方式发生了变化。而且倒过来说，没有新文化运动，也不可能出现社会科学的论述，尽管那个里面有思想变化的脉络。很清楚，文化运动打破了原来关于国家、政党作为政治中心的叙述，才把"社会"这个问题提升出来，社会科学的必要性才能产生。新的政治需要通过对社会问题的分析才能产生。至于说社会科学里面的方法、决定论等等，那是另外一个脉络里面的问题，而不能放在刚才的这个模式下来认识。1930年代的中国社会史论战正是中国思想发生重大转变的一个征兆，积极地引导社会运动的征兆，不能说到了这里思想的能动性就没有了。范畴发生变化了是没错，里面有问题，有决定论的问题，也没错，但不能掉到一个我们后来对于社会科学的简单批判里面。因为五四运动进行社会调查远远在19年之前，第一个明确做调查的就是陶孟和，他在很早的时候就在《新青年》上发表了一个社会调查。李大钊关于唐山工人的调查也是那时产生的。这些社会科学的实践正是新文化运动的有机部分。其实，文化运动的讨论中也包含了关于"公律"的问题。而且更早，梁启超的环境决定论也是包含公律的意思，关于环境决定论从晚清开始就一直在讨论。

公律、决定论，这是认识方法的问题，是认识论的问题。不能简单说这就是弱化了文化运动的能动性，我认为科学主义在这里解释的是两个层次的问题。创造新政治的时候，要把这个当成一个话语来叙述，不是当成一个简单的构造来叙述。没有20世纪30年代的社会史论战，没有共产党、国民党、托洛茨基派、自由主义政治派别等等在历史问题解释上的分野，新的政治不会是这个模式，这是能动还是被动？阶级概念有结构性的特点，但通过这个概念创造新的政治和新的运动是能动的，还是被动的？我说过，"短20世纪"是一个理论世纪，充满着理论辩论，而理论辩论也就是政治辩论，政治是理论性的，理论是政治性的。在"短 20 世纪"当中，从革命文学论争到中国社会性质和社会史论战，从两个口号的辩论到关于民族形式的论战，从新启蒙运动到大众哲学的普及，从毛泽东的《论持久战》这样的军事讨论到《矛盾论》《实践论》这样的哲学讨论，都可以看出中国革命中的政治实践和理论实践是密切相关的。社会科学所提出的问题，中国社会性质和社会史论战所激烈争论的封建、半封建、殖民地、半殖民地、帝国主义等等问题，都是有着极强能动性的理论问题，同时也是政治问题。我们可以总结其中在认识论上的一些问题，但不能说这样就是没有能动性。否则无法解释政治在当时为什么产生了极强的能动的作用，正是通过这些辩论，革命的对象、革命的主体、革命的目标等等清晰化了，政治的能量也因此被积聚起来了。总之，要区分不同的层次。

周展安：对觉悟的强调或许会涉及唯物和唯心的争论，如何在马克思主义的观点里认识"觉悟"的作用？马克思反对对"社会存在决定社会意识"做简单理解，但强调觉悟是否尤其是由中国的特殊国情所决定的？如何在理论上认识"没有革命的理论，就不会有革命的运动"[1]？

汪晖：马克思在《关于费尔巴哈提纲》(*Thesen über Feuerbach*)等文章中是极为强调能动性和主观的，阶级觉悟就是一个能动的问题，不是一个被动的问题。"觉悟"是非常清晰地在特定的历史脉络里面针对着特定的对象来说的，不是抽象来的，不是一个自我完成的觉悟。"觉悟"是社会运动的产物，是战争、社会政治变

1　转引自毛泽东：《实践论》，见《毛泽东选集》第一卷，第 292 页。("在马克思主义看来，理论是重要的，它的重要性充分地表现在列宁说过的一句话：'没有革命的理论，就不会有革命的运动。'")

迁、所有社会关系的产物，不能抽象地、教条地来理解。我在《去政治化的政治：短 20 世纪的终结与 90 年代》一书中引用列宁和恩格斯的话，引用毛泽东在《矛盾论》里的话，都是在强调理论的重要性。唯物和唯心是马克思主义里面的传统话题，但是这些马克思主义的经典作家从来都没有教条地去理解唯物和唯心。如果他们是那么教条的话，那么他们的政治是不可能产生的。中国革命的一个特殊性，是社会主义革命产生在一个这么落后的国家，要政治地来理解这个历史。我现在不去进一步地深究唯物论、历史唯物主义在理论上包含的一些不清楚的问题。马克思既有历史唯物论，又有辩证法。教条的历史唯物论是有问题的。马克思本人由于他高度的辩证的观点，他对问题的把握是清晰的，但后来很多学习马克思主义著作的人在这个问题上犯很多错误，教条主义的产生就是这么来的。如果先验地从"心"的角度来看待"觉悟"的话，就会陷入教条主义中去。我讲的"觉悟"也都是在具体的脉络里面、在历史关系中展开的，不是抽象去讲的。但是这又不能简单地化约成"物质决定意识"这一说法，因为这个里面有能动关系。比如，《关于费尔巴哈提纲》和《路易·波拿巴的雾月十八日》(Der achtzehnte Brumaire des Louis Bonaparte)，就马克思本人来讲，我觉得《关于费尔巴哈提纲》处理得最清楚。总之，所有这些都必须放置在历史脉络中来理解，不能抽象地、先验地来理解。唯物、唯心、存在、意识，都要在历史关系里面来认识和界定。比如说什么是新文化运动的社会物质存在？生产关系，社会关系，都是我们历史分析的内容，不能简单地讲。抽象的概念是提供一个方法，而不可能取代对历史的分析。比如刘叔雅的《欧洲战争与青年之觉悟》[1]，他讲

1　刘叔雅：《欧洲战争与青年之觉悟》，载《新青年》第二卷第二号，1916 年 10 月 1 日，第 1—8 页。

的"觉悟"是针对着欧洲战争而来的,对欧洲战争有具体的分析,因此讲"觉悟"也非常具体,一条两条都标出来的。这就是文本的脉络,如果问题里面不具备文本的脉络,就会把握不住。同时这个文本脉络也就是进入历史脉络的一个途径,它是一个途径,也是一个分析的对象。因为离开了文本,就没有办法进入历史。因为历史早已消失了,没有文本,无法进入历史。但是同时,文本不是历史的简单反映,它既是历史的产物,又能动地作用于历史。

02 再谈五四：以文化运动为方法
——《东方学刊》访谈

2019 年，复旦大学中国研究院助理研究员汪沛对汪晖教授进行了专访。本文据采访内容整理而成，首刊于《东方学刊》2019年第 1 期。

启蒙氛围中的五四研究

《东方学刊》：您似乎每十年都会回过头来谈谈五四，是因为总有新的时势需要回应和新的问题意识需要表达吗？

汪晖：五四是历史上纪念碑一样的事件。作为一个历史界标，人们从不同的时间点来回顾五四，其实是由此比较容易知道自己在哪里的。在这个意义上，五四被不同的人看，反过来说，五四也看我们。20 世纪 80 年代纪念五四，从那之后就开始了思想解放运动和"新启蒙"。后来把 80 年代描述为第二个五四。这一自我界定与特定的历史氛围有极大的关系。

1989 年纪念五四 70 周年，我发表了《预言与危机》一文，很明显是对 20 世纪 80 年代启蒙氛围的思考。一方面我认为这个思考是在启蒙内部的，但与主流的启蒙论，或"救亡压倒启蒙"论不同，我分析的是启蒙本身的内在矛盾。对于五四算不算启蒙，或是不是"文艺复兴"，有很多讨论。但不管怎么说，无论叫"新文化运动"还是叫"五四启蒙运动"，我觉得都可以。它的确是一个新的文化运动，以觉悟、觉醒、唤醒个体、唤醒社会作为前提，而且它也包含知识的解放，强调人的自主。这些与启蒙的基本概念是一致的。

《预言与危机》是在1988年秋天构思，年末至1989年初写完的。这个时候20世纪80年代的启蒙运动或者思想运动实际上走到了终点，其终结是由一个巨大的社会事件作为标志的。这一点和新文化运动与五四学生运动的关系有些相似。这篇文章通过对五四的内在矛盾的再思考，反思我们自己置身其中的文化运动的动机和冲动。在80年代，我们都卷入这场思想文化运动中，但几乎同时，尤其是80年代中期之后，这场运动的内在矛盾性也暴露得越来越多。《预言与危机》讲的是五四本身的矛盾性和最终走向解体的内在原因，也曲折地折射了我自己对于80年代的某些理解。不过，在文章中我并没有直接讨论80年代。

从胡适开始，有很多人解释五四的终结、新文化运动的终结，把新文化运动和五四学生运动对立起来，觉得学生运动的兴起导致了新文化运动的终结。这种解释之前并不那么受重视，我们熟悉的是作为新民主主义开端的五四，以及中国共产党的起源与五四运动和十月革命的紧密关系。但是，将启蒙与爱国运动对立起来的观点，或者说，"救亡压倒启蒙"的观点在20世纪80年代已经流行开来，1989年之后，在政治风波的背景之下，胡适对学生运动与新文化运动终结的解释很切近许多知识分子的心态。这也是20世纪90年代"反思激进主义"的滥觞之一。"激进主义"不仅指涉学生运动，而且也指涉以五四为转折点的中国革命。从历史的角度看，五四学生运动既是新文化运动的终结，又是它的后果，而且所谓"终结"只是形态上的转变，我们也可以解释为绵延。在学生运动之后，"整理国故"运动、科学与玄学论战，以及从新文化运动中逐渐成长起来的对民间文化的收集整理等等，都是新文化运动的绵延。这是一方面。

第二个方面，五四的终结意味着新一轮政治分化的开始，以及以此分化作为前提的政治转折。国民党的改组、共产党的成立，以国共合作为前提的大革命的展开和以国共分裂为标志的新阶段，就是这一轮分化的基本脉络。这个政治分化和重组是从文化运动内部延伸出来的，五四文化运动和学生运动不仅为中国共产党提供了思想上和干部上的准备，也为国民党和其他政治派别提供了思想上和干部上的资源。第一次世界大战及其终结、共和危机、十月革命的影响等等本来也是新文化运动进程中持续存在和新增的内容，并非纯粹的外部，需要一个综合的视野才能给予解释。新文化运动本是因应时代变迁而发展起来的，不同的因素均可视为其内在要素，只不过那时候这些不同因素存在着共同的敌人，存在着共同的取向，故又在差异中存在着趋同性。

我在《预言与危机》中用了一个概念叫"态度的同一性"，用以说明其同一性，同时又说明这一同一性的临时性和脆弱性。这一概念是参照恩斯特·卡西尔对欧洲启蒙思想的概括而产生的。欧洲的启蒙思想内部千差万别，但卡西尔认为在这些差异、矛盾和冲突的思想与观念之中存在一种方法论上的同一性，即建立在理性概念之上的分析还原和理智重建的方法论。这一方法论的同一性不但成为解构神学世界观的知识前提，也为此后科学与文化的发展提供了条件。与此相比，五四新文化运动却更为复杂，很难在所有不同的取向中归纳出这一方法论上的同一性。这也并不是说这一文化运动不存在内在的同一性，我将其概括为"态度的同一性"。"态度的同一性"预设了共同的敌人，共同的对象，以及由此产生的相似的情感方向和价值取向。在运动兴起之时，各种思想相互汇聚，内部的矛盾是不彰显的，但当外部的敌人逐渐弱化，甚至分解或消失的时候，在新的时代契机的刺激之下，内部的矛盾就会展现出来，变成新一轮冲突的根源。在政治分化的时代，这一态度的同一性的裂解也为不同立场的确立提供了可能的条件。《预言与危机》是从五四文化运动内部的矛盾性着眼，来分析文化运动的解体，这是当时比较侧重的一面，但也不是简单地区分内外。

重访五四

《东方学刊》：2009 年，您发表《文化与政治的变奏——战争、革命与1910年代的"思想战"》，对五四的解释有了变化。

汪晖：是的。除了态度的同一性，五四文化运动还有没有其他的同一性？到 2009 年我发表《文化与政治的变奏》时，距离写作《预言与危机》已经 20 年了。回头来看，这篇文章从一个独特的角度回应了 1989 年提出的问题。20 世纪 90 年代初期，我还写过一篇《中国的"五四观"》，收录在《无地彷徨："五四"及其回声》一书中，其中一节"民族主义或文化保守主义的记忆方式"的日文版曾在日本的《野草》(『野草』) 杂志刊出[1]。《文化与政治的变

---

1 汪暉（阪口直樹訳）、「民族主義的・文化保守主義の記憶方式からみた"五四・新文化運動"観」(『野草』第 8 期、中国文芸研究会、1992 年)、101—119 頁。

奏》是 2009 年初在斯坦福大学完成的，其时恰逢五四 90 周年。我本来准备写三章，形成一本小书，但只写了一章，就被其他事情打断了，后面两章没写。第一章以《东方杂志》为主，讨论这一时代的"文化与政治"，第二章计划以《新青年》《新潮》为主，研究新文化运动的政治，第三章写政党政治的重组与兴起，讨论新文化运动的结束与转型。这个思路写在第一章的序言部分，虽然未能完成全部的研究，但我此后对于文化与政治的解释，以及政党政治及后政党政治的分析，都与这一问题有理论上的关联。

《东方杂志》诞生于日俄战争时期，后来的主编杜亚泉是晚清最早的科学刊物《亚泉杂志》的主编。无论在刊物的形式，还是内容上，《东方杂志》代表的都不是旧传统，而是新潮流。然而在《新青年》初创时期，这份晚清民初新派刊物的先驱角色发生了颠倒，已经被看作新文化运动的对立面或守旧派。新变成了旧，而他们针对新文化运动的论点之一却是新，也是旧。这份刊物不但远早于《新青年》约十年就开始发刊，而且比新文化运动的刊物长命，影响很深远。我想分析这个"对立面"到底是如何成为新文化运动的"对立面"的。当然，除了《东方杂志》，五四新文化运动最主要的敌人之一是晚清时期开风气的大人物康有为，当年的激进派和新党，现在由于出现了新的态度的同一性，转而被视为旧党和保守派。态度的同一性及其转换在这个意义上对于文化运动的形成是非常重要的。

在文章中，我用五四文化运动，而不只是五四新文化运动，来指涉这一时代的文化潮流，原因是没有对立面的持久而有力的存在，"新文化运动"很难独自形成。态度的同一性是在不同态度的相互竞争中产生的。五四新文化运动是一个特指，是以《新青年》《新潮》这些新文化刊物作为主要阵地的，他们以《东方杂志》及其他刊物为其主要对立面。重新阅读《东方杂志》和《新青年》，你会发现《东方杂志》很难被看作传统和旧派的，它的内容十分广泛，与《新青年》的若干文章也有交叉。这一既对立又交叉的状态，对于理解新文化运动的"态度的同一性"及其内在张力也很有意义。

新旧问题也是我在20世纪90年代初期写成的《中国的"五四观"》一文的中心问题之一。我没有用史华慈的激进主义、保守主义和自由主义的三分法，而是采用了新文化运动的、文化保守主义的和马克思主义的三种不同的"五四观"。相比于史华慈的三分法，这一分析框架不是侧重严格的政治理论分野，而是采用模糊的"态度的同一性"为依据。换句话说，这也是三种态度，此后对于五四的分析和看法大多是这三种态度的投射或延伸，而在理论上或知识上，三者之间存在诸多的交叉和重叠。态度与理论之间的关系实际上也很复杂。在这三种态度之中，最有新意的部分恰好是保守主义史观的凸显。在新文化运动和马克思主义的史观中，康有为、《东方杂志》、学衡派等并不是新文化运动的内在部分，而是其对立面，很难构成独立的视野。但从20世纪90年代开始，由于出现了对于激进主义的思考，如何看待保守主义，终于成为一个新的问题。从对文化保守主义的再探索，到施米特（Karl Schmitt）、施特劳斯（Leo Strauss）理论的翻译与引入，内外相互激荡，保守主义渐成潮流，康有为——尤其是以其晚期思想为重心——再度成为文化英雄。

其实保守主义的潮流在五四的时候是内在于五四文化运动的，除了《东方杂志》《甲寅》等由辛亥一代掌舵的刊物，像学衡派的梅光迪、胡先骕、吴宓这些人是从当年西方流行的新古典主义出发的，他们或者倡导新亚里士多德主义，或者主张重返中国古典。

《学衡》杂志创刊于1922年，其同仁留学欧美，与《新青年》的部分核心人物本是一拨人，他们早在《学衡》创刊前就在北美互相对话，在理论、感情和审美上都展现出不同的文化态度。一定程度上，胡适关于白话文的讨论正是这一早期对话的产物。

因此，《文化与政治的变奏》用五四文化运动的概念取代新文化运动的概念，不是否定新文化运动的意义，而是将其纳入一种对话性的、争辩性的关系之中。新文化运动代表了文化运动的一支，或最有能量的一支，但新旧的区分有相对性。新古典主义是新潮流，他们强调古典，觉得比新文化运动更新。为什么呢？新文化运动的基本价值源自启蒙的传统，其运动也假设了新旧之间的不可调和的冲突。但在《新青年》群体内，甚至李大钊都强调新旧调和和新旧折中。没有什么绝对的"新"，也没有绝对的"旧"。对于这些复古主义的、古典主义的、保守主义的叙述来说，他们也将自己的"旧"解释为"新"，并以此获得年轻一代的追随。典型的例子也包括科学方面，比如胡先骕是在加州大学伯克利分校学习生物学的，当时生物学中最新的发展质疑了达尔文（Charles R. Darwin）的学说，或者强调生物进化中的断裂性，或者分析返祖现象，或者指出进化过程中传统因子的重要性，而不是直线进化。相比于达尔文进化论，这些是生物学的新潮流。因此他们认为从科学的根据上说，古典主义可能是新的。而新文化运动接受达尔文的叙述，进步主义成为其主调。

20世纪80年代的启蒙潮流高举五四民主与科学的大旗，而《预言与危机》分析的是这个冲锋陷阵的姿态本身所包含的内在矛盾和内在危机。因此，即便对于80年代而言，五四是预言，同时也是危机。到2009年重访五四时，我突出的不是启蒙与救亡的辩证关系，而是"文化"与"政治"这一对范畴。五四的真正贡献不仅是高扬了民主与科学，而在于其方法，即以文化运动作为方法本身。在这个意义上，五四也有其方法论的同一性，即以文化改造为杠杆，以运动的方式创造新空间，通过话语更新，转换政治议程，从而也创造了新政治。文化与政治之间的有力互动贯穿整个 20 世纪。文化作为一个相对自主而又能够凭借其自主性介入政治和其他生活领域的范畴或领域，是五四文化运动的创造。

五四文化运动的兴起本是危机的产物，一个是共和的危机，一个是战争的危机，后者又突出了文明的危机。这个危机不是旧文明的危机，而是新文明的或者说西方现代文明的危机。这一双重危机汇聚在一起，产生了对于现代政治制度及其价值的重新评价问题。这也是为什么政治危机会触发文化运动及其文化政治的原因：是改造传统，继续革命或改造，还是重访旧文明，探索新价值？这场斗争是围绕文化价值展开的。《新青年》《新潮》把青年问题、性别问题、婚姻问题、教育问题、劳工问题、语言和文学问题等作为新文化问题，用以与旧政治相区别。旧政治指的是国家的政治、政党的政治，这些政党政治和国家政治又常常与军阀政治或武人政治直接相关。因此，在他们看来，新的文化运动所孕育的政治将是不同于旧政治的政治，这意味着 20 世纪将会发生一个重要的转折，这个转折不仅是文化的转折，也是政治的转折，即政治不再能够被旧框架所界定，政治的内涵和形式一定会发生重大的变化。正是经由文化运动的转换，青年、语言、性别、婚姻、劳工、平等等等，都构成了现代中国政治的必要内容。主权和其他的政治没有消失，但是要通过文化政治加以改造。

新青年群体的形成有其背景条件，如科举制度的废除，新教育的普及，留洋学生群体的出现和内外交通及通信技术的发展，等等。在内外危机之中，新的知识群体开始了自发的社会文化运动。

这些运动不是针对旧王朝，从而不再隶属于反对旧王朝的民族革命，而是在共和制度下出现的、针对共和危机的有组织运动，从而是一种在不确定的时刻指向未来的新运动。这是一个重要的区别。韩国青年学者金仙映的博士论文《二十世纪初东亚地区爱国运动与"新文学论"之兴起》比较了韩国"三一"运动和五四新文化运动。她有一个重要观察：这两场几乎同时发生的运动，在反传统问题上也相当一致，但结果却十分不同。朝鲜半岛的反传统运动是在日本殖民条件下发生的一场改革运动。殖民条件不仅意味着国家主权的丧失，还意味着大学等文化机构的殖民性质。与此不同，第一次中国革命创造了主权的共和国，尽管内部四分五裂，但国家的主权性渗透在中国的文化机构之中，北京大学作为新文化运动的策源地，是一个主权的教育机构。无论是教授们，还是学生们所推进的文化运动和社会团体，以及他们主办的杂志，都是在主权国家框架下的社会政治团体和文化运动。帝国大学与国立大学的区别对于文化运动的走向有重要影响。"三一"运动所置身的殖民条件和隐含的民族诉求将一场反传统的改革运动转向了去中国化的方向，而以北京大学这样的主权性大学机构为依托发生的反传统运动是再造中国的运动；"三一"运动与五四运动针对的传统有许多重叠，如汉文、儒教等等，但前者的结果是去中国化，既包含民族主义的内涵，又没有直接冲击日本殖民的底线，而后者的结果却是再造一种新的中国文化认同和新的文化形式。这是民族语境与制度语境差异而产生的结果。各种文化运动的载体如媒体也有同样的区别。换句话说，五四新文化运动是一场反传统运动，但绝不是一场去中国化的运动。这一历史经验也可以用以比较在中国其他地区的文教制度及其内涵的去中国化问题。殖民性和后殖民性的问题是难以忽略的问题。

所谓五四运动为此后的大革命提供了思想上和干部上的准备，也要从这个角度来理解。思想上和干部上是互为一体的。没有"新青年"就不会有具备新思想的干部。干部的形成靠的不仅是观念和思潮，而且是有组织的社会实践。五四文化运动的载体，除了报刊、媒体，也包括各种社团。觉悟社、平民教育社、工读互助团，各种各样的学生团体，无政府主义团体，等等。李培艳的博士后报告《新青年的新生活困境与新文化运动的内在危机》就是研究新青年的有组织运动，以及在团体性的活动中"新人"的诞生，新文化运动如何衔接了国民党的改组和共产党的成立，等等。由这些群体构成的新的社会政治网络为新的社会改造运动提供了条件。

这些团体是文化运动的一部分，不仅是其召唤的对象，也是其运动的载体。袁先欣的博士后报告《"到民间去"与二十世纪二十年代中国——一个话语空间的历史考察》集中研究新文化运动和其后的时期，新文化群体重新发现民间、创制民间范畴的努力。从北大的中国歌谣会到其他民间话语的出现，意味着这一群体试图在政治革命之后，试图以文化运动的方式，重新发现甚至创造一种新的空间，通过对这一空间的整理、改造和再形成，以实现对共和国的文化基础的更新和再造。没有文化运动作为方法，这些努力就难以找到自身的连贯的逻辑。

文化运动作为一种方法既为知识分子和青年运动所继承，又为政党政治所吸收。延安时期改造学习的运动、整风运动等等，都是在政党框架下的文化政治运动，20世纪六七十年代的"文化大革命"则包含了多重形态，而作为其否定物的80年代文化运动则更接近于五四的方式，主要以知识分子、青年学生为主体，以文化讨论、翻译和写作，以及自主性的社团组织为主要形态。

五四一代意识到整个社会结构正在发生重大变化，流动性、城市化以及不可避免的全球关系的挑战，都将把中国带入一个前所未有的状况之中。它是把新伦理的创造作为重要的出发点，也正基于这一自觉意识，在它所要创造的新伦理层面上，我们可以做各种反思讨论，比如是合理的，或者需要修正。但是有一点可以确定，它试图通过新的文化政治和伦理政治以全面更新旧政治。文化革命的核心是伦理革命，形式是文化政治，如社团、刊物、新语言形式的创造，等等。陈独秀的伦理革命的内涵可以再作分析，但他提出的是现代社会的伦理问题，而不是现代社会不再需要伦理而只需要利益的问题。

"短 20 世纪"及五四

《东方学刊》：如何在您所提的"短 20 世纪"的意义上来理解五四？

汪晖：首先需要简要说明一下我所说的"短 20 世纪"的含义，而后再将五四置于这一范畴内加以观察。很多人以为长短只是时间性的时期划分，但我以为不尽然。所谓"长世纪"是由年鉴学派，尤其是布罗代尔（Fernand Braudel）的方法论所确定的。漫长的 19 世纪，从 1789 年延伸至 1914 年，超出了世纪的时间框架，因此，人们用"漫长的 19 世纪"来加以描述；乔万尼·阿里吉沿用这一方法提出了"漫长的 20 世纪"的命题，从 19 世纪 70 年代延伸至今。所有这些讨论，无论着眼于 19 世纪，还是着眼于 20 世纪，探索的都是资本主义的结构性形成与转化，以及世界资本主义体系的重心转移。金融资本主义的系统扩展、世界市场的链接与形成、工业化、城市化、民族国家的主权体系的形成，以及资本主义中心从欧洲向北美、从大西洋向亚太的转移等等，成为"长世纪"的基本主题。

从资本主义结构转移的角度看，阿里吉期待其早日完结的以美国为中心的"漫长20世纪"还没有结束：美国的金融中心地位尚未彻底解体，亚洲国家的崛起尚未达到彻底取代美国中心的地步。换句话说，所谓"长世纪"，就是以资本主义结构转移为中心的历史叙述。而"短世纪"的意义就在于以革命为中心，以"社会—经济"结构性改造而不是以资本主义体系的中心转移为根本使命。无论是民族革命还是社会革命，都包含着对资本主义结构的强烈冲击。

然而，站在今天的位置上往回眺望，这一冲击没有以社会主义的胜利为结果，而是以对资本主义体系的结构性改变为标志。例如，20世纪的革命形成从资本主义体系的周边对中心的冲击，造成地缘政治构造的改变，以致出现用传统方法无法解释的现象，如为什么周边地区现在成了债主，为什么中心地区成了借贷者，以及中国的"一带一路"倡议为什么不仅延伸至亚非拉，还试图深入欧洲腹地，等等。周边地区的重大变化当然是革命的后果，也就是"国家要独立、民族要解放、人民要革命"和社会主义实践的后果，但这一进程对资本主义体制的强烈冲击最终被包裹在资本主义体制的结构性变迁内部了。由此，革命和社会主义实践就成为"漫长的20世纪"内部的"短20世纪"。

在这个意义上，我所说的"短世纪"不同于霍布斯鲍姆的作为"极端的年代"的"短20世纪"。对于霍布斯鲍姆而言，20世纪是一个失败的世纪，占据中心地位的是第一次世界大战、第二次世界大战、冷战，以及错杂其中的各种形式的排外主义、种族主义、国家专制和暴力。对他而言，19世纪是革命的年代，而20世纪没有真正的创新。这一判断是建立在对不同形式的社会主义实践的怀疑——尤其是对苏联的否定——的基础上的。在他的世界里，"短20世纪"是与"漫长的19世纪"相互衔接的。

现在回到你的问题上来：如何定位五四在"短20世纪"中国的历史位置？从陈独秀开始，历来的论述是将其定位在物质、制度和文化的序列变革之中的。陈独秀在《吾人最后之觉悟》一文中将明末至五四的中西接触分为七个时期，其中鸦片战争后的洋务运动为第三期，戊戌变法为第四期，辛亥革命为第五期，而辛亥革命后的文化运动则为第六期，即"共和国体果能巩固无虞乎？立宪政治果能施行无阻乎？以予观之，此等政治根本解决问题，犹待吾人最后之觉悟。此谓之第七期，民国宪法实行时代"[1]。这一观点此后为许多人继承，虽然分段略有不同。例如左舜生就说："原来中国人对西方的认识：第一是坚甲利兵，第二段是工商业和政治，第三段才是思想学术以及文学艺术等等。关于这种认识的进度，我们虽然不能就时间上划出很明确的段落，但甲午以前停留在第一段，甲午以后则进入第二段，一直到'五四'前后，才算是真正走进了第三段，这大致总是不错的。"[2]在五四80周年之际，金耀基重述他在《从传统到现代》的观点，即"五四的历史定位应是中国现代化的一个里程碑。中国现代化由洋务运动的'器物技能层次'，转升到变法维新，辛亥革命的'制度层次'，再转到新文化运动的'思想行为层次'"。[3]

---

1 陈独秀：《吾人最后之觉悟》，载《青年杂志》第一卷第六号，1916年2月15日，第2页。

2 左舜生：《中国近代三度改革运动的检讨：戊戌，辛亥，五四》，见周玉山编：《五四论集》，台北：成文出版社，1970年，第681页。

3 金耀基：《五四与中国的现代化》，见郝斌、欧阳哲生编：《五四运动与二十世纪的中国》，北京：社会科学文献出版社，2001年，第63—64页；《从传统到现代》，台北：时报出版公司，1986年，第161—166页。

这些论述将五四视为近代变革由外而内的一个深化过程，揭示晚清至民初的思想脉络。在文学史上，所谓"没有晚清，何来'五四'"[1]的论述也可视为这一阶梯式演进的历史叙述的产物。从若干运动的要素来看，五四与晚清的连续性是的确存在的，但从"短20世纪"的诞生的角度观察，这一进程不只是一个深化的过程，而且也包含了转折性的意义。要素的连续性不足以说明历史的转折。甲午战争和戊戌变法的失败是在美国和日本两大太平洋势力崛起的背景下发生的，也是在欧洲向帝国主义转进的进程中发生的。在这一广阔的世界历史背景下，所谓"亚洲的觉醒"标志着一个革命序列的展开——不同于19世纪的革命，为20世纪开辟道路的革命全部发生在资本主义的边缘区域。这个革命浪潮的第一波是1905年俄国革命，在其诸多内外条件中，发生在中国东北的日俄战争是一个重要契机。中国第一个革命组织同盟会也在这一年诞生，思想领域的潮流从改良转向革命，也以此为转捩点。1905年至1907年的俄国革命，1905年至1907年的伊朗革命，1908至1909年的土耳其革命，1905年至1911年的辛亥革命，1917年的十月革命，1915至1920年代前期的五四文化运动，1924年至1927年的中国大革命，1928年之后的土地革命战争，构成了一个亚洲革命的序列。

　　在我看来，20世纪的诞生是由一组革命为开端的，而不是以一次革命为开端的，是全球性的，又植根于各不相同的条件。革命的形式伴随其主要任务而发生变化，可以是政治的革命、军事的革命，也可以是文化的革命。五四新文化运动将康有为设定为主要对

1　参见王德威：《被压抑的现代性：没有晚清，何来"五四"？》，见《想象中国的方法：历史·小说·叙事》，天津：百花文艺出版社，2016年，第3—19页。

立面，表示其意义不能简单置于戊戌变法的延长线上说明，而包含了转折性的意义；五四文化运动又产生于第一次世界大战和共和危机条件下的反思，无论其激进方面，还是其保守方面，都包含了对资本主义危机——社会危机、战争危机和文明危机——的反思，相对于辛亥革命，这也包含转折的意义。毛泽东从共产党人的革命的角度说五四运动代表着新民主主义革命的开端，并将中国共产党的成立和中国共产主义革命的开端溯源于此，也是基于这一序列性变化及其转折的意义。

毛泽东重视十月革命对中国革命的影响。这一脉络伴随着苏联解体而在历史研究中逐渐退居次要位置。霍布斯鲍姆说，"短 20 世纪"与一个国家的命运相始终，指的是苏联；谈论"短 20 世纪"而忽视苏联的诞生和演变几乎是不可能的。第一个社会主义国家及随后的社会主义体系的出现是 20 世纪的重大事件，但不是唯一事件。十月革命不仅可以从欧洲战争和俄国国内状况出发加以分析，也可以从上述亚洲序列革命的脉络中进行阐释。霍布斯鲍姆的"短 20 世纪"以 1991 年苏联解体为终结点，但如何解释中国、越南等经历了 20 世纪社会主义演变的国家的持续存在与发展？从中苏论战开始，苏联模式的普遍性就在社会主义体系内部遭到了公开的理论质疑，这也表明苏联模式不是 20 世纪社会主义的唯一模式。冷战的终结是一个漫长的过程，几乎从冷战的两极格局大致奠定的同时就开始了，我把这一过程视为从万隆会议到苏联解体的漫长的终结。伴随这一过程的结束，"短 20 世纪"的革命能量似乎也耗尽了，但是否真的终结了呢？又是以什么形式终结呢？由于中国道路的独特性，很多 20 世纪的主要遗产以一种未完成状态一直渗透到 21 世纪内部。作为一个整体，一个持续的革命进程，似乎过去了，但没有彻底消失。如何描述这些关系，这是一个问题。我最近在编辑文稿时，将《世纪的终结》修订为《世纪的绵延》，以区别于各式各样的"终结论"。

五四时期激烈的思想冲突事实上为此后不同的政治和文化脉络及其相互关系提供了线索。五四文化运动针对的不是旧王朝，而是共和的失败；它基于对共和失败的诊断而试图在文化上为新政治奠基，从而包含了激烈反传统的内容，但其针对的已经不再是旧世界。在这一点上，它与俄国十月革命有些相似之处。我们看这一时代的主要思想潮流，激进派如陈独秀、李大钊受十月革命的影响而向苏维埃主义转变，相对温和的社会民主派对资本主义危机有较深认识，希望通过社会政策解决这些问题，如张君劢、张东荪；梁漱溟等平民社会主义，杜亚泉的新旧调和独特的国家主义论，试图将中国传统作为超越资本主义危机的另一参照系。这些思想脉络都包含着对 19 世纪以来的资本主义构造的批判。在 20 世纪 20 年代，被自由派奉为宗师的杜威、罗素（Bertrand Russell）乃至泰戈尔（Rabindranath Tagore），其思想和趣味中都包含了内涵不同的社会主义要素。

如何理解五四乃至"短 20 世纪"的当代意义，或许可以从当代世界的两大潮流来加以判断。这两个潮流有其对抗性，从现象上看，可以概括为极度世俗化的潮流和重新宗教化的潮流。极度的世俗化不是 20 世纪意义上的世俗化，甚至也不是 18 世纪启蒙运动意义上的世俗化，而是资本主义关系深化意义上的世俗化。这是一个以经济为主导的世界，一个使市场经济凌驾于所有社会关系之上的进程，一个由金钱拜物教支配的金融资本主义世界。与此相平行或对抗的，是从 20 世纪 70 年代末期开始的宗教革命和再宗教化过程，其中也包括极端的宗教化潮流。这一过程是在 20 世纪社会主义式微的条件下发展起来的。这两个进程以大规模去政治化为条件，或者说，以不同形式的"去政治化的政治"为前提。

当代思想正在承受去政治化的后果。如何克服"去政治化的政治"也需要着眼于面对上述两大潮流或现象。左翼和左翼的自由主义对于新自由主义的批判触及了当代世界经济和社会生活的基本问题，但对于文化和宗教问题缺乏有力的理论介入；不同类型的文化保守主义没有准备好对于新一轮宗教扩张的阐释和理解，更不用说由于忽略对经济制度的研究而难以提出切实的应对方法。20世纪试图创造一种基础性的政治文化，其基本取向是世俗的，反对让整个社会生活被宗教世界彻底主导，但同时拒绝臣服于资本主义经济凌驾于一切之上的社会体制。五四文化运动通过提出文化价值，重新界定政治的内涵，不但为培养一代新人提供了契机，也试图为未来社会提供蓝图。现代的大学制度是在这一背景下成型的，许多社会组织和劳工运动，等等，也是在这一潮流中诞生的。因此，文化运动与制度建设之间的互动，为此后的发展提供了基础。我并不是说重访五四文化运动能够给我们提供什么现成的答案，但以文化运动为方法，重新界定政治议程的方式，值得我们再三思索。

五四与政党政治

《东方学刊》：如何理解五四运动与政党政治的关联？

汪晖：五四文化运动兴起之时，还没有任何一个绝对的有组织的政治力量，能够把文化运动的多重要素纳入其内部。五四之后就不一样了，从此之后，大多数文化运动都很难摆脱政党政治的框架。20世纪30年代的新生活运动是国民党的新生活运动；与此相对应的新启蒙运动，是共产党的新启蒙运动。这两个运动都是文化运动，但都是在政党政治框架下的运动。也就是说，在 20 年代之后，五四的模式已经被自己创造的结果所改造了。1919 年，毛泽东写《民众的大联合》，涉及政党与民众的联合之间的关系问题，他说："溯源吾国民众的联合，应推清末谘议局的设立，和革命党——同盟会——的组成。有谘议局乃有各省谘议局联盟请愿早开国会的一举。有革命党乃有号召海内外起兵排满的一举。辛亥革命，乃革命党和谘议局合演的一出'痛饮黄龙'。其后革命党化成了国民党，谘议局化成了进步党，是为吾中华民族有政党之始。自此以后，民国建立，中央召集了国会，各省亦召集省议会，此时各省更成立三种团体，一为省教育会，一为省商会，一为省农会。（有数省有省工会。数省则合于农会，象湖南）。同时各县也设立县教育会，县商会，县农会。（有些县无）此为很固定很有力的一种团结。"[1] 但此时还只是将政党与一般社会团体作为大众联合的机制，而没有从政党政治与大众运动的关系的角度思考新型政党政治。那时候不但毛泽东没有将民众的大联合与新型政党政治直接关联，新文化运动的主将也并不热衷政党政治。民初政党是在议会政党制下产生出来的，常常与军阀政治和地方政治纠葛在一起。这样的政党政治缺少新的信仰和制度，缺少内在价值和动力，也缺少用新思想武装起来的干部。新型政党政治是在五四文化运动中孕育成熟的。由于新的政党面临着旧的国家框架，议会政党制背后还有军阀政治的阴影。因此，新政治要想站住脚，就需要与军事制度相互结合。孙中山提出了建立党军的问题。北伐的骨干力量就是党军，而党军的主要干部就是新青年。青年、农民运动、工人运动、民众大联合、军队，在新型政治组织的推动之下，实现了结合。

1　毛泽东:《民众的大联合》，载《湘江评论》第 4 期，1919 年 8 月 4 日。

青年、民众、政党、军队这四个最基础的要素相互关联，其影响是深远的。在国民党改组的背景下，出现了新的三大政策——联俄、联共、扶助农工、国共合作，奠定了第一次大革命。在五四运动之后，孙中山曾经对国民党人提及新文化运动在动员、组织和教育青年方面的作用，提出国民党人需要从中汲取能量。在第一次大革命中，精英、大众、政党、军队、新政权等要素产生相互连接。国共分裂，共产党撤退到乡村，这些新的要素在军事斗争和土地革命中再度重组，将军事斗争、土地改革、苏维埃建设、以农民为主群众运动、党的建设融为一体。因此，我们看到了并行的两重政治运动：一个是以国民党主导重建中央集权的进程，收编各地军阀，拓展新的国家建设；另一个是在共产党领导下的、以乡村为根据地的苏维埃国家建设运动。我把后一个运动称为人民战争，即一个将上述各种要素综合在动态的政治过程中的运动。在人民战争中，青年、民众、政党、军队之间的结合，既富于活力，又非常深入。1949年中华人民共和国成立的时候，共产党统治的地区已经大量经过土地改革。这些进程越出了五四文化运动的框架，但处处都可以看到这一文化运动的多重影响。五四文化运动是文化运动，又是再造政治的运动；没有文化运动和文化政治的政党政治，势必蜕变为一种去政治化的权力政治，不但无从联结青年和群众，产生真正属于未来的理念和骨干，也无法推动政治自身的更新和改造。

（汪沛／整理）

03 回到"五四时刻"
——《南风窗》访谈

2019 年，五四运动 100 周年之际，汪晖教授就五四议题接受《南风窗》记者荣智慧专访。本文原刊于《南风窗》2019 年第 8 期。

五四促成的新型政党政治

《南风窗》：您在《文化与政治的变奏：一战和中国的"思想战"》[1]中写，希望继续讨论五四之后政党政治的转型。那么，我们该如何理解五四之后政党政治的转型？

汪晖：在五四运动之前，中国已经有初步的政党。早期的革命团体像同盟会就是从兴中会、光复会、华兴会等团体形成而来的，可以说是中国政治史上一个很重要的政治组织。民国成立后，联合其他组织成立国民党，1913 年国会选举后成为最大的议会政党。二次革命后，国民党被袁世凯解散，1914 年孙中山在日本重

1　汪晖：《文化与政治的变奏：一战和中国的"思想战"》，上海：上海人民出版社，2014 年。

组中华革命党。民初议会政治中有很多政党，关系庞杂，缺少严密的组织，尤其是缺少理论性，没有一个清晰的政治理念。更多的是一种社会团体，与现代国家框架下发展出来的一些正常类型的现代政党并不一样。对20世纪政党制度产生特别重大影响的是1919至1924年国民党的改组和1921年中国共产党成立。

用毛泽东的话说，五四运动"在思想上和干部上准备了一九二一年中国共产党的成立，又准备了五卅运动和北伐战争"[1]。政党的主要骨干是从新文化运动和五四学生运动中产生出来的，而这些"骨干"是用新思想武装起来的一代人。孙中山也表述过类似的意思，他说"欲收革命之成功，必有赖于思想之变化"[2]。五四文化运动是一个包含着多重取向的文化运动，不仅是共产党的诞生和发展与之相关，国民党和其他新型政治组织和政治运动都与这一历史时刻有着深刻的联系。

自觉地把文化运动、思想运动和政治结合起来，这才是真正的现代政治的发明。

有几件事情对于新型政党政治来说是特别重要的：

第一，任何一个政党的形成和它的影响力的建立，都需要一个真正的文化运动。如果一个政党已经不再有文化运动了，它的思想的、意识形态的和价值的能量就大规模下降了。没有文化运动，也没有办法进行自我反思。

第二，任何一个政治组织的发展都需要对自身进行持续的改进、改造，通过勾勒、重申和更新政治目标，回应社会进程中的新问题、新局势、新挑战。再通过对这些新问题、新局势和新挑战进

1　毛泽东：《新民主主义论》，见《毛泽东选集》第二卷，第700页。
2　孙中山：《致海外国民党同志函》，见广东省社会科学院历史研究室等编：《孙中山全集》第五卷，第210页。

行重新理解、重新阐释，反过来对自身进行总结、批评和改造。任何一个时代，如果一个政党不再有文化运动、理论辩论和思想互动，严格来说，就构不成真正的政党。因为离开政治价值、社会理想及其不断地在现实关系中从事实践，政党就会蜕变为一种单纯的从属于国家机器的权力结构。20世纪中，所有的政党都不断在党内党外推动各种各样的文化运动，有人喜欢，有人不喜欢，有些产生积极的效果，也有些并不成功，但对文化运动的具体评价不应该掩盖基本的判断，即政党的诞生、形成和自我更新离不开文化的和思想的运动，离不开党内和党外的讨论、辩论、反思和斗争。没有公共的舆论与党内和党外的讨论的互动，政党难以形成政治动员和内外共识，也难以为自身的政策提供群众基础。

第三，五四文化运动主要是由知识分子推动的，通过教育和媒介产生影响。毛泽东批评过五四的局限，但同时又说五四运动"准备了五卅运动和北伐战争"[1]，实际上是着眼于其后政党与大众运动和人民战争的经验讨论五四运动的长远意义。文化运动与大众性是现代政党政治的两翼，任何一个方面的缺失都会造成政党政治的失灵，或者说，政党政治的去政治化。

在1920年前后，由于有了之前的文化运动的准备，有了晚清以来的新学堂、科学技术等的发展，尤其有了这一时期教育机构的改革，为新的政党政治的诞生创造了基础性的条件，即持续形成中的思想的、干部的和群众的准备。

新文化运动促成了两个东西，一个是文化运动与政党的结合，一个是文化运动逐渐地与大众运动的结合，文化运动、大众运动和政党政治三者构成的互动，成为20世纪现代政党政治的基础。但

1　毛泽东：《新民主主义论》，见《毛泽东选集》第二卷，第700页。

这一结果也在一定程度上终结此前的文化运动模式：五四以后，文化运动越来越与政党联系在一起，比如说国民党的新生活运动，共产党的新启蒙运动、整风运动，都是由政党主导的运动。这些运动的功能是政党的不断自我更新和政党与大众性运动之间的密切互动，但五四时代通过一定程度地疏离直接的政治议题以创造相对自主的文化空间，同时以此作为更新政治的方式，逐渐式微了。人们常常将20世纪80年代的文化运动与五四文化运动相互比较，或许就是基于这一方面的某些相似性，但如果深入地分析其发展的肌理，实际的脉络和动力其实是极为不同的。

五四的转折意义

《南风窗》：五四文化运动中，不同派别的分歧是巨大的。我们该如何理解保守主义和激进主义同时有了"告别19世纪"的共识？

汪晖：五四为什么有新颖性？事实上，新文化运动，我把它叫"五四文化运动"，其实是与之前的那种连续性的改革不太相同的，但是它又有转折的意义。

我们过去常常将五四纳入晚清以降的连续脉络中去理解，如洋务运动是器物层面的改革、戊戌变法和辛亥革命是制度层面的变革、五四运动是观念或思想层面的变革。但这样的连续性论述难以揭示五四的新颖性。器物层面的改革伴随着制度层面的改革，制度层面的改革不可能不伴随着思想层面的变革，从洋务运动的中体西用论，到戊戌变法时代康、梁对各国状况、不同地区的维新与革命的介绍和各种新知识、新观念的输入，以致在国学和传统方面的各种新发明，又何尝不是思想和文化上的革新运动？辛亥革命，创造了亚洲的第一个共和国，随时还伴随着一系列组织和理念的革新。但所有这些运动，在大的方向上是沿着法国革命、美国革命、英国革命和明治维新的路线前进的，尽管其中包含了对19世纪的政治经济模式的某些反思，但相关的主要政治论述是沿着19世纪欧美的主流论述而展开的。

五四文化运动的爆发，第一次世界大战和共和危机这两个背景非常关键。第一次世界大战导致了整个19世纪西方理念的破产，即所谓现代文明的危机。原来我们学西方学了半天，西方的器物还没有学到多少，西方就自我爆炸了。民族—国家、市场经济、科学技术、人权自由，所有这些我们决心师法的目标和价值都没有阻止人类有史以来最大规模的战争和杀戮。五四文化运动继续使用文明和野蛮、民主和专制等19世纪以来的话语，但不断地对其进行更新，逐渐地赋予其新内涵，从而也展开出一些影响深远的、不同以往的取向。

第一次世界大战是第一轮西方政党政治的失败，社会民主党卷入了整个战争的喧嚣。"主义"变成整个意识形态的核心。我们崇拜的工业化，成为新的战争形式。西方人开始讨论西方的衰老、文明的危机，东方人不得不第一次想一想，怎么回事？

人们不能不思考：改造了那么多，到底中国自己的传统还有没有意义？这一思考为此后文化保守主义的兴起提供了契机，也为包括乡村建设运动等在内的社会改造运动提供了思想动力，同时也渗入主要政党的政治方案和文化运动之中。人们也不能不思考：到底有没有什么社会政治的组织形式，能够超越现在主导的西方的政治和经济社会形式？这也是为什么十月革命后，那么短的时间内，一批青年会转向布尔什维克主义，并为此后中国的共产主义运动和新民主主义/社会主义建设铺垫了道路。这两个脉络都不同于此前 19 世纪的主流脉络。其实，自由主义者崇尚的人物杜威、罗素等的思想都包含了社会主义的因素，而泰戈尔、倭铿（Rudorf Eucken）等人也与新传统主义或古典主义桴鼓相应。

《南风窗》：这让我想到梁启超的科幻小说《新中国未来记》。一开始也是按照同盟会的构想，组建政党，建立 19 世纪式的国家，但最后写不下去了。这也是他经过了第一次世界大战，包括去了欧洲，写《欧游心影录》，发现这条路行不通。

汪晖：是的。

五四与儒学

《南风窗》：像保守主义者希望能够从传统中找到一些克服现代性危机的办法，那么，五四文化运动与儒学传统的关系是什么样的？

汪晖：五四文化运动，特别是《新青年》有强烈的反传统、反儒学的色彩，其中最重要的核心是反对家族制度。家族制度是中国传统政治制度的核心，也是儒学的社会基础。19 世纪最典型的思想，是个人主义的深入。这是导致传统社会伦理谱系解体的一个核心原则。五四以降，个人主义、实证主义特别流行。巴金的《家》，青年要从"家"中冲出，渴望自由和新的伦理世界。"娜拉走后怎样？"，要形成新的平权的社会分工，但即便在 20 世纪二三十年代的大都会上海，出走的男女青年也会再度陷入现代社会的困境。不是在调和新旧的意义上，而是从广阔的社会变迁着眼，坚持反传统的激进革命论与重新发明传统的儒学或乡村建设思路，都是对应现代危机而产生的。

现代社会出现了新的范畴：公民。公民概念并不是对家庭的简单否定，但它要求个人在对国家和民族的效忠，在获取公民权利的同时，承担社会责任，这就有了公共的观念。工业化和城市化也催生了大规模的社会流动和对劳动力的需求。社会分工的复杂化更涉及教育制度的改变。这一切不仅涉及制度安排，也涉及伦理的变迁。女性要不要走进社会？婚姻和家庭的形态如何？新青年的养成，以及知识阶级与劳动阶级之间的关系等等，甚至交往形式和语言，都成为新的课题。公民权利意义上的自由和平等、流动和交换关系中的自由和平等等等，不仅以法律的形式，而且也以伦理的形式被提出，不但造成对传统社会形态的冲击，也导致剧烈的伦理冲突。例如由于工业化和城市化，以及乡村关系的改变，劳动逐渐脱离家庭，而原来的土地制度、家族制度是连在一起的，今天生产形态与家族制度之间的关系出现了分离，家庭依旧存在，但家族制度的一系列经济社会基础发生变化。今天中国乡村的"空巢化"，一定程度上就是城市化和迁徙自由的产物，是劳动与社会分工发生剧烈变迁的后果。这也是传统社会的危机和由此导致的伦理危机。五四时期的伦理冲突是一个巨大的社会变迁的产物，新文化运动的反传统主义伴随着个性解放、婚姻自主及对家族制度的破坏等等，也高举着民主与科学的旗帜，但它同时伴随着对新文明的反思，即对资本主义的反思，其激进方面转向社会主义，探求大众民主，寻找将科学技术从资本和权力的控制中回归人民的道路，而反思现代社会工业化、城市化等后果，对个人主义、个人权利伸张所导致的结果的思考，也刺激了包括新儒学复兴在内的重新发明传统的努力和尝试。尽管由于现代世界的共时性与不均衡性，不同口号的具体内涵因时因地而异，但激进的现代主义、激进的保守主义和新旧调和论在这一时代的相互论辩已经内在于现代世界，也应该从现代世界本身的内在矛盾出发去重新理解。激进的社会主义强调社会的重要性，在变革的路径上，试图在社会斗争的前提下重建集体性，重视团结的意义；不同形式的新传统主义强调家庭、家族传统、社会伦理的重要性，否定中国社会存在着欧洲工业社会的阶级分化，但对抗的两者又在不同程度和方向上针对了现代社会原子化的个人主义和伦理观。保守主义者的集体，其实是在个人基础上结合家族和社区村舍，重构血缘情感共同体及其扩展形式。激进主义的集体，更多的是价值观和社会分工的联合。毛泽东说社会的大联合，反复强调的就是团体性，并不构成对个人权利的否定。在家族制度中，个人处于什么位置，是否存在迁徙和流动的自由，这一点章太炎很早就思考过，现在也值得再研究。但在群体性的关系中来思考这个问题，与原子论个人主义是非常不同的。

《南风窗》：关于儒学的讨论一直延续到现在。改革开放后，很多人通过论证"苏南模式"或者珠三角经济的发达，来强调从传统的宗法社会、家族集体，或者说从传统的儒家文化里可以长出"现代性"，长出资本主义。因为这些地方保留了比较多的家族制和血缘共同体。但是像五四时期，《新青年》的论证，就说儒学里是不可能长出现代性来的。

汪晖："苏南模式"更多是村集体，然后由于集体的破坏，集体的消退——人民公社的解体才导致了新家族制的出现。20世纪90年代我在陕西商洛的时候，就观察到了很多的家族械斗，都是因为集体瓦解之后，宗族变成新的保护机制；同时又因为当时第一波乡镇企业的出现，它的管理模式是有一些变化。

过去的人民公社、大队、小队这些东西，看起来是一个全新的政治组织。它打破的主要是血缘共同体模式，例如宗族关系，但它并没有打破地缘关系。过去的社会流动不像现在这么厉害，如果地缘上始终都在一起，要完全摆脱血缘关系，也是不可能的。所以公社解体后就有了这样一种新关系的出现。

在20世纪80年代，不仅在中国，在日本、韩国、新加坡等国崛起的过程中，很多人都注意到东亚模式，有家族企业模式，现在也还有。但总的来说，经过90年代这一轮变化，整个东亚的纯家族式企业也都在衰落，向新的公司制度转化。

在当时有这样一个讨论，关于东亚模式和资本主义，或者儒家和资本主义，一定程度上是和韦伯所讨论的新教伦理和资本主义相对应的。有人讨论明清的儒学和政商的关系等等，历史上是有这些关系的。但与其说那波关注热潮是向宗法制的回归，不如说是综合了集体主义遗产的新集体主义或后集体主义。后人民公社时代下的新集体模式，其中既有传统社会主义时期留下的集体关系，像华西村，也有新的市场经济关系。在今天大规模流动背景下，家族企业所遵循的规则，恐怕已经不是过去的样子了。儒学与现代市场经济的关系是不是像过去想的那样，绝对排斥的关系，还需要研究。但是可以肯定的是，儒学原先代表的那种社会结构模式已经不存在了。今天儒学的意义何在，要在新的社会结构、新的统治结构的条件下重新讨论。也因此，对当代资本主义的新形式及其危机和挑战展开研究是最为迫切的挑战，人们可以而且也应该汲取不同资源，包括传统资源去思考危机和出路，但不断地"重返"传统思考当代与幻想回到旧制度以解决当代危机是两个含义不同的命题。

关于科学问题的讨论

《南风窗》：科玄论战，科学话语，好像很少在五四讨论中得到重视。

汪晖：严格意义上的科玄论战，是 1923 年爆发的。广义来说，科学世界观与天理世界观的冲突早在晚清时期就已经展开。我写《现代中国思想的兴起》，最后一卷叫《科学话语共同体》，其中有一个论点是说科学世界发展如何来取代原有的天理世界观。进化论的历史观、实证主义的科学观等等，渗透到几乎所有生活领域，进而科学世界观取代旧的宇宙论和世界观，成为支配性世界观，其影响是巨大的。

1923 年由张君劢在清华大学的演讲所触发的科学与人生观的论战，讨论的是科学及其方法、精神是否可以直接产生出人生观，或者，人生观是否是一个自由意志的领域？然而，很快争论就开始在知识分类学的意义上展开，伦理学、心理学、美学、艺术等是否存在不同于自然科学的知识基础？本能、直觉与道德判断的领域是否不同于客观认知的领域？在教育体系内，自然科学与人文学科、社会科学及艺术逐渐地合理分化为不同的学科领域，但这一为人文社科领域争夺自主性的斗争其实也正是科学知识体系重组的一个结果。如今支配人们的日常行为方式并不仅仅是通常我们称之为伦理的领域，例如人们的经济行为在很大程度上服从于微观经济学的规训。这种知识对于实际经济运行的贡献并不像人们想象的那么大，但对日常生活中的逐利行为的规范确实是显著的。因此，围绕伦理问题的争论不可能不涉及市场社会的构成及其支配性的行为规范。

《南风窗》：现在很难了。像"行为经济学"这一派，已经研究出"神经元经济学"，证明逐利是本能的驱使。

汪晖：心理学和科学结合是很早的。1923 年辩论的时候，有一位心理学家叫唐钺，也卷入了当时的论战。心理是自主的，还是服从自然规律的？这是当时争论中提出的问题。现在心理学日益科学化，如果现在讨论心理、行为到底是自主的还是不自主的，心理学应该归于人文学科还是自然科学，回答恐怕未必有利于人文领域了。现在的确需要新的反思：伴随科学技术的支配性越来越强，人文学科也不断强调自己的重要性和独特性，但实际上却逐渐成为科学谱系中的边缘性角色，并且也越来越失去介入科学技术问题讨论的能力。

五四是一个普遍性的时刻

《南风窗》：整个 20 世纪我们都不断地回到五四，五四确实是中国人不断获取力量或创造力的源泉。那么，为什么是五四？

汪晖：20 世纪是一个独特的世纪。如何界定 20 世纪的开端有不同的看法。1905 年由于日俄战争的爆发，导致了第一次俄国革命，也是 19 世纪发生在欧洲和北美的革命之后的新一轮亚欧革命的开端。也正是从此开始，第一个革命团体同盟会成立，革命的观念逐渐压倒了此前的改良主张，在中国广泛传播，并催生了一系列革命浪潮。从一个世界性的视野来看，20 世纪是在多重事件中发端的，或者说，存在着多重的开端。1905 年俄国革命、1905至 1907 年伊朗革命、1908 至 1909 年土耳其革命、1911 年中国辛亥革命、1917 年十月革命、1919 年五四运动、1924 年第二次国内革命……这是一组 20 世纪的开端。五四代表着开端的一个非常重要的阶段。支配 20 世纪的政治理念，由这些理念的传播而重新界定的政治领域和政治议题，在这些理念的影响下的不同领域的最重要的行动者，都源于这个时期。我们每一次回到五四，侧重点都不同。比如思想解放运动揭橥民主与科学大旗、李泽厚提出启蒙与救亡的变奏、我本人强调文化与政治的变奏，都是在对自身时代的语境中重构对那一时代的理解，命题的替换所包含的当代性是显然的。

五四是一个普遍性的时刻。人权也好，主权也好，民族自决权也好，这些价值和命题都包含了普遍性，但又都不是绝对的普遍范畴。在不同的历史语境中，这些命题可以被不同的力量所利用。在一定意义上，五四这一历史时刻或许比这些范畴或命题本身更具有普遍性。五四运动是一个独特的历史时刻，在全球范围，它是对威尔逊时刻和俄国革命的回应，并与世界各地的相关运动如韩国的运动、埃及的运动、印度的运动、越南的运动等相互呼应；在中国的现代脉络中，它通过文化运动对此前的改革运动和革命运动加以反思与综合，并从观念的领域向其他社会领域突进，并为20世纪中国奠定了新的政治议程。人们总会回到这个时刻去看待自己。通过与这个时刻的关系，可以界定自己的方位。如果没有这个时刻的存在，我们很难确定自己究竟处于世界历史的哪一个点上。这就是一个独特的历史时刻所具有的意义。迄今为止，这个意义还没有完全消失。什么时候会消失？我们不知道。要依赖另外一个新的时刻、一个改变此后历史进程的转折性事件的出现。

五四运动是世界历史的中国时刻，也是中国的世界历史时刻。它的矛盾性、可能性和开放性同时存在，却浑然一体，也正因为如此，人们通过对它的再叙述、再表述，来确认自己的位置和对未来的看法。

新的主体性诞生的瞬间

《**南风窗**》：您如何理解《新青年》从"青年问题"开始，将一

　　　　　　　　　　　　为未来而辩论

代新人作为变革的根本？您在《阿Q生命中的六个瞬间》里讨论，像阿Q这样的人，身体里也充斥着"革命本能"，那么今天的"新穷人"呢？"科幻"一点的话，"赛博格"呢？

汪晖：新人，一定程度上意味着新的主体性。新的主体性也意味着新的政治性。阿Q并不在新青年的范畴中，鲁迅也并没有把他当成新人，但鲁迅的独特性在于：当大部分人着眼于新人的时刻，鲁迅已经在探索新人的破灭。与许多五四一代知识分子一样，他也致力于改造国民性，探寻"新的人"。但他的第一篇小说《狂人日记》问的是"没有吃过人的孩子或者还有？"和"救救孩子"的绝望呼喊。[1] 狂人的破灭也是觉醒的幻灭。《在酒楼上》《孤独者》《祝福》《故乡》里的主人公或叙述者，都是接受了新教育的人，但是他们到最后无一例外地自我否定。因此，鲁迅对于潜能的探索，开始越出了五四初期有关"觉悟"的范畴。鲁迅对阿Q精神胜利法的批判是毫不留情的，他绝不会认为阿Q是"觉醒者"。但是鲁迅有一个意识，即现代政治的真正基础就是大众，如果新的政治不能够包括阿Q这样的人，这也不能构成真正的大众政治。

可是阿Q这样的人的所谓主体性从哪来？这是鲁迅提出的问题。《阿Q生命中的六个瞬间》的"瞬间"是什么？我所说的瞬间就是精神胜利法则失效的瞬间。饥饿、受冻、性、死亡，这些都是本能的领域，在这些瞬间，他无法自欺。这些瞬间或许只有一两秒钟，却代表着一种潜藏的能量、一种可能性的世界。怎么能够使得这样的状态持久化？这是一个问题。本能的革命有可能是破坏性的，但与自欺的意识相比，却潜藏了重新认识自己，也重新认识世界的可能。对于鲁迅而言，对真实的追究、对真实的激情，是

1　鲁迅：《狂人日记》，见《鲁迅全集》第一卷，第454—455页。

一切变革的前提。什么是真的人？真的人也许并不存在，但是这些瞬间却显示了"真的人"的要素和存在的可能性。这是一个有潜力的瞬间。

《南风窗》：就是说，只要欲望还存在，那就还有变革或革命的可能。

汪晖：一定程度上是如此，但如果变革或革命仅仅基于本能或欲望，其后果堪忧。鲁迅揭示了阿Q身上的潜能，同时也批判了阿Q式的革命。我认为鲁迅对蕴含真实感的瞬间的发掘是为新的主体性的诞生提供可能的契机。回望20世纪的大众运动和以农民为主体的革命，鲁迅在五四时代对于阿Q生命中的那些瞬间的探索也是一种预言。在鲁迅写作《阿Q正传》的时代，还几乎没有人想象到此后迅猛展开的以农民大众为主体、以土地革命为主要内容的中国革命。

《南风窗》：瞬间都是短暂的。像早期的社会主义新人，如雷锋、欧阳海，给人带来非常大的心灵震撼。但是没隔多久，描写新人变质的作品又出现了，新人面临着蜕变的危险。也许在21世纪，我们也有这样的瞬间，获取了能量，找到了可能性，但是很快又自我否定了，迷茫了，失望了。

汪晖：瞬间不持久，不代表它没有意义。人类历史上有了那些瞬间，才使得我们对这个世界有了一些不同的看法。一个人经历了一次爱情，他整个人生的所有历程都会与它有关系。经历过和没有经历过是两种人生的状态。爱情也许是短暂的，但会带动你的知觉、触觉，引发许多感觉甚至认知的变化。这不是否定日常生活的重要性，但是这个瞬间构成我们自我认知的契机。五四就是这样的瞬间。

例如，我们处于经济危机和社会巨变的时代，如何确立批评和反思的起点？五四文化运动对我们的启发意义：不是把它当作教条，而是把它当作能量，思考一下以文化运动为方法来重构政治的路径对于今天的时代可能具有的意义。借助于文化运动及其与大众的连接，一两代人的创造力得以在那个瞬间爆发。重返那个历史时刻，也是对于创造力的探寻。

（荣智慧／整理）

04　何以五四
——《三联生活周刊》访谈

　　2019 年，面对五四 100 周年纪念日，《三联生活周刊》推出
"封面故事"专题栏目《"五四"前史：中国群星闪耀时》，汪晖教
授应邀接受了记者刘周岩的专访。本文根据采访内容整理而成，首
刊于《三联生活周刊》2019 年第 18 期。

再论五四

　　《三联生活周刊》：今年是五四运动 100 周年。可以预料，这
一重大历史事件会被出于不同的目的，以不同形式被纪念。不过
从思想的角度，我们仍然能够开掘出新意吗，我们为什么还要谈论
五四？

　　汪晖：我最近正在将过去十多年有关 20 世纪的研究重新编辑
为三本书。前两卷是《世纪的诞生》和《世纪的多重时间》，最后
一卷叫作《世纪的绵延》。我觉得整个 20 世纪中国都值得重新再思
考。一定意义上是因为它终结了，但另外一个意义上也因为它还在
绵延。它的很多要素都持续地存在于今天的生活构造中。

20 世纪的政治性动力逐渐终结了，一定程度上五四文化运动开创的范式也终结了，回到那个状况已经不可能。它的能量逐渐耗竭，但它的很多框架、问题还在，其中还存在着可能再生的能量。重新思考五四并不是说现在我们再来一场五四运动，而在于重新思考它给我们的启发性是什么。如果五四创造了新政治，它是怎么创造的？重新解释五四，不是为了怀旧，而是为了重新使它变成活的历史的一部分。

《三联生活周刊》：1989 年五四运动 70 周年时，您写作的《预言与危机》就引起了很大反响，其中提出五四文化运动具有反传统的"态度的同一性"，而不是某种观念的共同体。30 年后的今天，你还这样认为吗？如果没有统一的观念，那什么是五四中相对重要的观念？

汪晖：很多人把五四比作中国的启蒙。恩斯特·卡西尔说欧洲启蒙运动内部千差万别，矛盾很多，但"分析还原，理智重建"的理性方法贯穿所有不同的知识领域。这个统一的方法论能够在所有不同领域与旧的神学世界观斗争，这才构成启蒙。30 年前我就疑惑，那五四有统一的东西吗？当时我认为五四在具体的思想观点上不统一，方法论上的统一性也难以成立。但有一个"态度"上的统一，即大家都批判传统、政治上又反对帝制复辟。

我最近的思考是，五四除了这个态度之外，还有没有统一性？

我觉得很可能有。以文化运动为方法，构成当时各个派别共同的一个方式。他们没说你办了杂志，我要去夺权，而是也办个杂志和你讨论，发表文章，发表自己的分析和观点。五四的确是为近代中国的文化场域的诞生创造了一个非常重要的基础，而这个基础又为新的政治发展提供了前提。文化不仅是作为价值、观念而存在，而是作为一个相对自主的范畴和领域而存在，并通过这一范畴内部的相互激荡，重新介入政治和其他社会领域。文化与政治的关系贯穿了整个 20 世纪。

五四运动哪个观念起最大作用？科学与民主、劳工神圣很重要，但也可能个性解放、恋爱自由、婚姻自主、破坏家族制更为深入人心。此外，还存在着与这些观念相互对峙的观念和理论的存在——未必是脆弱的存在，而是强有力的存在，也才能造成紧张和斗争的态势。它是一组观念，在一个爆发性的状态中产生出来。也许哲学家更愿意从观念的角度说，思想史家可能更多从具体的历史语境中去思考这个问题。这不是否定观念的意义，而是说观念只有在一个特定的历史时刻，才会与其他的重大事件连接在一起。在这个意义上，通过文化运动以形成新的自主性的场域，不仅能够以文化的方式介入政治和社会议程，而且事实上重新界定了政治的内涵和社会斗争的内容，这或许比某个观念的作用更为根本。

《三联生活周刊》：这和林毓生提出的五四"用思想文化解决问题"是一样的吗？

汪晖：完全不一样。什么是思想文化解决问题？五四文化运动是在经历并总结了晚清以来的一系列运动——工商发展、科学技术、政治制度、国体变革等等——之后产生的运动。五四对政治的疏离和对思想文化的重视并非脱离政治和制度，而是创造一个新场域，用文化作为方法来重新界定政治的议程。我们回望 20 世纪，五四所讨论的青年问题、妇女问题、家族问题、语言问题、价值问题等等，最终改变了旧政治的内涵，也为制度性变迁提供了动力。

《三联生活周刊》：为了更好地理解五四何以发生，该怎样确定一条追溯的线索？对五四比较经典的叙述，是认为从洋务运动、戊戌变法，到五四运动，有一个三阶段的发展，经历"器物—制度—文化"的递进地对西方的学习。

汪晖：这是五四最经典的论述，从陈独秀开始就这样界定。到20世纪80年代，把近代历史凝聚为"器物—制度—观念"三个主要阶段，已经成为经典表述。在描述的层面上，这个表述是有道理的，但内核是将上述三个阶段全部服从于现代化的目的论，也遮盖了这一进程中对于现代化进程自身的不同思考和批判。五四毫无疑问要寻求中国的现代化，但是五四包含的内容同时包括对经典的现代化目标的批判和超越。

"存在的链索"都是通过排除完成的。你说的话和我说的话一样，可你的语境和我的语境不一样，有一个声音说我们俩说的完全一样，就是要把我们所说的差异性排除掉。追踪"存在的链索"有启发，但我更希望将链索间的差异勾勒出来，以理解不同的政治和文化内涵。

《三联生活周刊》：在开始您的叙述之前，我们仍然希望把时间追溯得更久一些。您的代表性著作四卷本《现代中国思想的兴起》处理了近现代中国思想发展的历程，不过很多读者反映论述比较晦涩，读起来有一定困难，希望您做一个简单的回顾。

汪晖：我先前的著作中，对康有为、梁启超、章太炎、严复，以及早于他们的魏源、龚自珍等的研究，不但最大可能地去揭示他们之间的矛盾性和张力，而且也研究他们各自的矛盾性和张力。我拒绝简单地把他们放在一条简单的进化线索下讨论，因为他们置身于好几重线索的纠葛之中，存在着不同的张力。我认为中国现代思想的这种特点与中国在世界中的独特位置存在着互动的关系。

举个例子，现在复古的人重视康有为的后期，将他塑造成复古派。但康有为是戊戌时代的激进派，如何理解他这位"复古派"？说他有复古的因素，当然对，但关键是怎么去重构他的复杂语境和思想的复杂性，而不是用一个激进或复古的观念去单面地解释他。

康有为是早期《新青年》的主要斗争对象，康有为的保守派形象的确认事实上是对新文化运动的反动的产物。但如果只是从连续性的角度，比如晚清思想和制度改革向新文化运动转进，又怎么能够合理地解释在这一特定时代所产生的对抗性的而非连续性的现象？

从"天下"到"国家"

《三联生活周刊》：中国和西方的遭遇，是几代人持续的过程。如果让您给近代思想确立一个起点，会从什么人、什么时候开始？

汪晖：林则徐、魏源、龚自珍、郭松涛、冯桂芬，直到康有为、梁启超、章太炎、严复，都是参考整个世界的状况，来理解自身的内部变革的一代人。他们占据所有近代思想史写作的中心地位。魏源的《海国图志》综合了林则徐的很多思考，第一版中有几部甚至流传到了日本，为幕末时期的日本人所关注，对明治维新起了重要的影响。魏源、龚自珍等在1820年到1840这个时期就已经奠定现代思想非常重要的基础。在现代化的思路下，洋务运动被重新评价，参与这场运动的中央官僚、地方大员和实业先驱，是晚近研究的热点。曾国藩、张之洞、李鸿章、张謇的位置得到了思想史、政治史和经济史的高度重视。与之相应，被忽略和贬低的是太平天国运动。

《三联生活周刊》：谈到中国与世界的接触，有的人会更进一步上溯到明代。和外国人的接触、地理的发现等在那个时候就已经开始了，为什么不是从明代开始算起？

汪晖：中国人并不完全缺乏对外的经验，《海国图志》中就参考了不少明代的著作。但明代面对的环境是完全不同的，思考问题的方式也是不同的。16世纪之后,欧洲殖民主义逐渐在不同地区扩张,但当时中国很强大。可以举一个例子,香港、澳门、台湾这三个地区里,为什么中国人对澳门没太多的心结?澳门是明朝晚期就被租给葡萄牙的。葡萄牙人为了找一个进入中国的跳板,围着中国沿海做过多次军事入侵,但没有一场真正打赢过。他们用贿赂的方法租借澳门,但形式上要遵从明律、尊重明朝海防政策。严格地说,只是在第二次鸦片战争后才发生变化了。

1820年至1840年前后,鸦片贸易达到相当的规模,而鸦片战争直接地将西方的优势以严酷的形式表现出来,并刺激观念上的转变。当然,这也是一个漫长的过程。具有更大震撼性的事件是甲午战争的失败和由此引发的一系列改革和革命的尝试。这一进程不能够仅仅在中国内部加以观察,还应该置于整个世界格局的变化中才能理解。

《三联生活周刊》:在中国人认识世界和观念革新的过程中,地理学知识的扩展走在最前面,那龚自珍、魏源、林则徐这些人的地理学知识是怎样发展而来的?

汪晖:清朝统一本来就促进了知识体系尤其是地理知识的发展,打下了一些基础。17到18世纪,中国主要的挑战来自俄国,危机感都是沿着清俄边界来的。17世纪时康熙已经非常重用西方的传教士,签订中俄《尼布楚条约》的时候,他让葡萄牙和法国的两名传教士来帮助勘定边界、参与谈判进程。欧洲的测量术被用于边界的确定,拉丁文成为条约正式文本的语言。对于新的技术和语言的需求背后已经蕴含不同以往的有关世界的知识。

1820年前后,龚自珍、魏源,都开始卷入舆地学的学习。这些人的确是睁开眼睛看世界,不只是看西方,首先是西域。龚自珍做了许多关于蒙古、新疆等地的风俗、水文、地理和语言的研究。他们为什么对西域有这么大兴趣？因为大清一统，带来了对于西南、西北的再理解，龚自珍1821年写过一篇奏议《西域置行省议》，是目前资料中能找到的第一个建议在新疆建省的奏议。皇帝觉得他的奏疏楷法不合规矩，搁置到了一边。60年后，李鸿章重新评价这篇奏议，以为是龚自珍的奏议中之荦荦大者。新疆1884年建省。

几乎在此同时，龚自珍还写过一篇奏议《东南罢番舶议》，讨论东南鸦片贸易及背后的危险，可惜亡佚了。龚自珍已经意识到英国所代表的海洋势力的压力。在《西域置行省议》中，他隐约地透露了一种期待，就是找另外一条通向西海，也就是印度洋、阿拉伯海的道路。过去的历史中没人想过新疆这个地方和海洋有什么关系，可是那时，他甚至借助新疆思考一个新的海洋时代的格局。我想这不是他一个人，是这么一批人，其中林则徐、龚自珍、魏源，是特别重要的人物。现代舆地学的兴起，与中国内外格局和世界局势变迁有着密切的关系。

《三联生活周刊》：以魏源的《海国图志》为标志，中国人已经开始意识到自己只是世界的一部分，具备了相对准确的地理知识。但知识与观念未必同步，从观念的意义上，现代民族国家观念开始动摇"天下"的世界观了吗？传统的"天下"观中，中国是中心，而其他国家只不过是位于边缘的四夷。

汪晖：尽管17世纪晚期已经开始对于边界、边界内的管辖权、贸易准入等的探讨，但"民族—国家"或"国民—国家"的问题要到19世纪90年代之后才真正上升为中心议题。《海国图志》对于中国是不是要变成一个民族国家没有兴趣。在《海国图志》中，能够与中国做比较的是罗马帝国，而不是欧洲的任何一个国家。魏源对美国评价高，认为美国的制度除了总统制之外，其实很接近于中国的制度——除了六部的安排，更主要的是美国联邦制度能够像中国的制度一样，将不同族群和文化综合在一个政治共同体内部。我记得他还举过一个例子是瑞士。瑞士很小，但语言多种，存在不同的族群和语言群体，其政治结构以联合执政的模式维系国家的统一性。这也表明魏源关心的不是所谓民族国家，而是某种带有帝国性的政治体。我在这里不用"天下"来表述他对中国的理解，是因为《海国图志》已经清楚地将中国置于四海之内，"天下"比中国更加广阔。也就是说，此时他对中国的认识已经必须置于对外部或他者的清晰界定之中才能完成了。

很多人特别是经济学家常常批评中国没有自由贸易的观念，并认为正是由于这一观念的匮乏才导致中国的衰败，但魏源的《海国图志》发现，在东南亚尤其是新加坡，华商规模已经数万人，却斗不过英国人。这不是因为自由贸易的问题，而恰恰是因为国家不管他们，而英国人有东印度公司，有筑城招兵的权利。这或许就是王赓武先生所说的"没有帝国的商人"与"帝国的商人"的区别所在。[1]魏源在当时的很多看法甚至比很多当代教条主义者还要深刻一些。

《三联生活周刊》：如果不是《海国图志》，那么标志着中国完成从天下之主到主权国家之一的自我认知转换的事件或文本是什么？

汪晖：签订不平等条约的过程也是将自身纳入所谓主权国家体系的过程。形式平等的主权其实是以不平等为前提的。提供这种主权知识的重要文本是《万国公法》（ *Elements of International Law* ）。我记得丁韪良翻译的《万国公法》初版是 1864 年。这部译著对明治日本也有影响。

1　参见 Gengwu Wang, "Merchants without Empire", in *The Rise of Merchant Empires*, ed. James Tracy (Cambridge: Cambridge University Press, 1990)。

不过，只从观念层面讲不清楚这个转变。主权国家是一整套的设置。原来清朝没有外交部，总理事务衙门是后来才设置的，也没有驻外使节。因为马嘉理案，清政府被迫在英国设立了第一个大使馆，逐渐地发展出了驻外使节的制度。我们今天讨论主权，是在现代中国革命和民族解放运动的脉络下重新确认的，我更倾向于从一个政治进程中来理解主权，单就形式主权而言，则与早期殖民主义历史有着密切的联系。

从天理世界观到公理世界观

《三联生活周刊》：中国和现代世界产生接触之后的观念变化中，一方面是对中国在世界位置认识的变化，即从"天下"到"国家"的认识转换，另一方面是对整个宇宙秩序的认识，您总结为从"天理世界观"到"公理世界观"。对这方面的变化，科学技术的引进发挥了主要作用吗？

汪晖：与其说是简单的科学技术的引进，不如说是科学话语共同体的形成。早期就是用西方的科学和科学世界观，包括达尔文的进化论、哥白尼（Mikolaj Kopernik）的学说等来与旧世界观斗争。到了五四，新学堂和新知识是依据新的科学观来建设和规划的。

晚清思想的主要特征就是"天理世界观"的崩溃和建构新的"公理世界观"的努力，科学世界观在颠覆旧世界观方面是摧枯拉朽的。实证主义和原子论的科学观，实际上提供了一种新的社会构成原理，将个人视为社会的形式平等的原子，把个人从血缘、地缘和其他社会网络中抽象了出来，也就瓦解了作为王朝政治和宗法、地缘关系合法性理论的理学世界观。

《三联生活周刊》：这里面最具代表性的个人是谁？

汪晖：真正重要的是科学团体的形成和话语的放大，而不是某一个人。前面提及的那些先驱都在其中。《亚泉杂志》是最早的科学刊物，主编是后来负责《东方杂志》——也是新文化运动的对立面——的杜亚泉。任鸿隽等人创办的《科学月刊》是比较正规的科学刊物。中国科学社和各类科学组织的兴起，对整个 20 世纪影响巨大。

严复作为一位翻译家贡献巨大。他把西方的新思想用中国古典的、士大夫能够认可的语言形式介绍到中文世界，从《天演论》（*Evolution and Ethics*）、《群己权界论》（*On Liberty*），到孟德斯鸠（Montesquieu）的《法意》（*De L'esprit des Lois*），密尔（J. S. Mill）的《名学》（*A System of Logic*）等等，一大批西方著作构成现代化纲领式的东西。

《三联生活周刊》：这一时期语言文字的转换，和世界观的转变构成怎样的关系？

汪晖：不能小看文学运动。别的时代文学没有那么重要，20世纪的文学是非常重要的。因为文学的翻译和介绍以及白话文学的创造，是建立新世界观的另外一个方面，这是鲁迅和五四文学运动在整个文化运动当中具有如此高地位的一个很重要的因素。整个世界范围内其实也都是如此。普希金（Alexander Pushkin）之于俄国，但丁（Dante Alighieri）之于意大利，拜伦（G. G. Byron）、雪莱（Percy Bysshe Shelley）之于英国，歌德、席勒（Friedrich Schiller）之于德国，都是关键性的，这是形成自己的新的民族认同的最核心的部分。现代民族认同与语言形式有密切关系。现代汉语通过它的文学扩展而产生出巨大的影响。

科学的语言和现代白话的文学语言，再加上所谓应用文的变革，也就是媒体和各种应用文的变革，构成了整个现代世界观能够自我表述的前提。如果每个人见面都是之乎者也，这个时候的认同是另外一种认同。

《三联生活周刊》：在晚清民国的变局中，知识分子以西方为重要的思想资源，这其中也有人能够超越于简单的"拿来"，而在东西两种观念的碰撞之中，产生真正有原创性的思想。在你看来，谁是最具原创性的人物？

汪晖：晚清时期最具有原创性的人物是康有为和章太炎。他们的方向不同。康有为带着用公羊三世说包装起来的进步观打量世界的变化，而章太炎对现代世界的批判和否定是非常深刻的。康有为为未来世界勾画了大同蓝图，章太炎则是最早对进化论和目的论的历史观和方法论提出尖锐批判的人物。他们的思考都包含了对现代世界的批判，但方式和方向截然不同。

章太炎对于西方现代性的反思走得最远。他对民族国家、政党政治、城市化、工业化也都有怀疑。他是激进的民族主义者、国粹主义者，又超越民族主义、国粹主义。他大量使用唐以前，主要是汉唐时期或更早的先秦语言，而不再是宋代之后科举中使用的八股式文言。他使用古文，但在批判日渐衰朽的语言制度方面，又与此后的白话文运动有着某种辩证的联系。

《三联生活周刊》：章太炎是一个异类，他的异质性是否有所传承？当时中国受到西方冲击，现实政治层面十分紧张，但在吸收知识等层面很多人实际洋溢着乐观情绪，西方的新观念、进化论这些似乎让人们看到了方向，有人称之为"认知上的乐观主义"，从这个意义上章太炎也很不"合时宜"。

汪晖：是的，章太炎和那些抱持乐观情绪的人完全不一样。他师法西方的同时，重新强调文化自我。但他在政治上比康有为又激进得多，是"反满"革命的，康有为是保皇的，希望君主立宪。章太炎一方面不希望君主制，一方面对立宪也并不是那么相信。他对这些制度都有一种怀疑，他的怀疑主义对鲁迅、周作人等五四人物有着深远影响，钱玄同也是他的弟子。章氏门下好几个人，后来变成五四运动中的重要文化人物。

《三联生活周刊》：这几代人在思想上呈现出极大的丰富性，您怎么从整体上去评价他们？

汪晖：晚清的人带有全能的方向。他们涉猎领域之宽广令人惊叹，而且都要从最根本问题着眼。比如谭嗣同，他也许不算是最伟大的哲学家，可是他的整个学说是要从宇宙论开始的，那样一种广阔性，试图把哲学思考、新的科学发现与对历史的探索加以整合，在思想上冲决网罗、打开空间。

《三联生活周刊》：是因为当时的外部刺激尤其强烈，那些知识分子处在环境的激荡之中吗？

汪晖：不能光讲外来刺激。现在我们的资讯比那时方便多了，信息刺激太多了，但是为什么思想的爆发力反而衰落了？我们返回那个时代发现它的力量，就是为了探索这个问题。少一点事后总结的目的论，多一点与它真正的对话。

多重转折

《三联生活周刊》：这些清代的铺垫，和五四之间是什么关系？王德威提出"没有晚清，何来'五四'"[1]，怎么去理解？

---

1 参见王德威：《被压抑的现代性：没有晚清，何来"五四"？》，见《想象中国的方法：历史·小说·叙事》，第3—19页。

汪晖：我们的教科书是从 1840 年来追溯历史，文学史上则将晚清作为五四新文学的前奏。追溯源泉总是有道理的。看起来五四没有什么新东西。睁眼看世界——魏源；白话文运动——早期的白话报，黄遵宪的"我手写吾口"和南社的文明戏；晚清的时候，女性的问题已经提出，最近何震及其参与主编的刊物《天义》《衡报》得到了重新的解释；即便是"反孔"，晚清的时候也已经出现了，严复的《论世变之亟》等文章已经是战斗的檄文；科学——五四关于科学的讨论，前奏当然是从洋务运动，康、梁对于西方知识的介绍以及晚清科学刊物的创办等开始的。五四的老一辈，本来就是从晚清而来。在这个意义上，就它的因素、话题来说，五四并不怎么新。

在常识的层面，"没有晚清，何来'五四'"是对的，但如果仅此而已，就会把五四变成另外一个历史中的平常一环，变成日常生活世界发生的无数事件当中的一个。这是 20 年来的一个潮流。五四的新颖性不是从一个这样的脉络可以叙述出来的问题。五四的独特性需要在另外的脉络下展开，以下几个层次相比于晚清的转折可能是重要的：文化场域的创造、对共和的反思、对现代文明的再思考、技术和教育条件的变化等等。就要素而言，它们中的每一项都与晚清有关，但在这一新语境中，方向性转折又是清晰可辨的。

《三联生活周刊》：文化场域是如何出现的，它意味着什么？

汪晖：戊戌变法之后，"中国到底往哪儿去"这个问题发生了非常巨大的变化。晚清的文化讨论、思想讨论，与政治问题、建立新国家的问题，非常紧密地联系在一起。民族主义或者国家主义，其中心问题是新的政治体的建设的问题，由此也产生了立宪保皇和革命共和的争议。这里包含了政治公共领域的出现，但这一领域的中心议程是政治，其本身也从属于政治。我们分析一下《新民丛报》和《民报》就可以清楚地了解这一点。

新文化运动出现的契机恰恰是在关心现实政治的同时，一定程度上疏离直接的政治，而将关注的重心转向文化，从而使得文化范畴成为一个具有自主性，同时能从这种自主性出发介入和塑造政治的空间。文化从此成为20世纪中国政治的一个中心范畴之一。中国的20世纪如果是一个革命世纪的话，文化革命便成了它的中心，甚至可以说一直延续到20世纪80年代的文化运动。

为什么陈独秀说不要讨论旧政治，而要讨论新文化？民族主义政治、国家主义政治、议会政治、旧的党派政治、军阀的政治，其中不少是向西方学来的，是中国原本没有的，但这是旧政治的范畴。五四这时重新创造政治领域，是通过文化运动，提出青年问题、妇女问题、劳工问题、语言和白话文的问题。虽然白话的出现在晚清就已经有相当规模，而且有各种各样的方案，但到这时才形成一个新的白话文运动，形成一个新的文学运动，再造中国人自己的语言，并且迫使国家采用这种语言，这是极大的文化政治。"反孔"的问题、家庭的问题都成为文化问题，这些与现实政治密切相关的问题以文化问题的形式呈现，极大地改变了20世纪政治的内涵和议程。在讨论未来的政治之时，再也不可能简单地回到军阀政治，旧的党派政治，或者晚清意义上的民族主义政治。五四通过一个文化新空间的创造，实现了一次转折。

《三联生活周刊》：到五四前夕，知识分子不再谈论"旧政治"，而转向"新文化"，但这个"旧政治"恰恰是不久以前众人还孜孜追求的，辛亥革命也让中国成了亚洲第一个共和国。为何有这样激烈的转向？

汪晖：五四虽然把问题集中到"反孔"、反传统这些问题上来，但是出发点是对共和的反思。经历了一轮一轮的改革和革命，共和国的乱象甚至比晚清更甚。陈独秀、鲁迅是辛亥一代，为共和的建立奋斗过的一代。读鲁迅的《阿Q正传》，很清楚其中包含了对辛亥革命和对共和的一个再探讨。

共和的危机的另一面，是所谓保守派的态度。康有为、严复、杨度等都是晚清的活跃分子，饱读西方知识，但这时或者趋向保守，或者支持袁世凯称帝，根本原因是共和本身出现了巨大的危机。

《三联生活周刊》：也就是说这看似对立的两派其实出发点是相同的，反思共和成了推动这个时期思想进展的共同的、主要的动力。

汪晖：这两派从晚清开始，虽然在保皇还是革命上存在差别，但都追求一种新的开明的或民主的政治制度。这一点具有共通性。《新青年》追求的还是晚清严复提供的进化论。从理论上说，他们的对立面在某些方面其实是更新的。比如说学衡派的梅光迪、胡先骕、吴宓，他们趋向古典主义，不赞成直线进化论，在历史观上和《新青年》发生了重大差异。胡先骕本人是生物学家，他对进化论历史观的质疑是有科学根据的。《新青年》遵循进步的历史观，但思考的对象也发生了重大变化。十月革命之后，一批原来崇尚法兰西文明、法国大革命的人，比如说陈独秀，开始快速地转向新的革命模式。这种革命模式在他们的想象当中是超越他们曾经模拟的欧洲18、19世纪的政治模式的新模式。这在思路上有一个转折性的意义。

《三联生活周刊》：除了中国国内政治，国际形势的变化，是否也改变了思考的走向？

汪晖：五四的一个很重要的方向，是对现代文明的再思考。直接的原因就是第一次世界大战。这是现代西方文明陷入重大危机的时期，而现代西方文明是晚清所师法的主要对象——民族国家的模式、民主的模式、科学技术的模式，以及一系列文化和政治价值，

　　　　　　　　　　　　　　　　为未来而辩论

都是晚清追求的。可以说，从洋务、到戊戌、辛亥，基本思路都是把西方作为自己的楷模。但五四在这一点上与此前不同。

第一次世界大战是第一次普遍性危机，所有西方最发达的资本主义国家都被卷入了一场超越以往的大战，高度发达的科学技术导致了规模从未有过的杀人竞赛。法国大革命创造了民族国家，也因此创造了总体战，让全部的人口都被动员起来投入战争，这是西方现代文明产生以来从未有过的残酷性。正是这个背景下，西方内部也产生一系列反思，比如斯宾格勒（Oswald Spengler）的《西方的没落》（*Der Untergang des Abendlandes*）的发表。五四就爆发在这个节骨眼上。

一方面，《新青年》一定程度地重申进步观，重申文明和野蛮的对立的论述。文明代表着的还是晚清以来崇尚的那些科学、民主，反对密室政治，专制主义。但另一方面，包括梁启超他们在内都意识到，不管政体如何，欧洲国家都卷入了这场战争，没有人能例外。梁启超的《欧游心影录》和原来非常不同。在他过去的描述中，欧洲就是一个非常美妙的、可以让我们模仿的世界。可是《欧游心影录》讲的是欧洲文明的危机和对中国文明本身的再思考。无政府主义虽然从晚清就有，但到这时又出现了一个高潮。这些和晚清是连续的，但又不完全是连续的。为什么？因为大家应对的是完全新的问题。

《三联生活周刊》：中国想要融入世界，可榜样自己先堕落了，这让梁启超这些人开始尝试着返回传统中去寻找资源。但新文化运动的主体还是坚持了反传统的大方向，外部事件又是如何影响他们的？

汪晖：新文化运动坚持了所谓反传统的方向，但是它的方向有一系列的变革，为什么到1918、1919年之后发生重要的转折？

因为巴黎和会的破产，因为十月革命的爆发。把俄国革命当作克服19世纪文明危机的一种方法，在这一点上，新文化运动中的激进左翼也从一个独特的方向上回应了保守派对于共和的反思。

俄国发生革命，退出第一次世界大战，出现了一个新政体。十月革命后，苏俄公开大量秘密外交文件，宣布废除包括与中国在内的国家所签订的不平等条约，采取不同于所有帝国主义的外交政策。大家对于俄国了解甚少，但是通过李大钊等人对俄国的介绍，对于布尔什维克、对于马克思主义和社会主义有了新一轮的传播。这是在第一次世界大战背景下试图超越19世纪资本主义模式，探索一个新的社会体制（而不只是国家体制）的再思考。这个思考和大家对于辛亥革命失败的反思是呼应、连接在一起的。

即便是梁启超、胡适这些被描述为自由主义者的人，他们追捧的西方思想也都不再是19世纪主流的资本主义模式了。杜威是强烈的民主社会主义者，罗素也有基尔特社会主义的因素，他们的思想都包含了对19世纪旧模式的反思。

《三联生活周刊》：第一次世界大战形成了对中国知识分子的巨大冲击，不过在这些事件发生以前，章太炎等人已经提出对现代西方的反思性思考，那些思考和此时的反思有何不同？

汪晖：虽然在这之前也有对西方的反思，特别是章太炎，晚清时期就在反思中学习西方，鲁迅的早期思想中也是有反思的。但是到这个时候，反思变成一个世界性的问题，变成中国的最重大的问题。新文化运动的出现，它的文化政治的方向，和晚清既有延续性，又有转折性，或者说，五四把晚清已有的一部分居于边缘的要素，开始上升到更加主流的要素，并以此为前提构思未来的道路，集聚变革的力量。

《三联生活周刊》：您还提到技术与教育条件的变化也促成了

五四的发生，具体是如何作用的？

汪晖：五四很重要的载体是印刷媒介。如果没有大规模的刊物的出现和媒体的介入，新文化运动是很难展开的。

此外，1890年代建设新学堂，1905年废除科举，北洋水师学堂、京师大学堂、清华学堂都是新学堂。这些新学堂到民国之后有了大规模的发展。伴随中小学制度和高等教育制度的大规模的涌现和改革，有了大规模的学生，创造了新的群体，新的社会阶层。没有他们，新文化运动不可能出现。没有他们，《新青年》所说的青年问题、恋爱自由、婚姻自主、个性解放，都没有着落。谁会呼应这些？谁会觉得被这些东西激励？就是这些青年人。晚清那些人——即便接受新思想的人，他们所受的教育，或者是私塾的，或者是旧的科举教育。而这一批人是从新学堂中出现的新一代。

大规模留学生的出现也是重要因素。蔡元培、李大钊、鲁迅都有过出国留学的经验，而胡适、任鸿隽、梅光迪、胡先骕、陈西滢这一代更是留学英美的新人物。还有一些人去苏俄访问过，比如瞿秋白。还有像张君劢等留学德国。这些留学生重新介入文化运动，并将他们各自在不同地区留学所形成的趣味和观念带入新的文化运动也是非常重要的一件事情。虽然留学生的出现是晚清的事情，比如容闳，但是大规模留学生参与国内文化运动，这是第一波大浪潮。康、梁这些人是游学，不是留学。只有到这个时期，才出现了大量的留学群体回国，和国内政治相互激荡。

全球性时刻

《三联生活周刊》：一系列的转折之下，诸多和晚清不同的要素最终催生了五四的发生。五四的条件是全新的，它的产物也当是全新的，那在您看来，五四的最具新颖性的成果究竟是什么？

汪晖：五四代表了一个重要的转折期。这个转折期的最后一步，当然就是一定程度上新文化运动逐渐地转型，催生现代政治的诞生。

1920 年以后，由于有一大批人，转向了共产主义，特别是陈独秀、李大钊，使得原有的《新青年》也转向了。国民党的改组、共产党的成立，虽然都是在苏俄和共产国际的影响之下进行的，但如果没有之前的文化运动和政治运动，是很难理解这些政治组织在中国出现的历史脉络的。后来毛泽东总结说："五四运动是在思想上和干部上准备了一九二一年中国共产党的成立，又准备了五卅运动和北伐战争。"[1] 这句话在我看来是有很深刻的道理的。毛泽东当然是强调了共产党的领导作用和主导性，但是实际上五四成为现代中国政治的一个界碑。国民党改组后，主要的干部有很多"五四新青年"，都是在新文化运动、五四学生运动的浪潮里出现的。青年党也是如此，甚至到 20 世纪三四十年代出现的其他的政治团体，如果观察一下成员构成，都是如此。

在此之前，几乎很难形成现代的政治模式。政党并不是从这个时候开始的，早期从兴中会、华兴会、光复会，到组成同盟会，带有强烈的会党色彩。而到五四运动之后，由于文化运动的传播，新知识的传播，和新的国际条件，如苏俄的成立，使得新的政治组织成为可能。

《三联生活周刊》：贯穿我们讨论的一个主题是中国与世界。五四以前，中国始终是一种相对被动的应变状态——无论是视对方

1　毛泽东：《新民主主义论》，见《毛泽东选集》第二卷，第 700 页。

为楷模还是反思其危机。既然五四如此特殊，它有没有把中国与世界的关系带入一个新的境地？

汪晖：美国学者伊里兹·马尼拉（Erez Manela）写了一本书《威尔逊时刻：自决与反殖民的民族主义的国际起源》(*The Wilsonian Moment: Self-Determination and the International Origins of Anticolonial Nationalism*)，将"威尔逊时刻"描述为一个全球性时刻。他重点研究了中国的五四运动，韩国的"三一"运动，印度、埃及以及其他地区的一些运动。中国是这一时刻的积极呼应者，五四运动也是这一全球性时刻的积极的建构者。19世纪的革命集中在欧洲和美国，而这一时刻也注定了一个新的全球时刻降临了。

不妨比较一下韩国的"三一"运动和中国的五四运动。韩国学者金仙映在研究中提出了"三一"运动与五四文化运动的许多相似之处，如反传统、反儒教、倡导新文化。她起初用"去中国化"这一概念描述这一趋势，但之后做了修订。"三一"运动发生在朝鲜半岛这一完全被殖民化的地区，发端在被日本殖民化的帝国大学内，它的反传统、反儒教很快就转向了"去中国化"。这既和韩国民族主义有一定的相关性，又是在日本殖民主义统治下发展出来的。殖民条件意味着没有一个相对独立的大学和文化运动的条件。而中国的大学——五四运动中的北京大学和其他大学，是在晚清改革和中国革命的第一波浪潮中、在新生的共和国的框架下所形成的大学制度，它并不是传统的殖民地大学。换句话说，大学本身包含着主权性。这些文化运动无不包含着一种自主的能量。它虽然是反传统的，但是它再生了自己的新的文化政治认同，强化了中国民族认同，而不是走向"去中国化"。学生的爱国主义运动可以和反传统义化运动结合，止是由于这样的一种独特的政治条件。如果放在殖民条件下的非洲、印度或朝鲜半岛，就不可能是这个氛围。

也就是说中国的改革起初是被动的，但几代改革者不断地提出自身的命题。五四提供了一个相对自主地寻找变革道路的条件。在这样的背景下，学生运动和文化运动的性质既不同于殖民宗主国，又不同于其他殖民地。

放在一个全球性的关系当中来看，也可以说五四运动代表了中国的历史变化中的一个全球性时刻。这时它所回应的问题带有全球性，要探讨的道路也带有全球性。20世纪的中国革命带有强烈的国际主义色彩不是偶然的，这不是一般的民族主义或某一国的国内问题可以概括的。

《三联生活周刊》：许多人评价五四中包含着普遍性的要素，所以才构成中国进入世界的时刻。您认为什么才具备普遍性，是现代价值观念吗？

汪晖：我们今天讲各种各样的价值，一些人说民主科学是"普世价值"，一些人说我们中国的传统是具有"普世性"的，在我看来，最具有普遍性的是能够将这些价值纳入运动内部的独特的历史时刻本身。在这些独特的历史时刻，全球性的关系被凝聚在一起，迫使人们对它做出回应。在此之后，人们每当面临抉择，在一定程度上都要回去与五四对话。批判它也好，支持它也好，都要和这一历史时刻对话，并通过这一对话重新界定我们的当代位置，确定未来的走向。

这个独特的历史时刻是一个思想和文化能量大爆发的时刻，也是重新激发新的政治能量的时刻。它当然包含了所有既有的因素，但是它的重组代表了一个新的时代的开始。在这一点上，五四的确代表了一个重要的开端，而不是简单的一个小环节。

要理解20世纪，不理解五四是不行的。我认为"短20世纪"的主要开端大概在1898至1905年前后。1904至1905年爆发了日俄战争，中国的第一个革命团体同盟会在这时成立，有关保皇和共和的大争论从这时开始，未来道路在一个新空间里大规模地展开。1905年爆发了第一次俄国革命，之后很快，波兰华沙起义；1905至1907年，伊朗革命；1908至1909年，土耳其革命；1911年，辛亥革命；1917年，第二次俄国革命；1924年，第二次国内革命。在第一次中国革命和第二次中国革命之间有一个重大的世界性事件，即俄国革命，也有一个重大的中国事件，就是五四运动，而五四运动也是全球性重大事件中的一起。在第一次世界大战结束的时刻，五四运动代表着全新时代的社会思想的诞生。

《三联生活周刊》：五四开启了一个怎样的20世纪，它究竟召唤出了什么？

汪晖：五四运动所提出的主要问题，其实是对政治概念的改变。政治再也不是少数人的政治，必须是大众的政治。青年、学生、妇女、劳工，哪一个不是所有人的事情？

20世纪的政治，如果离开大众性、文化运动、新型政党政治这三个要素是不可能的。北伐加入了第四个要素——军队。而北伐时期的主要干部是五四青年。这四个要素结合在一起，勾勒了整个20世纪政治的主要内容。20世纪政治的途径，当然沿晚清而来，但五四不是晚清能够概括的，这是完全不一样的历史时刻。

《三联生活周刊》：回顾五四，是否也要看到它的局限性？

汪晖：五四的很多弱点和局限性已经有无数的人讲过，但我觉得对于历史运动提一点局限未免太容易。总结它的教训是可以的，但是真正的重要性在于发现它的独特性，它在历史氛围中的意义。

五四运动是非常激进的、对自己的文化传统进行批判反思的一个运动。但这确实是在一个古老文明内部发生了大变动、在一个独特的全球时刻爆发出来的一个运动。所以我说它是在某一个旧文明的中心地区爆发的自我更新的运动。文化可以一定程度地突破政治、军事、经济的强权，来获得一个相对独立的空间，这一点是20世纪非常重大的发明。反过来说，任何一个政党，如果它没有内外的文化运动，它就没有反思、自我批判和自我更新的机会，这一定是危机的前奏。

在历史中，什么东西是真正持久的？我相信五四开启的文化和政治范畴仍然具有可能性和能量，还值得我们去重新思考。我们回顾五四，不要再把沉闷气息带到对那个时代的阐释里面去。

（刘周岩、胡艺玮、岳颖 / 整理）

05 历史、革命与当代青年的思想构成
——对话罗岗、鲁明军

2014 年 7 月 20 日，汪晖教授与华东师范大学教授罗岗，在北京首都图书馆围绕"历史、革命与当代青年的思想构成"的话题展开对谈，四川大学美术学系讲师鲁明军主持。此次对谈是北京时代美术馆举办的"旋构塔·2014 中国青年艺术家推介展"系列活动之一。本文据对谈实录整理而成，首刊于《长安学术》第 10 辑。

体制化和同质化下的艺术困境

鲁明军：今天我们对谈的话题，主要是针对这次展览（时代青年艺术计划——旋构塔·2014 中国青年艺术家推介展），在讨论开始之前我想先简单介绍一下这个展览。可能表面看，讨论主题与这个展览没有直接的关系，但在理论上是密切相关的，而且有着很强的针对性。整体上这是一个关于青年艺术家的推介展，但实际上是三个展览，包括三个不同的主题，刘礼宾、胡斌和我每个人负责一块。我这部分探讨的是艺术体制与青年艺术家的实践。

我们都知道，今天的艺术是一种体制化的实践，不管是认同

体制，还是反体制，实际都是在一种体制化的框架下展开的，再怎么反体制，还是离不开美术馆、双年展、画廊、博览会，因此，可以说所谓的当代艺术或观念艺术，实际是体制性艺术。从艺术史上我们可以追溯到杜尚（Marcel Duchamp），甚至在他之前的库尔贝（Jean Desire Gustave Courbet）、马奈（Édouard Manet），就已经有所自觉，开始挑衅沙龙制度。但从杜尚开始，艺术实践则直接针对艺术体制本身，也就是说，所谓的艺术不再取决于媒介，而是一种关于艺术的艺术的一般艺术概念。

今天更是如此，这套体制实际已经非常完备，包括我们所接受的教育，以及整个政治、文化、社会、经济等大的背景。那么，在这样一个艺术体制下，艺术家是怎么应对的，特别是对于年轻艺术家？因为这套体制在中国也就这些年才表现得格外突出，主要是由于市场和资本的大规模介入，带来了一系列的变化。当然，这也不仅仅是中国的问题，实际上全球都是这样。这一两年来有一个重要变化，就是几乎全世界都在推青年艺术家。我想这背后有很多原因，其中最主要的我认为还是艺术体制的问题。因此，我希望通过这个展览，从不同的面向揭示今天青年艺术家的实践本身如何自觉和应对这套体制。我的一个基本的预设是，体制决定了我们只能遵循这套游戏规则，但艺术又试图从这套游戏规则中跳脱出来，于是，对于大多青年艺术家来说，只有不断地付诸试错性的行动，而这种行动不可能是整体性的颠覆，更多是一种植根于自身日常经验的局部的、微观的"误动"。

今天讨论的话题是"历史、革命与当代青年的思想构成"，我们特别邀请了汪晖老师和罗岗老师两位著名学者对谈，话题不是直接针对这套体制，但我相信它会从一个更加广阔的视野为我们提供一些新的思考、启示和行动的空间。

关于青年艺术家，这些年艺术界讨论得最多的是全球化带来的同质化现象，特别是在语言结构上的差异性越来越弱，普遍知识化、精致化，甚至有人认为荷尔蒙的分泌都没有上一代的旺盛。这一点，我去年看里昂双年展的时候，感受非常深，如果不看标签和介绍，很难去判断这名艺术家到底是哪个国家的，到底在讨论什么问题，而这样一种现象似乎构成了一种全球性的生态。那么，针对这种现状，艺术界自身也在不断地检讨、反省，比如今天流行的"社会参与""关系美学""人类学"，还有"后制品"等各种话语，都是针对这种现状的反思。今天，我们希望抛开这些，从青年的历史与革命思潮出发，展开一些新的思考的面向。从五四到延安，到20世纪60年代、80年代、90年代，以至2008年前后，每一个时期青年都处在风口浪尖，都是行动和舆论的焦点，那么这样一种历史和"传统"对今天的现实能不能构成一些检讨和反省呢？我们先请汪晖老师具体谈一下。

青年、青春与创造性的根源：时代意识中的决断

汪晖：我先从稍微抽象一点的问题来说。一说到青年，大家都会讲年轻人，但事实上"青年"作为一个问题被提出来，不完全是一个关于年轻人的问题，青年的问题说到最后，是生命状态的问题。我们回顾从19世纪晚期到20世纪，青年问题，少年、青春这些都是政治性的问题，一个时代要发生变化的时候，人们把问题设定在青年人身上。

我们都知道梁启超有非常著名的《少年中国说》，陈独秀办《青年杂志》的时候，开篇叫《敬告青年》，李大钊写了《青春》，是

非常重要的文章。《敬告青年》中提到六大主义，很多人可能记得当时他所说的这些话——我还把他的文章带来了，看看今天这个时代与那个时代对青年的要求，差异是什么。陈独秀在创办《青年杂志》的时候提了六个原则，他希望青年是"自主的而非奴隶的""进步的而非保守的""进取的而非退隐的""世界的而非锁国的""实利的而非虚文的""科学的而非想像的"。[1] 就具体的内容而言，这些到今天已经成为青年的一般原则，但是很有可能有一些原则，需要重新充实，比如说"自主的而非奴隶的"，这话说得很对，今天也一样，可是那个时候束缚我们的，我们要摆脱奴隶状态的那些内容，与今天我们要摆脱的内容恐怕差别很大了。那时提出的理念，有可能也成了我们新的束缚，所以青年的问题，不是一个可以教条地来对待的问题，总是来源于对一个时代的困境、问题的认识，这是我想说的第一点。

也就是说如果要讨论青年，我们必须有一个重新讨论，我们对自己的时代重新认识，这样一个过程。我在离开《读书》之前，组织出版过一组文集，其中有一本书的名字就叫作《重构我们的世界图景》[2]，"重构我们的世界图景"，一定程度上说，就是对一个新的生命的召唤，因为如果没有新的图景，无论是思想、创作，什么也不可能有。刚才鲁明军先生说，很多人的作品缺少独特性，他说的是差异，我更喜欢说的是独特性，是背后包含了一个更好的东西，不只是与别人的差别，而且是非常有创造力地带动一个时代变迁的

1　参见陈独秀：《敬告青年》，载《青年杂志》第一卷第一号，1915 年 9 月 15 日，第 2—6 页。

2　《读书》杂志编：《重构我们的世界图景》，北京：生活·读书·新知三联书店，2007年。除本书外，该组文集还收入《逼视的眼神：〈读书〉精选（1996—2005）》《不仅为了纪念》《亚洲的病理》《改革：反思与推进》《〈读书〉现场》，均由北京三联书店于同年出版。——编者注

那种力量，但它是非常独特的。

这个青年的问题，首先来源于一个"时代意识"。陈独秀1915年创刊《青年杂志》的时候写了《敬告青年》，1916年第五期的《青年杂志》，他就发表了一篇也很出名的文章《一九一六年》。他说，我们现在的人是20世纪的人，我们不再是过去的人，现在是创造20世纪新文明，"不可因袭十九世纪以上之文明为止境"[1]，所以他下面有一段话很有意思："自吾国言之，吾国人对此一九一六年，尤应有特别之感情，绝伦之希望。盖吾人自有史以迄一九一五年，于政治，于社会，于道德，于学术，所造之罪孽，所蒙之羞辱，虽倾江汉不可浣也。当此除旧布新之际，理应从头忏悔，改过自新。"[2] 所以他说1915年与1916年间，"在历史上画一鸿沟之界：自开辟以迄一九一五年，皆以古代史目之。从前种种事，至一九一六年死；以后种种事，自一九一六年生"。[3]

他的意思是说到了1916年这个年头，对我们来说应该有一个自觉，一旦有了这个自觉以后，在1916年，1915年以前的历史都是古代史了。今天的人听这话会觉得他过分地绝对，现在的人大概说不出这样的话来了，尤其过去20多年，在批评、反思五四的时候，也都会说这是进化论的思想，因为从此都是新的，越新越好。但是这段话中不完全是进化论，其中有一个主观的决断。就是说，我到今天为止，要与过去断开，他的意思是到了这个时刻，新的政治开始了，不能再走旧的政治的道路，所以"新青年"的意思，对他来讲是开创一个具有新的政治的时代的意思，这个"新"不只是时间上的"新"，而是指新的政治。陈独秀将1916年赋予独特的意

---

1 陈独秀：《一九一六年》，载《青年杂志》第一卷第五号，1916年1月，第1页。
1 陈独秀：《一九一六年》，载《青年杂志》第一卷第五号，1916年1月，第1页。
2 同上，第2页。
3 同上。

义，与过去断开，是一种对于历史的叙述，体现了他的历史观。

今天这个时代，总体来说是一个比较趋向于保守的时代——看起来也趋新，但其实比较保守，保守不是表现在挖掘传统，但是在挖掘传统的时候，产生出的创新很弱，顶礼膜拜很多，把传统重新变成创造资源的能量却很少。其中有一个有意思的问题，讨论青年、讨论青春、讨论新的政治，实际上意味着我们要界定自己与历史的关系。

在这点上，要有一个区分。一个是我们现在要讲这个"新"，不是简单地拒绝传统，而是一个历史性的决断，就是从此开始要与过去许多的惯例，与现在仍然控制着我们的这些历史的因袭，有一刀两断的决断，也只有在这个决断之上，才能够对历史、对传统进行创造。所以新政治的产生，不是延续旧有的，恰恰相反，是要对它有一个断裂和拒绝的意识，在这个前提下所谓的文艺复兴时的追溯希腊，寻找旧传统，才会是创造性的根源。

这两点我觉得要区分开来，它并不是像过去反传统那样拒绝传统，就像文艺复兴一样，是要回到传统的，但这个"回到"以历史的断裂为前提，而不是一般地说往前延续这个历史的脉络。唐代晚期韩愈发起"古文运动"，他说"文起八代之衰"，实际上是意识到文脉到他这儿早就断掉了，要去追回那个东西。这是以断裂作为前提的，先认识到断裂，而且意识到这个情景，然后才认识到必须重新去寻找这个东西。所以任何一个时代，新的政治发生的时候，想要从一般性的延续中找到这个"新"是不可能的，一代人产生出来时，就得要有这个决断，但这个决断背后对待古代传统、现代传统，各自有不同的态度，在其中寻找不同的创新的契机，那是另外一个意义。这就是所谓自主的意思，自主就是从这儿开始的。

青年的问题再度浮现的过程，等于是要我们提供我们自己对自己生存的世界的重新认识，有一个新的决断的过程。

我再说一篇我也很喜欢的文章，就是李大钊写的《青春》。青年的意思好像是指年轻人，但青春是我们生命当中的一种能量。所以一个人可以活到很老，可是身上有活力，也就是青春永驻，一个人可以很年轻，可是他已经老了，他没有创造力了。在这个意义上，不是说青春只是指青年的意思，青春包含了对生命活力的一种理解。

李大钊说历史上有青年就有白首，这总是在变化中的，现在就是我们要创造这个青春。青春是人们创造过程的产物，青春既是自然的，但同时又是创造出来的，可以从内发出来找到它，使得青春能够永驻。所以李大钊说"致我为青春之我"，要让我变成青春的我，"我之家庭为青春之家庭，我之国家为青春之国家，我之民族为青春之民族，斯青春之我，乃不枉于遥遥百千万劫中，为此一大因缘，与此多情多爱之青春，相邂逅于无尽青春中之一部分空间与时间也"[1]。后面他说这个世界总是变和不变构成的："其变者青春之进程，其不变者无尽之青春也。"[2] 大家都知道这是化用苏东坡的《前赤壁赋》关于青春的一个理解。苏东坡的原话是："自其变者而观之，则天地曾不能以一瞬。自其不变者而观之，则物与我皆无尽也。"[3] 在这个意义上，李大钊强调的就是这样的一个青春的进程。

刚才鲁明军先生特别提到，我们在今天面临着同质化、重复，好像每个人都一样，每个人都是特别地追求自我，结果每个自我看起来都差不多——每个人的生活轨迹，从幼儿园开始，到高考，到大学毕业，到找工作，到选择工作的方式，寻找市场的方式，把自己最终转化成为一个商品，卖出去的过程——这就意味着与所谓

---

1 李大钊：《青春》，载《新青年》第二卷第一号，1916 年 9 月 1 日，第 1 页。
2 同上，第 3 页。
3 苏轼撰、茅维编：《苏轼文集》，北京：中华书局，1986 年，第 5 页。

的"自主的而非奴隶的"相比，就是"奴隶的"。如果所有的生活进程，都被这个逻辑宰制了，那就无所谓青春，因为从一开始，我们就为把自己创造成为一个价钱稍好一些的商品在努力。我们从小学、中学、大学到最后都是以此为目的的，这是今天客观上如此的这样一个过程。在艺术领域，我看到很多寻找差异的努力，看上去在寻找差异，结果却差不多，为什么那么多双年展看上去都差不多呢？每一个都追新逐异，可每个都差不多，因为这背后控制差异的逻辑，也不过就是商品的逻辑而已，就是在背后的控制之下寻找而已，所以这个时候看起来都是青春的，其实早已经是白头了，早已经是一个衰相。

如果要回溯20世纪，尤其是新文化运动的历史，五四传统的历史，它的具体内容，我觉得都可以重新讨论。但那个时候最重要的一点，就是关于"新人"的创造。所谓的青年是一个完全不同的范畴，这个范畴是与当时人们理解中国的主导方式完全不一样的。《青年杂志》创刊的时候，正值袁世凯复辟，也是第一次世界大战爆发后，到处都在讨论中国的危机，中国政治往何处去，等等。那时大家把中国未来的主要希望寄托在比如政党政治、议会道路、宪政民主、怎样去找到一个主权等等。所有这些都是当时的政治问题，可是《青年杂志》提出的问题，恰恰是与所有这些思考中国社会的方式完全不一样的方式。其中提出的问题是青年的问题、语言文字的问题、教育的问题、妇女的问题、家庭的问题、伦理的问题，因为意识到只有从这里开始，新的政治体才能被奠定。如果又回到反反复复不同的人在追究的那些问题，只能再一次堕入老政治里面去。

青春就是在这个意义上的一个对于青年的追寻，《青年杂志》也就是《新青年》，才能够带动起白话文的运动，新文学的诞生，诗歌的创造；对于这些创造本身的成果都可以有反思，白话文的得失，新文学的得失，新诗的得失，对旧诗的态度的得失，对传统的态度，这些都是可以谈的。但是毫无疑问，正是通过对青年、青春这些问题的追究，一个新的政治图景得以展开，为 20 世纪铺垫了未来，这是直到今天还起作用的一个政治过程。

到今天我们发现，那样的起点可能逐渐地在衰竭，我们现在需要寻找新的出发点，所以青年的问题再度浮现的过程，等于是要我们重新去提供我们自己对所生存的世界的重新认识，有一个新的决断。

鲁明军：谢谢汪老师！我想汪老师给我们提供了一个新的解释，他认为如果从历史的角度看，青年就是五四时期所谓的"新人"，这种"新人"可能不是我们通常意义上的那种面目之"新"，而是指一种新的思想、新的政治和新的文化，或者说，是指一种新的与历史的关系、与传统的关系。而且，这种关系最后还是要落在语言、教育、家庭、伦理这些非常具体、非常基础的层面。那么，我们现在的问题是，在今天来看，所谓的青年、新人，及其所遭遇的现实，实际上也面临着同样的问题，因此与其说是我们在推青年，不如说是在推一种新的思想方式、新的政治和新的文化，关键在于，这些同样要落到一些具体、基础的层面。下面，有请罗老师发言。

商品逻辑、"拼多资本主义"与"涂自强的个人悲伤"

罗岗：刚才汪老师从历史的角度，特别是从五四新文化运动一本很重要的杂志《新青年》开始说起，讨论到青年的问题。

我想从当代谈起，回应刚才明军提到的问题。因为在大学中文系教书，每年都要指导学生写各种各样的论文，从本科生三年级开始写学年论文到四年级写毕业论文，还有研究生论文，我今年突然之间发现一个很奇怪的现象，就是有几个学生——既有本科生，又有研究生——不约而同选择了一部当代小说作为论文的研究对象，这部小说叫《涂自强的个人悲伤》，最初刊登在北京的《十月》杂志上，后来专门出了单行本。当时我在杂志上读到这篇小说，第一印象就是这篇小说有意思，但在艺术上不是很成功。那么为什么一部写得并不是很好的小说，可以在年轻人那里引起那么大的反响呢？是因为《涂自强的个人悲伤》所涉及核心的问题，一下子让很多的年轻人，突然之间对这部小说产生了很强烈的共鸣。那么这是怎样一种共鸣？为什么会有这样的共鸣？

　　这就需要回到这部小说中。涂自强是一个农村青年，小说一开始就写他考上了大学，作为农村出来的孩子，考上大学当然是好事，但接下来的问题是，进入大学之后他怎么办？首先在大学里读书需要付学费和解决生活费，他是怎样坚持下来的？大学毕业后，是否能在城里面找到一个稳定的工作？立稳脚跟后，能不能把自己的妈妈——小说中涂自强的父亲过世了——接到城里一起住？小说描写的就是当代青年，特别是当代农村青年进城之后很卑微的愿望，也就是能够在城里面扎下根、站住脚的故事，但涂自强这样一种卑微的愿望最终也没有实现。

　　小说的题目为什么叫"涂自强的个人悲伤"，因为这是一个近乎无事的悲剧。涂自强从名字上也可以看出来，他想"自强"，不过不仅没有成功，而且最后得癌症死了。看到这样的结局，可能很多人都不太满意，不过我想作者是有意为之的，好像是莫名其妙写他生病而死，其实想强调涂自强在"自强"的过程中并未遇见什么

　　　　　　　　　　　　　　　　　　为未来而辩论

坏人，相反，碰见的反而是各种各样都希望给他帮助的好人，尽管如此，但涂自强还是不可能实现自己的愿望。与今天很多暴露当代底层苦难生活的小说相比，《涂自强的个人悲伤》并不是一部看上去特别尖锐地揭露黑暗、批判现实、态度激烈的小说。可是，它为什么能引起那么多人关注，甚至可以说造成了某种轰动呢？

我从学生写的文章以及后来读到的很多评论中发现，大家基本上都认为，这部小说虽然在艺术上有这样那样的问题，但无形之中却通过涂自强这个形象的描写，完成了这么多年来比较集中地对当代青年社会状况和思想状况的一种表达，反映了一种症候。已经有评论家指出涂自强的遭遇是不是当年高加林故事的继续？因为路遥的《人生》，当时描写了一个叫高加林的农村青年，高中毕业没有考上大学，可他千方百计想进城，虽然经过了各种努力，最终还是没办法在城里留下来——因为他是农村户口，所以必须回农村。就农村青年希望进城扎根这个角度讲，有人认为涂自强会不会是高加林的"精神兄弟"，或者说涂自强的命运是新时代高加林命运的继续。但读者很快发现，涂自强并不是高加林命运的继续，因为小说一开头，涂自强就考上大学了，这意味着他和当年的高加林不同，取得了进城的资格。而且他考上大学后，马上就与他没有考上大学的女朋友分手了，涂自强的女朋友也觉得自己既然没有考上大学，你进城了我还是乡下人，我们不可能在一起。所以和女朋友的分手，某种程度上也是和农村的分手，几乎没有什么悲情的色彩。但另一方面，30年过去了，把涂自强和高加林联系在一起又有一定的道理，因为两篇小说讲的都是农村青年进城的故事。不过，这种精神联系同时也是一个精神下坠的过程：1970年代末的高加林身上还包含着一种自我实现的力量，可他被"卡"在通常所说的"城乡二元结构"中，尽管经过了种种努力，最终还是必须回到农村；

今天的涂自强面临的问题与高加林时代已经不一样了，他考上大学，取得了一个进入城里的身份，但有了这个身份之后，却没有办法在城里扎下根来。所以，他的问题不仅仅是一个如高加林当时能不能进城的问题，而是进城之后怎么办的问题，也就是我们今天的现实：一个考上大学的农村青年，他有没有可能在城市扎下根？如果考虑到这样的问题，那么不难发现，与高加林的自我实现相比，涂自强已经没有什么精神追求，仅仅是要满足一个卑微的愿望。

而在这个意义上，就有人进一步指出，涂自强其实已经和高加林没有什么关系了，如果说要给涂自强找一个现实对应，那应该是马加爵。和涂自强一样，马加爵作为一个农村来的贫困青年，也考上大学了。他通过自己的努力进了城之后，发现还是不能够摆脱自己贫穷的身份，而且这个身份成为别人歧视他的一个重要理由，由此心理失衡，把同屋的同学给杀了。马加爵的悲剧不只是一个心理问题，更是一个社会问题，它揭示出城里面有一种衡量人的价值的重要逻辑，这就是我们常说的"商品的逻辑"，或者更直接地表现为"金钱的逻辑"，所谓"贫穷"成为一种身份，也就是一切都用金钱来衡量。在《涂自强的个人悲伤》中有一个很有意味的细节，涂自强上大学要交学费却没钱，于是他就从家里出来一路打工赚钱。到了学校要交学费了，别的同学或者拿出来一沓100块的，或者拿出信用卡来刷卡，涂自强却把一路上赚来的碎钱，有两块的，也有五块的，还有十块的，都铺在桌上，这些钱脏兮兮的，甚至带有汗味或别的什么味道……虽然同样是钱，但涂自强的那些钱和他的同学的钱已经不一样了，在他交的钱上，已经打上了贫困的印记。涂自强的"个人悲伤"，不就是他始终感觉到，虽然进城了，但来自农村的贫困的烙印依然深深地打在他的身上？就这样，涂自强成了马加爵的精神兄弟。

于是，从高加林到涂自强，我们看到了一种精神下坠的轨迹。从高加林很容易联想到 20 世纪 80 年代的另外一部小说，铁凝的《哦，香雪》。这些作品讲述的都是农村的孩子和农村的青年怎样想通过自己的努力来实现理想的故事：有的是具有一种类似拉斯蒂涅（Rastignac）或于连（Julien）般的野心，比如高加林就是有一种个人要出人头地的想法；或者像香雪那样，渴望用知识改变命运，将来可以考大学，但大学毕业之后还可以回来改变农村的面貌。由此可见，80 年代的文学充满了积极乐观的向上的能量。但无论是个人野心还是青春梦想，到了涂自强这儿为什么都消失得无影无踪了呢？这仅仅是他"个人的悲伤"吗？还是某种"历史的表征"？有一名学生写的文章，用了一个"大词"，称涂自强是"历史终结"之后的青年。所谓"历史终结"之后，就是刚才汪老师也讲到的，支配差异的逻辑最后变成了商品的逻辑。就"历史的终结"而言，应该看到在"历史"没有"终结"之前，虽然也是商品的逻辑也即资本主义的逻辑当道，但人们相信还存在着一种替代性的逻辑，也就是说具有替代资本主义的可能性，商品的逻辑不是这个世界上唯一的逻辑。可是"历史终结之后"，资本主义大获全胜，两个世界变成了一个世界，整个世界都被商品的逻辑所支配，再也没有替代性的方案了。涂自强虽然考上大学，可大学已经不是原来的大学了。假如高加林当时也考上了大学，那时的大学是要培养"社会主义新人"——这是一个今天听上去非常陌生的说法——或者说培养社会主义现代化事业的有用人才。但是，今天的大学所要培养的是什么呢？在座的肯定有很多大学生，如果将来有一天去找工作，到用人单位面对的是什么？当然是 HR，就是人力资源部门。所以，今天大学培养的是市场所需要的"人力资源"，也即"劳动力产品"，说它是"产品"而不是"商品"，是因为这个"产品"还需要放到"市场"中看看有没有"买家",有了"买家","产品"才能实现自己的"价值",转化为"商品"。至于能不能卖出去,以及卖一个怎样的价钱,当然整个都由商品的逻辑来决定。这样看来,大体上就明白了,涂自强考上大学和假如高加林、香雪考上大学,会有完全不一样的意义。涂自强从进入大学交学费开始,实际上就面临着商品的逻辑和金钱的逻辑。这也是他精神无法飞扬的原因。

不过,就像我前面所说,涂自强并非没有理想,可是尽管他的理想很卑微,却还是在今天这个强大的商品逻辑面前,碰得粉身碎骨。在这个意义上,涂自强的"个人悲伤"中包含了当代青年甚至整个中国社会的一个价值上的悖论。这部小说为什么要写涂自强来自农村?这个来自农村的身份,除了涉及今天依然存在的城乡二元体制,表达他个人贫困的根源之外,更重要的是赋予了涂自强一种来自农村、来自乡土社会的朴素却又执着的想法,那就是通过艰苦扎实的劳动,可以实实在在改变自己的命运。注意,这里所说的"劳动",不仅仅指的是在地里干活或者进城里打工,也包括靠个人的刻苦学习,能够考上大学。涂自强考上大学不就证明了这点吗?所以,我看到很多人取笑一些中学,说这些学校用办"集中营"的方法来训练中学生参加高考很畸形。但我却一点笑不出来,而是感到深深的悲哀和同情。三线、四线城市的中学生怎样才能和譬如上海这种大城市的中学生竞争呢?除了地域差异带来的教育不平等,再加上如上海许多重点大学都有自主招生,而自主招生更看重考生的综合素质,所以上海重点中学都注重学生的素质培养。这样一比较,那些以"集中营"方式办学的内地中学吃相就更难看了。但你没法笑话他们,面对这样恶劣的环境,只能是在不平等竞争的条件下,用时间来比拼质量。这就是所谓"超强劳动",你读五小时,我就读八小时,你读八小时,我就读十二小时……这就是各地高考

"集中营"式中学成功的秘诀，当然是非常残酷的做法，甚至很可能只培养出"考试机器"之类来。但在这里面，还是有一种试图通过自己的劳动，来改变命运的可贵努力。尽管对这样的做法可以有各种各样的质疑，就像对高加林为什么一直想要留在城里一样，从来不乏质疑的声音。不过，年轻人不安于现状，要改变自己的命运，这是一种能够带来社会变动的非常重要的力量，如果没有这种力量，如明军所讲，艺术上的创新肯定没有了。

我想说的是，岂止是艺术创新，假如年轻人不想改变现状，不想批判体制，不想对现实的问题质疑，不愿对整个支配性的原则挑战的话，那么整个社会肯定是没有活力，死气沉沉。某种情况下，也许你可以不同情高加林，甚至指责他不爱巧珍是道德上不负责任，但为什么高加林会成为那个时代很多年轻人把情感投射在上面的一个文学形象呢？是因为他代表一种青春的能量。这样一种能量在涂自强身上却逐渐消失了。他最初也相信劳动可以改变命运，可是到了城里，即使拼命劳动，却改变不了自己的命运。涂自强的父亲死后，母亲在农村无依无靠，他就把母亲接来住在一起。涂自强要养活自己和母亲，于是去打工。小说写了另一个和他一起打工的中文系女学生，这个女学生和他说，这样打工是没有前途的，根本赚不到多少钱，最好是找一个有钱人结婚吧。果然后来就有一个中年男人开车把女生接走了。涂自强很受刺激，觉得通过努力来改变自己命运的这种方式，也就是依靠广义的劳动来达到某种目标的那条路，好像已经走不通了。这就是涂自强的"个人悲伤"之所在。

小说对这个关键点或许没有那么明确的意识，所以最后让涂自强莫名其妙得癌症死掉了。这个结尾看上去好像没有什么力量，不过却用一种近乎无事的"悲剧"无意中揭示了当今社会商品支配的逻辑带来了一系列新的变化，这个变化使得"涂自强"无法"自强"，也就是依靠"个人奋斗"不能取得成功。原来意义上的"个人奋斗"，有一种通过自己的打拼，通过自己的能力，能够一步步往上爬——你可能不喜欢巴尔扎克（Honoré de Balzac）笔下拉斯蒂涅式的个人奋斗和个人野心，可也必须承认，好像社会为这种个人奋斗提供了某种可能性，让人可以一步一步往上走。但今天商品支配的逻辑已经完全转换了这种可能性，就像法国经济学家皮凯蒂（Thomas Piketty）在他那本引起轰动的《21世纪资本论》（*Capital in the Twenty-First Century*）中指出的，今天商品支配的逻辑逐渐演变为一种"世袭资本主义"，从20世纪80年代以来，资本所得远远高过工资所得。上班工作赚钱的速度永远比不上以资本赚钱的速度，金钱越来越集中在少数人手上，贫富差距越来越恶化，皮凯蒂将此称为"十足的世袭资本主义"，世袭资本主义时代，子女的社会经济地位很大程度上取决于父母的社会经济地位。用一个在中文世界中大家更熟悉的说法，就是今天"'拼爹'资本主义"当道，靠个人的努力和奋斗，根本无法改变自己的命运，更不要说什么改变社会的现状了。

明军特别讲到当今艺术上缺乏创新、没有突破等问题，我觉得在某种情况下，与今天这个"世袭资本主义"或"拼爹资本主义"的社会结构有着较为密切的关系。这样一来，涂自强这样的年轻人，可能有热情，也渴望改变自己的命运，在某种意义上，确实构成了与高加林形象的历史对应。然而，可悲在于，整个社会已经不给他改变的可能性了。所以，涂自强的个人悲伤，完全不是一种个人的悲伤，实际上是一种时代的悲伤，一个社会的悲伤。

路遥的长篇小说《平凡的世界》曾经感动过一代又一代的年轻人，特别是从农村来的青年；现在《涂自强的个人悲伤》又是这样一部能够打动人的作品，一个很重要的因素不是这部作品本身写得多么好，而是这部小说触动了这个时代年轻人敏感的神经和普遍的命运，他们在这里得到与主流叙述、"成功神话"完全不同的感应，从这部作品中，我们可以较为清晰地感受到当代青年的生活状况、思想状况和情感状况。正是这种文学与现实的对应关系，我想可以用来回应明军关于当代青年状况的提问。

劳动的去价值化与革命的终结

鲁明军：谢谢罗岗老师的演讲！罗老师通过这样一个小说叙事，揭示了今天青年与资本时代的一种相对普遍的关系。实际上，资本也是这几年在艺术圈讨论最多的一个话题，其中也不乏批判性的回应，但都无法回避艺术被资本化的现实。比如这几年流行的两个模式，一个就是人类学模式，发现一些素人艺术、民间艺术参展，某种意义上是对艺术商品化的一种回应策略，但最终还是被资本化、被体制化。还有一类就是社会参与或制造事件，所针对的同样是被美学化、被景观化、被商品化的现实，但问题是这些参与和事件很快也成了资本的一部分。因此，今天大家都深切感受到，我们似乎没有办法去对抗资本，甚或说对抗本身就是资本的一部分。于是，好像唯一的方式，就是说怎样去吸纳资本，然后把资本转化成自己主体的一部分。就此，我想请两位老师谈谈你们的看法。

另外，我想回到我们今天话题的另外一个关键词"革命"。我们都知道，不管是中国的20世纪60年代，还是西方的20世纪60年代，它们之间某种意义上有着一定的历史关联，特别是西方的60年代，本身就是整个西方当代艺术很重要的一个社会背景。而且据我观察，这些年，西方艺术界都在反思60年代及其前后的艺术运动，包括我们也在不断地提起80年代以及"85新潮"，关键是80年代本质上是60年代的一种延续，我们可以将其归为一种"革命"，那么，在今天，这样一种"革命"还有没有意义？我想请汪老师，将这两个问题串起来给我们理一理。

汪晖： 这都是特别巨大的问题。第一个问题确实是很不容易回答的，实际上刚才罗岗老师已经讲到艺术终结和所谓的资本的一统这个过程，我稍微偏离一点来讲讲这个问题，因为这和青年问题有关。在五四新文化运动讨论青年问题的时候，还有一个问题是与它相关的，我刚才讲到了其他问题，但有一个我没有讲，就是"劳工神圣"。大家可能知道《新青年》专门有一期"劳工神圣"专辑，是蔡元培题的字，而且他专门写了一篇文章《劳工神圣》。其实青春的问题、劳工神圣的问题，在一定意义上都是关于尊严的问题。我们是一个生命，我们有自己的价值和尊严。那时"劳工神圣"这个问题，很明显是强调劳动创造价值，这也与罗岗老师刚才提的有点关系，因为个人奋斗还有意义的时候，那个奋斗能创造价值。

但今天这个条件发生了很大的变化，那就是现代资本主义提出的一些挑战，在20世纪似乎是没有的。在晚期的资本主义，在欧洲，出现了一些现象，在今天开始普遍化。我们都知道，很多农村的人要到城市里面来打工，变成农民工，然后成为新工人，我过去专门写过文章讨论新工人。但是我们注意到过去这些年发生的一个状况是这些工人都是年轻人，忍受经济的剥削，忍受这种痛苦，但是有一些工资可以寄回家乡去补偿，同时他们能够体验一部分城市生活。很多人也觉得城乡二元制在这个意义上还能起一定的作用，但最近出现的一些现象，尤其是2008年金融危机以后出现的现象，是与过去的现象非常不同的。虽然一部分还在延续，就是生产劳工，城市里的制造业需要这些劳工，但是另一方面我们都知道，经济危机的条件下，由于生产的萎缩、生产的过剩，劳工大量失业。这时国家为了保证社会安定，需要进行经济刺激，维持生产，这个生产在一定意义上，用政治经济学的术语来说，不是生产性的生产，也就是说它不创造价值了，只能维持劳动的再生产，是因为雇佣还得维持，社会运转还要维持，只是为了维持这样的模式，要进行再生产。

这样的再生产在19世纪，或者说20世纪的绝大部分时期，是很少见的。因为劳动这个概念以及所谓"劳工神圣"的说法，并不是一个特别革命的概念，也不是一个社会主义的概念，相反它是希望在资本主义劳动内部找到尊严的根据，但它的基础是它能生产价值。可是如果一个劳动者要投入的劳动不过是再生产劳动而已，那么这个尊严的基础就被抽空了。也就是说，资本要变成资本里面的一环，需要不断地循环进行再生产，因此在20世纪提供当年的那个政治和尊严的基础发生了变化，这就是为什么很多人的个人奋斗没有用。

个人奋斗，排除不能成功的情况，在很大意义上，似乎不能够获得20世纪劳动者的自豪感和尊严。过去的年轻人，只要投入劳动中，就能创造这样的价值，在今天就非常困难，这是今天这个社会呈现的过去所没有的特征。

在西方大概20世纪80年代就已经有人提出这个理论，但是提出这些理论的时候，很多人，特别从第三世界国家来看，觉得这只是发达国家的问题。因为对于第三世界的劳动分工来说，还需要不断地生产，像中国成了世界工厂，实际上等于是在第一世界已经不需要再生产，转嫁到这里来，还有剩余价值在不断创造。但是现在我们遇到的情况是，劳动作为生产本身，一部分还在持续，这并不是全部；另外一部分，劳动只是为了维持再生产，这似乎已经在我们自己的社会中发生了。河南出现的一个现象就属于这个状况：河南吸引富士康去办厂，结果招不着工人，最后是当地政府补贴富士康，每招一个工人给他200块钱，用这样的方式来维持再生产。这与过去生产的样态不同，也就是说资本主义流动和过去相比发生了变化，劳动在这个过程中所提供的意义与过去相比也发生了变化，再加上刚才罗岗老师提到的城乡关系，在这个过程中再度发生变化，这是我觉得在今天出现的一个新的局面。

现在的状况是有些东西还在延续着，有些东西是新的，而且这个新的状况在扩大，这导致很多年轻一代好像普遍有种无力感，一种无力感来自无法通过个人奋斗来获得成功。另一种更广大一些，因为头一个无力感在19世纪也有，拉斯蒂涅、于连都有，第二个无力感实际上是革命的终结。

刚才讲到20世纪60年代，我过去说过，中国有一个很短的20世纪，但是有一个漫长的革命。在我的理解中两者是一件事情。所谓的20世纪就是一个革命世纪，这个革命世纪很短，大概从辛亥革命前后到"文化大革命"以后，这个革命就结束了。60年代的终结，也就是20世纪的终结。在我看来80年代，就是高加林的时代，也不过是一个旧时代的尾声和新时代的序曲重叠的过程，已经是一个新世纪的开端了，可是我们误以为它是晨钟，其实它是暮鼓，或者它是晨钟也是暮鼓。所以到了刚才说的涂自强，他的"暮鼓"的性质就出来了。在高加林身上似乎是晨钟，其实在我看来是暮鼓，是某一种终结的开始，可以说是所谓的历史终结。

通过20世纪的不同形式革命的样态，来寻找改变这个世纪的方式，到了这个时候似乎再也看不到了，恢复不出来了。过去去延安或者参加土改，都是觉得要创造一个新世纪，可以通过政治制度、经济制度、社会关系，通过各种各样的改变来改造这个世纪，其中有值得我们今天思考的问题，因为与第一个自我相比，第二个提供的可能性要更多。

我刚才举《新青年》的例子，《青年杂志》在创刊之后，基本上提供的青年道路是两条，一条道路是所谓转向自我，不断关心自己，一直到高加林式的自我奋斗的这个模式；第二条道路就是出现了一批人深入不同的社会中去。从《青年杂志》开始，以后就去做矿工的调查、中国农村的调查、中国社会的调查，用这些调查重新把自己转化到社会进程中去，发现它的问题。换句话说，解决自己的问题的方式，不是通过自己来解决，而是通过加入社会改造中去解决，但在今天我们看到的这个社会改造的困境，是非常深刻的。我觉得在这一点上，无谓的乐观，只是说我们要焕发青春，这是很肤浅的。

我在这儿举几个例子来说明这个问题。1989年的时候，就是我们的青春时代，那时大家为所谓民主自由奋斗，这个过程在当时似乎是召唤新时代，但是我们看这个召唤——不但在中国，而且在俄罗斯、在东欧，在很多的走了另外一条道路的国家——似乎都是召唤终结的开始，而不是真正新的开始，像是延续一个19世纪的漫长道路一样，是旧的，不是新的。

过去几年，埃及的革命，突尼斯的革命，反专制，反独裁，反到最后的结果，是军事政权上台、宗教政权上台，这简直是一个彻底的颠倒。换句话说，用这样的方式来召唤新的改造的可能性，在一定意义上变得更加渺茫。我有一次与一位埃及的青年聊天，问他现在埃及的状况，他也是当初在广场上反对穆巴拉克（M. H. Mubarak）的学生运动的一员。可是他对我说，他们认可今天的军政权，远远超过认可穆斯林兄弟会，因为穆兄会代表着另外一个东西，用他质朴的话说，他们不是埃及人，换句话说民族和国家的认同，支撑他的内心，成为今天他认可这个政权的理由。这样一个新政权的出现，虽然有着一个选举的许诺，与当年从萨达特（Mohamed Anwar al-Sadat）到穆巴拉克有多大的差别？他们甚至都不能召唤出纳赛尔时代。20世纪五六十年代，纳赛尔时代是埃及青年的时代，就是那一代新青年创造的可能性，这些能量似乎现在不存在了，耗尽了。

刚才罗岗老师提到法国的皮凯蒂的《21世纪资本论》。皮凯蒂的书对战后资本主义做了很好的分析，也提供了一些建议，但新的前景并不清晰。刚才说的"拼爹资本主义"（世袭资本主义）的这个模式，就是使得这样的一个无望世界得以循环，还可以不断地循环，而且这个循环与过去不同。我们过去讲一个理论：按照资本主义的逻辑，经济的增长和衰退在一个尺度内起伏。但是在这个所谓"拼爹资本主义"条件下，增长与衰退没有多大的波动，因为那个结构性的循环仍然是在世袭资本主义的结构下。也就是说，到底怎么去探讨另外一种世界的可能，这个问题变成了一个非常严峻的问题，也就是在这个意义上，我个人觉得重新思考20世纪这个革命世纪是有意义的。

所谓重新思考20世纪这个革命世纪的意义，不是说今天要去武装斗争，是因为在那些变动的片刻，出现过一些契机，一些可能性，而且这些可能性很可能在今天被视为彻底失败的可能性，在我们今天的常识里面认为那是幼稚的，不可能的。回顾20世纪60年代，就会讲"文革"中发生了很多悲剧，今天讲要批判、反思、道歉，对于这些悲剧而言，都是非常必要的，但是在世界历史上，这个60年代为什么有一个可能性？

是因为60年代的运动，与19世纪以来已经确认的政治经济的那个基础性的结构，有一个决裂的态势。其中有失败，比如说工人的自我管理，青年的自我管理，这些东西作为政治实践是失败的，但是作为政治的理念却不能够简单地抛弃，因为这些实践带有某种解放性。否则的话，就得说世界永远得有哪些人统治才行，拼爹资本主义是永恒的，永远不能够触动它。如果我们接受那样的说法，才是彻底的失败，同时我们也拒绝了一切失败的过程中曾经有的理念，那就等同于我们承认这个世界就是永恒的，不存在变动，也就没有所谓的青年，也就没有所谓青春可言。

这是历史，但在今天遇到一个所谓的困境，我把它叫作"去政治化的政治"。就是在今天那个政治是被给定的权力关系，而不是每一个人从自己的主体内部产生出来的政治，这个政治越来越弱，好像展开不了，每一次很快就被打断，是这样一个过程。我们置身在这样一个所谓"去政治化"的时代中，我们才需要思考一个政治化时代的那些契机是如何迸发出来的。

我刚才讲到陈独秀和李大钊，提及他们的意义就在这儿，因为他们发现了一些契机，比如他们就不像《甲寅》等杂志那样去讨论政党政治、议会政治，而是重新寻找一个东西，让它变成一个新政治的开端，这是创造新政治。今天来说，我们需要的是重新政治化。我们需要把这个东西重新发掘出来，而不是服从于既定逻辑。

今天大家都知道，我们处在这样一个所谓经济危机的时代，但知道是经济危机的时代还不够，还要去看对于危机时代的反思方式。如果我们看媒体的话，每天都有人在谈现在的危机，但是每天谈的那个危机，基本上都是如何增值、如何刺激，到底是用这个方法，还是用那个方法来保持运行，这是我们每天看到的。但是这样谈论危机的方式显然缺少一个重新从政治的视野去思考危机的契机。艺术怎么去思考这个危机？我们看不到这样的思考，就没有创造力。如果这个思考是和我们每天在媒体上看到的思考是一样的，当然就是重复。

在这个意义上，我刚才说在1915、1916年第一次世界大战爆发后，很多人在思考战争、国家、权力这些问题的时候，有这么一群人，用他们的方式介入政治思考中去，看起来好像不是直接对于这个危机的回应，却奠定了20世纪新政治的基础，这个过程值得我们思考。20世纪怎么创造出新的可能性和政治，这个过程非常具有启发性。

我们的时代悖论：个人理念先行与社会改造滞后

鲁明军：刚才汪老师从资本的逻辑，通过梳理20世纪60年代与19世纪的关系，给我们提出了一个问题，就是说在今天这样一个经济危机的时代，或者说是一个普遍无力或绝望的时代，我们怎样寻找变动的契机，如何能寻找政治化的可能，那么我要想请问罗岗老师，如果回到今天的具体问题，我们该如何去寻找这个契机，回应这个危机，寻找新的政治？

罗岗：这属于"天问"，很难回答。但我可以接着汪老师的话往下谈。首先就是关于刚才讲到的"拼爹资本主义"或"世袭资本主义"，我们会发现这是一个非常矛盾的概念，因为资本主义原来的目的，就从法国大革命开始讲起吧，法国大革命赋予资产阶级的理想，就是打破封建的等级制度和世袭制度，无论是金钱面前人人平等，还是上帝面前人人平等。"平等"就是打破各种各样的身份制度和世袭制度，强调第三等级和第一等级的贵族、第二等级的教士可以平等地分享各种权利，并且保证通过个人的奋斗有可能获得成功。

18、19世纪资产阶级文学塑造的就是这种资产阶级个人主义的英雄形象，于连也好，拉斯蒂涅也罢，都是属于这一人物画廊中的典型形象，其中最有代表性的应该是歌德笔下的浮士德（Faust），所谓"浮士德精神"，就是不管一切，哪怕上天入地，出卖灵魂，也要通过个人的创造达到自己的目标，马克思称之为"创造性的毁灭"或"毁灭性的创造"。

由此不难看出，资本主义本身是挑战和反抗世袭制度的。但从什么时候开始，这种挑战性的资本主义自我转化为一种"世袭资本主义"了呢？历史地看，资本主义曾经提供过某种正面的能量，但现在正在走向自己的反面。

回到20世纪80年代，高加林这样的形象，也曾被批判为"个人奋斗"和"个人主义"，实际上这种"个人主义"就像历史上的"资本主义"那样包含了一种能量，但涂自强的"自强"的悲剧与悲伤，标志着这种能量在今天已经完全耗尽。可问题在于，面对这样的状况，我们是否把握住能量耗尽的契机并希望从中找到一种新的可能性。刚才汪老师讲得特别好，就是我们回顾20世纪的历史经验，并不是要简单实用地照搬过来，而是要学习面临各种各样失败时，20世纪的中国人——包括20世纪的文学、思想和艺术——是怎么把握住失败中所包含的转化契机的？我也想用一个文学作品来讲讲这种把握契机的可能性，这部作品就是大家都很熟悉的鲁迅小说《伤逝》，这篇小说写的是五四青年的自由恋爱及其悲剧，其中女主角子君有一句话非常有名，鲁迅用了好几个形容词来描述她说话的态度，这句话就是："我是我自己的，他们谁也没有干涉我的权利。"[1]这句话可能表达了20世纪中国青年的最强音，代表了个

---

1 鲁迅：《伤逝》，见《鲁迅全集》第二卷，第115页。

人主义的英雄气概。子君和涓生确实也是因为这种英雄气概才结合在一起，但小说要继续追问的是，两个人组成家庭，幸福地生活在一起，之后怎么办呢？

鲁迅要揭示的悲剧就在这种看似已经获得"解放"和"幸福"的"之后"。因为子君和涓生马上面临一个问题，正如汪老师也提到的，《新青年》启蒙的方式，就是通过思想观念的转化确立个人奋斗的理念，有了这种个人的理念，人们就能从依附性的状态——譬如依附于家庭、家族等传统的共同体——中解放出来，这样才能大声地说出："我是我自己的，谁也没有干涉我的权利。"但问题在于，通过理念的"解放"能不能创造出一种现实的新秩序和新生活呢？《伤逝》所要描述的，就是"娜拉走后怎样"的状况：不是回来，就是堕落！也就是凭借理念的"解放"，子君和涓生可以结合在一起，却无法创造出一种新的生活。相反，我们看小说里的描写，无论是外在的社会环境，还是内在的家庭生活，都在不断地侵袭腐蚀那个"解放"的理念，让这个理念在现实生活面前碰壁。"子君之死"在隐喻的层面当然指的是"启蒙之死""解放之死"，甚至是"个人之死"。这才是《伤逝》所要表达的最大悲剧。由此看来，《伤逝》虽然副标题叫"涓生的手记"，但它揭示的并非"涓生的个人悲伤"，假如涓生处在资产阶级具有英雄气概的时代，他应该像浮士德那样，当浮士德发现他与甘泪卿（Gretchen）的爱情不被那个封闭的小城理解的时候，浮士德要求的并不仅仅是两人幸福地生活在一起，而是要彻底改变不能理解他们的爱情的环境，改变这个封闭保守的世界。

资本主义的英雄气概，不仅仅表现为个人意识的高扬，更重要的是要为个人意识创造出一个新世界。"浮士德精神"也有人把它翻译为"勘世精神"，也即彻底改造世界的精神。用马克思的话来说也许更加准确，那就是资本"按照自己的面貌来创造一个世界"：我要毁灭这个旧世界，然后再创造出一个符合我意愿的新世界。然而，这样一种英雄气概恰恰是涓生所缺乏的，也是五四青年所匮乏的，这就使得《新青年》的启蒙不得不面临失败的结局。而鲁迅的《伤逝》则通过一个爱情悲剧的描写相当准确深入地把握了这种失败的不可避免。

不过鲁迅并非简单就失败论失败，他反而在失败中看到一种新的转化契机。虽然当时鲁迅并不是马克思主义者，但他在《娜拉走后怎样》一文中指出娜拉走后不是回来就是堕落的同时，强调更重要的是改变社会环境。这种对社会改造的强调，对应的是五四新青年两个方面最有代表性的努力：一是理念层面的个人意识的解放，二是现实层面的各种乌托邦实践。但实际的情况是，无论个人意识的解放，还是各种的乌托邦实践——如新村运动、无政府主义运动、基督教青年会运动等等，都在残酷的现实面前碰壁了。

这时如鲁迅所指出的那样，从整体上改造社会的呼声就越来越强烈。这就是所谓"大革命思路"的到来。"大革命思路"就是不限于一点一滴的改革，而是希望整体上改变中国社会，这样才能给青年创造出一种新的可能性。

我们知道，鲁迅的思想也在"大革命思路"兴起的背景下逐渐产生变化，他翻译苏联作家法捷耶夫（Alexander Fadeyev）的小说《毁灭》（«Разгром»），在翻译这部小说的过程中，就小说中的一个关键译名，鲁迅与瞿秋白发生了争论，看上去是对一个词的理解，其实涉及相当深广的问题。《毁灭》写到游击队队长莱奋生在回想这支游击队的战斗历程时，特别强调了一个词，因为鲁迅是依据日文本翻译的，这个词在日文中，就叫"新的人间"，"人间"这个词在日文中可以有两个意思，一个意思是就是单数的人，依据这个意思，"新的人间"指的是现实中存在的"新人"；第二个意思指的是整体性的人类，如果这样理解，"新的人间"应该翻译为"新的人类"。鲁迅综合上述两层含义，考虑了很久，还是决定翻译为"新的人类"，意思是莱奋生想着自己带领的这支由乌合之众组成的游击队，希望未来会出现"新的人类"。但瞿秋白看俄文原版后，认为鲁迅的翻译在理解上有错误，应该译成"新的人"或者"新人"，指的不是未来才能出现的"新的人类"，而是从现实中涌现出来的"新人"。

从这个争论中，我们可以看到围绕着"新人"可以有不同的展开路径，其中涉及转化的契机。一种路径是，如果把"新的人间"理解为"新的人类"，那就是指向未来，需要创造出新的历史条件，才可能迎接"新人"的到来；另一条路径则是，"新人"并不要寄希望于遥远的未来，从艰苦的斗争中、从不断失败的过程中，是否有可能产生出来？催生现实的"新人"有赖于我们是否能够把握住转化的契机。法捷耶夫的小说写的是一支游击队的"毁灭"，所以鲁迅后来对自己的"误译"也有一个辩护，他说，想了半天还是没有想清楚，当莱奋生想到"新的人间"时，他究竟指在这支乌合之众的游击队里，能够产生出"新人"，还是指为之奋斗的共产主义事业实现后，才能创造出"新的人类"？这是两种不同的路径，看上去是一个翻译上的争论，但实际上代表了20世纪中国文学、艺术和思想最可宝贵的经验和传统，就是如何面对失败，怎样从失败中把握转化的契机。

然而今天我们是如何面对失败的呢？启蒙、自由、民主和个性解放等许多非常好的理念进入中国，并不是那么容易就成功了，甚至可能遭遇严重的失败。于是知识分子就生产一整套"失败的话语"来解释，譬如国民性有问题、传统有问题、中国人的素质也有问题……可以罗列出好多的理由，振振有词，真理在握，一旦发现出了什么事情，马上就可以搬过来用，却从来没有考虑过，如果失败了，是否能够从失败中把握住转化的契机？这种对20世纪中国宝贵遗产的遗忘，使得我们更需要汲取20世纪中国革命的经验，就像汪老师讲的，今天重提中国革命的经验，不是简单地回到武装斗争、土地革命，今天已经不可能简单地重复以往革命的形式了，但需要牢记中国革命之所以从失败走向成功的重要因素，就是在失败中把握住转化契机。面对失败，既不能悲观地认为大势已去，又不能乐观地想象遥远的未来，需要做的是勇敢地承认失败，面对失败，并且在失败的过程中发现新的可能以及转化的契机。

我记得汪老师在讲阿Q的生命瞬间时，特别注意到小说中如何写阿Q走投无路：因为向吴妈求爱，被赶出了原来他住的土谷祠，再加上肚子饿得不行，没有地方可去，只好往村庄的边缘走，小说表面上描写阿Q一路走过的田园风光，但这与他毫无关系，阿Q只是不断地往前走……鲁迅正是通过这样的描写，要表达出阿Q那种被剥夺到无可剥夺的状态所带来的绝望，正是在这种绝望中，阿Q转化为一个能动的主体，他不再是一个"哀其不幸、怒其不争"的对象，通过他生命中一瞬间的闪光，阿Q具备了某种新的"革命"的能量。我理解，这也是一种对转化契机的深刻把握。

可是，在今天我们或者比较容易悲观地谈论失败，或者不切实际、盲目乐观地展望未来。譬如西方左派说起资本主义的无孔不入，对大自然和文明传统的控制，对人的无意识和欲望的操纵，可以滔滔不绝。但他们这样谈，只能证明自己已经完全失败了，甚至连反抗资本主义的方式也被资本主义所规定。《21世纪资本论》针对日益严重的财富不平等现象，给出的解决方案是收取高额的财产税；《帝国：全球化的政治秩序》（Empire）面对全球资本主义，抵抗的方案是设计所谓"全球薪酬权",就是全球劳工要有共同的工资底线。

然而,这样的解决方案,看上去似乎非常实际,但仔细推敲却难以实现。如果只是在这样一个框架中讨论未来,不可能从失败中把握住转化的契机,把握住走向另一种可能性的瞬间。如果要把握住这样一种历史的瞬间,首先需要在思想、文化和艺术中意识到把握住这个瞬间的可能,然后我们才能去想象,甚至去实践另一种可能性,我觉得只能在这个意义上回答明军的问题,因为谁也没有办法给出一个完美的方案。

中国道路:重复西方模式,还是自我创新?

鲁明军:刚才两位老师已经讲得非常清楚,核心是怎样在失败中把握一种能动的契机,我在想,回到今天的最后一个问题,如果把时间拉到离我们最近的 2008 年前后——因为它几乎构成了一个新的历史节点,这一年前后,引发了很多有关青年的政治、文化的争论,包括"经济危机""中国崛起"等等,由此产生了各种不同的回应西方、回应全球化的声音,那么,我的问题是这些声音是否构成一种新的政治的方式?

汪晖:你的意思是说在这个危机条件下讨论中国崛起,是不是构成了一个历史节点?我觉得问题首先是怎么去分析中国崛起。什么叫"中国崛起"?大家都常用这个词,最主要是经济增长,造成了中国在全球政治和经济位置当中的重大的结构性变化,这个变化我们可以从两面来看。简单地否定这个成就是不对的。19 世纪以来,至少可以说,从现在的资本主义发生以来,全球的地缘政治和以西方为中心构造的等级结构，是相当稳固的，而且长时期持续。今天发生的这样一个变迁，不能够单纯地看成资本主义体系结构性转换的自然结构，如果没有20世纪整个中国历史的大变迁，是很难理解这一点的。

从这个意义上，我刚才说是回到20世纪重新去看这个过程，去理解它的一些后果，包括正面的后果和负面的后果，既不是一味地唱颂歌，又不是一味地冷嘲热讽乃至持彻底否定的态度。我们需要首先意识到这样的一个变化，至少是两个多世纪以来，对于全球、对于整个世界关系所创造的变化，具有一种新的可能性。

随着中国经济的崛起、腾飞，中国对于全世界的辐射力在增强，在这种条件下，中国的经济发展能不能够改变几百年来欧洲殖民者所创造的殖民主义的基本逻辑，有没有这个能力，有没有这个可能性？20世纪历史所提供的基本价值，还有没有可能通过经济的转化，也能够给世界的关系造成一个新的变化？在这一点上，我反对用虚无主义的态度来否定这个变化。

但另一方面我们当然也看得很清楚。现在这一轮的经济变迁，很大程度上采用了资本主义的基本方式，也带来了无数的问题，我们可以看到的问题是：第一是贫富分化，概括地说是贫富分化加重，城乡继续分化，区域分化有所缓解，但是仍然大规模存在；生态危机、民族矛盾、社会分离感的出现，从民族区域到周边区域，分离感产生出高度的不稳定、冲突，从民族冲突到国家间冲突，都是在这个经济的扩张过程中出现的。在这个意义上，这个崛起并没有给出一个新的模式，在这一点上不是真正的全新模式的崛起，一个全新模式的崛起也不太可能单独地发生在单一的社会内部，不可能是中国自己可以单独地生造出来。

也是从这个维度上，我们今天讨论的这个问题，有一定的意义。讨论青年问题，是说我们需要重新创造出可能性，这个可能性不是凭空的东西，它总是在这个世界里面。我一开头就说要讨论青年的问题，或者讨论青春的问题，首先要讨论我们对世界认识的问题，就是我们今天到底处在一个怎样的世界中。

从2008年开始围绕着中国崛起，在世界范围发生了巨大的争论，这不是在中国一个国家，是在世界范围发生了大的争论。很多人讲中国威胁论，实际上他们是说中国如果按照西方模式崛起，整个资本主义体系就要崩溃了。这在某种程度上有一定道理，因为如果这么大规模的经济体完全按照西方的这种逻辑崛起，那确实资本主义要崩溃。正因为如此，探讨这个新的可能性对于我们来说，对于中国社会来说，变成了一个非常现实的问题，一个需要在日常生活中去探求的问题。就此而言，我认为探讨中国的道路是有意义的，我不太喜欢用"中国模式"这个词，还是用"中国道路"这个概念，就是说在这个历史进程中，我们寻找一个新的所谓的"alternative"，肯定是具有普遍性的，不只是对中国有意义。

如果按照很多理论家的说法，中国崛起，资本主义就要崩溃，这世界就不能维持的话，那就意味着如果我们探讨出这样一条道路，就是一条真正普遍的道路，不仅仅是中国模式的问题。

罗岗：2008年的金融危机出现之后，当时有两种不同的讨论，一种讨论就是用一种传统的马克思主义的方法来分析，认为资本主义自身没有办法克服自己的危机，2008年的金融危机，依然是资本主义的一个周期性危机，所以我们才会知道《资本论》（*Das Kapital*）或者马克思在某种情况下，在西方复活了。但是实际上关于2008年危机，还有另一套论述，其实在西方也很强大：2008年的金融危机，与之前资本主义历次发生的危机不同，不是资本主义周期性的危机，其中一个很重要的因素，是因为在资本主义的体系之外有所谓的新型经济体的崛起，特别是中国的崛起导致了危机。带来的问题是认为我们这个世界，实际上就是按照西方主导性的方式来塑造的，在这样的情况下，我们怎么来理解中国或者说中国道路的探索，或者我们把它称之为的中国崛起，有各种各样的说法。

　　如果离开了对20世纪中国的整体理解的话，我们很难理解今天是怎么回事，或者说中国道路应该怎么样探索。刚才汪老师提到《新青年》，我就想到另外一份也是陈独秀办的杂志，在1918年，第一次世界大战结束不久，陈独秀和李大钊办了一份《每周评论》，陈独秀在这份《每周评论》的发刊词上写了几句特别重要的话，他有两个意思，第一个意思是说在国际，不允许各国用强权去强迫其他国家，第二个就是在每一个国家内部，不允许各国政府用强权去强迫老百姓。这可以说是第一次世界大战，或者说整个20世纪所奠定的新的原则，这两条原则的问题在于中国从1840年被西方强迫拉入整个世界图景中去之后，中国人是不是只有一条道路，用日本的发展模式来讲，就是我们要变成与西方一样。还是从那个时候开始，中国人就在想我们要走一条不同于西方的道路。陈独秀在这个新的原则中，包含了中国要改变由西方列强所主导的那个世界。一方面是西方列强所主导的世界格局，以及由这个世界格局所延伸下来的各个国家的格局。通常来说，它是追求一种更加民主的新的国际关系和国内之间的关系，我觉得我们今天的所谓的关于中国崛起的话语，必须回应类似于当年从晚清开始一直到五四，乃至整个20世纪的中国革命所提出来的对这样一种新的原则的追求。在这个意义上，才能够理解2008年的危机，以及危机挑战下各种各样的对于中国道路的表述，才能够找到一个真正的可以历史化的，或者说是政治化的方式，否则的话，我们只能化用原来20世纪70年代末的一句话，"要不就做歌德派，要不就做缺德派"，这样的两种态度，我觉得都是不足取的。

鲁明军：我想，刚才汪老师是在提示我们，可能重要的不是针对中国崛起要表明一种什么样的立场和态度，而是如何重新深刻地认识中国道路，中国道路不仅仅是中国内部的历史变动，而是整个世界的问题。

提　问

观众1：汪晖老师，刚才听您说，我们现在的状况与20世纪的状况差不多，但是我在想，20世纪很多情况下，可能青年都感觉到自己被需要，因为每个不同的社会阶段可能都需要青年站出来做一些事情，而且每个关键的时刻，它都有具体的事件，或者说有具体的诉求。可是现在我发现青年可能不仅是不被使用的，而且处在一个温水煮青蛙的状况中。因此，所谓失败，可能也是一种不明显的失败，整个社会都处在一种低迷的气氛中。这可能是我自己的看法，所以我想问一下汪晖老师，针对这种状况，我们青年到底可以做一些什么事情，不仅是为了改变自己，也能够改变这个社会一点点？

汪晖：我刚才其实是说20世纪与现在情况很不一样，但是正因为不一样反而需要思考20世纪。刚才我们说了很多，罗岗老师说到历史终结论，我讲暮鼓和晨钟。刚才也举了一个例子，我说劳动在20世纪的位置与今天的位置是非常不一样的，我们共同来讨论，我们不能开药方。20世纪的青年文化有一个特点，这个特点在整个20世纪历次青年运动当中是非常明显的，就是他们要创造一个新的政治，介入新政治的时候，所谓自觉的青年，都是通过背叛自己的阶级开始的，这是很重要的一个开端，一代又一代人，从所谓的封建大家庭，从地主资本家的家庭，从自己所隶属的那个精英知识分子群体当中背叛出来，投身到另外一个洪流里去，这是 20 世纪很重要的政治现象。这个背叛同时表示他对某一个东西的信念，就是说忠诚与背叛，可以说是一个问题的两面，在社会关系上，是通过背叛的过程来产生出新的东西。我之所以说 20 世纪青年文化中的这个背叛，其实是因为它有重要性，原因是每一次背叛都意味着摆脱自己既定的逻辑，如果你没有与给定的那个关系告别，就很难产生出新的政治。你刚才说被需求，这是被动的说法，其实他们一定程度上是主动的，因为那时有很多选择，也有很多人并没有走上这条道路，不过这个背叛的文化，的确是当时很重要的一个文化。

我最近在想一个当代的问题，我们都知道中国现在是个世界工厂，按照一般的统计数据，中国的农民工大概有 2.4 亿，说不定还更多一些，总而言之大概在 2.4 亿到 3 亿上下。这样一个大规模的工人阶级形成的历史，在过去的 20 世纪没有过，当然社会主义时期出现了很多新的产业工人。中国第一次改革的过程，下岗工人的规模，大概在 4000 多万。可是中国革命发生的时候，真正的产业工人非常少，一两百万，可是一个有意思的现象是——所谓青年，所谓青春的政治是与这个有关系的——在 20 世纪你会发现它是在以阶级结构来说非常少数的条件下，创造出了一种新的政治，这个政治不完全是由那些工人创造的，恰恰相反，是由这些青年，通过对自己所属社会的背叛，介入工人运动、农民运动进而产生出来的。今天的状况是相反的。今天将近 3 亿的新工人或者是农民工，但看不见一个完全新的政治在形成。一方面有比 20 世纪大得多的阶级的结构，却不存在那么强有力的政治。20 世纪前期的中国不但没有成熟的无产阶级，也没有成熟的资产阶级，但是出现了一个非常强有力的，不但改变了中国，而且对世界历史都产生了巨大冲击的社会主义政治。很难一般地讲我们今天比那时候更困难，重要的问题在于能量、动力和契机，各种各样的因素，而且到底找什么样的方式都是问题。因为我们前面反复说重复已经不可能了。我虽然不太赞成"告别革命"的说法，但是大体上还是同意在20世纪意义上的革命已经终结了的这个判断——虽然它以不同的形态还在我们的生活中出现。所谓终结的意思，是不能够靠简单的重复来完成。

第二层就是我刚才提到背叛这个问题。艺术这个领域，之所以没有那个能量，是因为服从了太多的既定逻辑。我记得前几年有几个年轻人写的一本书叫《蚁族：大学毕业生聚居村实录》，写年轻大学生毕业后的状态。我曾经给《中国图书评论》的一个专题讨论写过编者按，主题是"新穷人"。所谓"新穷人"基本上就是一些大学高等教育背景，然后被世袭资本主义压着又不能出头的白领，他的生活方式的想象是资本主义消费模式，与大众文化里流行的东西差不多，理念也差不多，但是实际的经济状况，其实与蓝领工人的上层也差不了多少。那时我与写作这本书的几个年轻人接触，因为他们都是大学毕业生也是研究生，他们研究"新穷人"，当然有自我投射在里面。我给他们写了个编者按，标题叫作"两种新穷人及其未来"。我为什么要写"两种新穷人"，就因为还有一个更广大的"新工人"。在讨论"新穷人"的时候，我看不到这些"新穷人"去关照"新工人"的世界，这两个世界不发生关系，这两个世界其实在同一个经济地位上。劳动在当代的世界中与过去不一样，过去有不劳动者，现在没什么不劳动者，老板好像比工人还忙，他要喝酒要应酬，累得不行身体也不好，他也在劳动，官员也在劳动，劳

为未来而辩论

动的普遍化，劳动创造价值的困难，是不是生产性的劳动，这些问题都出现了。在这个意义上，"两种新穷人"之间，就社会结构性地位而言，从过去财产权的角度来讲没有那么大差别。可是有意思的现象是，在20世纪通过背叛产生了政治文化，那个政治不是自己产生，而是通过这个互动产生的。而在今天我们很少看到这样一个关系，所以要讨论青年问题。我刚才说到《新青年》，最早做社会调查的陶孟和，也是最早用统计的方法来做社会调查的。就是从《新青年》开始讨论青春之后，他开始了另外一条道路，这个道路在今天基本上被收缩在大学的研究系统中，都是结构分析，然后都用来评职称，国家也会当成一部分成果进行管理，却不能从这些青年文化里产生出新内容，进而成为新政治的组成部分。我们说了那么多"后"，这也是反映我们想象力不够好，才会用"后"来描述。在这个意义上，我也不认为今天比那个时代的客观条件更坏了。的确，那个时代有一种方向感，因为对20世纪中国来说，19世纪的欧洲工人运动，全世界的社会主义运动，与中国社会内部的变迁之间的互动，的确提供了一个比较明晰的方向感，这是事实。

观众2：汪晖老师，您好！我记得鲁迅给别人回了一封信，好像在信里曾经说他很绝望，他说本来觉得伤害青年人、压榨青年人的都是那些老人，他觉得当那些老人死了以后可能就会好起来，但是他现在发现，破坏、压榨青年人的竟然是那些青年人。我感觉现在在公司里，其实也都存在这种情况，老板固然压榨员工，但是员工和员工之间，虽然都被压榨的地位上，但是他们之间很显然有竞争，在竞争之中可能也会有那种问题，我想问，您怎么看待这个问题？

另一个问题是，最近以色列轰炸巴勒斯坦，好像光是孩子就被炸死了70多人。今天我在微博上看到这条信息，然后点开了下面的评论，看到评论很多，但很多人发表了同样的意见，第一条就是说以色列炸得好。昨天，有一些在中国的巴勒斯坦人和阿富汗人，到以色列驻中国的大使馆门前去示威，然后打出了汉语的横幅，就是说解放巴勒斯坦，我觉得外国人之所以在中国做出这样的行为，显然不是因为 20 世纪八九十年代中国的历史，肯定是因为六七十年代的中国，给他们留下了这样的印象，而现在我们的青年反而说出了这样的话，我想问您怎么看待这个问题？

汪晖：鲁迅在 1927 年"四·一二"政变之后，他就说过去相信青年都是好的，现在发现青年也会杀人，有时候还更厉害，所以他说对进化论从此幻灭。这是他的一个说法，并不是年轻人都是好的，年轻人有可能更坏，这是事实，权力的结构再生产，是通过一代一代人完成的，所以并不是说在这个意义上进化是要不得的，完全没有这样的情况。李大钊说青春是创造一个不同于白首的那样一种过程，那如果青年堕落成为像鲁迅所说的"屠伯"——他说这些人是"屠伯"——他当然就不是青年。在这个意义上，他们当时所说的青年、青春，都是指一个过程，因为老人也可以变成青年，原因是一个老人有了活力有了理念，能够处在那样的青春状态下。历史上很多这样的人，包括鲁迅本人，他当时也被人称为老人，但同时也被称为灯塔。因为他的心是年轻的。所以，你提到的这个问题，也就是鲁迅当年对于进步和进化的幻觉的破灭，在今天来思考青年问题也是重要的，因为青年毫无疑问在持续分化。因为社会构造的原因，产生出完全不一样的人。但是我在前面所提出的，一个是像李大钊所说的青春，一个是像陈独秀说 1916 年那样，他号召人们与这些"旧的心思"要彻底决裂。"旧的心思"是古代史的一部分，这是他当时的叙述，所以他提出这个青年问题。我认为提出青年问题，实际上是提出新的政治的问题，不是一般意义的描述。

第二个问题，我觉得在今天实际上是很重要的问题。因为实际上据我所知更多的年轻人，没觉得阿拉伯人、巴勒斯坦人与我们有什么关系，因此也不能记起在新中国的历史中，巴勒斯坦解放事业曾经是我们中国自己事业的一部分，这是当年中国人的世界观、一个胸怀、一种理解。其他国家的解放事业是整个世界解放事业的一部分，有了这个意识，中国人就知道他要反对的是什么，而在今天许多人眼里都是利益，这才是反动。这种反动造成的是完全的无是非，彻底的市侩主义，更大的问题是麻木，完全没有感觉。这些事情每一天发生在世界的每一个角落，同样的事情也每一天发生在我们自己的社会。大家如果不提出这样的问题，中国人曾经具有的世界观对今天的意义确实没有了。而今天有意思的地方是，与我们成长的年代不同，我成长的时代媒体经常讲到巴以问题。当年阿拉法特被围困在难民营，贝鲁特战争的时候，整个的中国媒体是开动的，任何一个从第三世界和欧洲国家来访问中国的人，虽然都在指控中国的媒体不自由，但都意识到中国在这方面所展开的真实面，与笼罩西方世界的媒体形象是完全不同的，是更能接近那个真相的。这是我们的经验，这些东西我们在今天还是能看到一些痕迹的，客观上讲，就中国媒体围绕巴以问题的报道来说，还是相对较多的。在这点上，我们的社会中还有一些遗产，我认为就是这些遗产使得你能够问出这样的问题，如果这些都没了，连这样的问题也不会有了。

观众3：我想提两个学术性问题。一个是关于非政府组织的一些青年，两位老师有没有深入的研究？另一个是关于以色列、巴勒斯坦问题，我想问的是，据我所知，现在世界上唯一存在的公社就是在以色列，从20世纪三四十年代一直到现在还存活着，对此不知我们国内有没有研究？它对于当代中国的青年，有没有意义？

汪晖：你提到以色列的公社，以色列这个国家在建立的时候，经济上基本是社会主义体制，从经济的构造上来说，是一个带有很强的社会主义色彩的国家结构，所以其中保留了比较多的这些成分，今天仍然存在。我们今天批评以色列问题，是批评美以霸权之势，对另外一个民族如此无情地镇压，这不完全是以色列问题，我认为美国是一个很大的问题。当然以色列问题的早期，是一个欧洲问题，今天主要是一个美国问题，是美国在这个地区的全球性的霸权秩序的问题，这是一个。第二个是我们怎么去思考内和外的关系问题，一旦被纳入内部，似乎就可以公平，一旦被外在化就成为必须被打压的对象。国家内部的同质化程度太高，而且宗教体系的内部同质化过高，势必就带来排斥性，这个排斥性当然不是天然的，它本身是在一个权力构造下产生出来的。我不是巴以问题专家，这里的议论不完全是就巴以问题展开的。在中国的社会变迁中，我们对于巴勒斯坦问题的漠视，表现出冷淡和缺乏敏感，是我所谓去政治化的一部分。我们越来越对霸权构造本身没有感觉，换句话说是美国所带来的霸权秩序，逐渐内化成我们判断世界的标准，才会出现那些跟帖。那个标准也不是源自独立判断，陈独秀的六大主义第一条是要"自主的而非奴隶的"[1]，到现在还有警醒的作用，因为我们常常看似明白，其实不过是遵循内在化的结构，而不是自主性的判断。

前面也说到过一个问题。讲到中国道路，中国道路其实并不仅仅是我们要解决的问题，全世界都在看。刚才罗岗老师提到，最近金砖五国（按：现为"金砖国家"）的这些协议，事实上非洲人在看。中国在非洲已经是第一大投资国，中国这条道路能不能够真正

1　陈独秀：《敬告青年》，载《青年杂志》第一卷第一号，1915 年 9 月 15 日，第 2 页。

让这些国家成为普遍受惠的世界，改变他们几百年来资本主义构造下的悲惨地位，这是中国道路以后能否唤起人们真心认同的核心问题。在今天青年不关心这样的问题，不关心巴勒斯坦的问题，不关心非洲问题，不关心今天中国的少数民族问题，不关心中国周边的问题，这样的青年世界，就等于是老年的世界。这是青年问题的核心，青年的政治能不能够产生的非常重要的一步。你刚才说的那些跟帖，我完全能想象得到，现在因为利益关系在那儿，很明显，很多人都是这么去说。当然以色列问题非常复杂，不那么简单。但是巴勒斯坦的问题，在今天世界历史中所具有的位置，所揭示出的整个世界史问题，都是我们需要重新思考的，这是我们过去比较清楚，而今天变得完全模糊的一个问题。

观众4：我在清华，接触到很多清华的学生。我觉得相比上一代的学生，他们没有太多的盲目性，更多的是理性。对于民主、自由没有盲目崇拜，而是在进行深刻地探讨。对我来说，虽然觉得民主、自由有其合理性，但又觉得自己没有归属感，反而更加迷茫，感觉自己像一个骑墙派。

汪晖：关于你提出的这个问题，比如说在清华了解到的状况，我觉得确实在今天有一点好的方面，就是祛魅的部分。相对而言，幻觉不那么多。而且清华大学里面也有一些学生组织，当然有组织的和没组织的都有这个探讨。所以其中存在着希望。不过我的确也看得见，因为生存压力的问题，工作问题，到了那个阶段似乎这些问题就开始要退到一边去，这也是相当普遍的、可以理解的现象，要坚持挺不容易，这个不是个人问题，这些问题每个时代都有。比较20世纪，一方面我们说它不可以重复，另一方面我们所以觉得它有一点亲切，是那个时代总是存在着各式各样不同意义上的青年运动，这些运动的发展，好像能够激活青年的政治，也并不是说他们就不迷茫了，但是动能似乎要高一些，其中当然也有盲目性。

所谓的左中右问题，我是这么看，现在的争论很多，但是坦白地说，我觉得深入的讨论不多。自媒体的发展尤其是微博时代、微信时代的到来，表态的比较多，深入分析的能力并不够，总体状况是这样。我自己做过十多年《读书》编辑，那时想要做深入已经很困难，不过与现在比较，那些讨论的程度还是相对深的。现在是信息很多，深入讨论很少，这就导致一个问题，很多年轻人经常被这些"左右"的名号给唬住了。先要认这个派那个派，这些派有一定的意义，社会的分化就是会有这些名号。但如果一开头就是从名号开始，而不是从实际问题的研究开始的话，这是很危险的，因为很容易变成一会儿跳到这儿，一会儿跳到那儿，真正的问题反而不能浮现。在今天这个媒体的世界中，不用名号，就不知道怎么写文章、不知道怎么发文章、不知道定位这个人是谁，在这样一个状况下，这也是我认为艺术创造当中同质化的一个根源，就是一定要用这些名号，它使得问题性极大弱化了。这也牵扯到我们重新去理解20世纪政治史的问题，就是工人阶级很弱小，资产阶级也很弱小，但出现了以阶级为中心的政治，有巨大推动力的政治，这个政治的一部分是与当时的理论探讨、理论斗争有关系的。在今天，刚才所以说到"两种新穷人"之间缺少互动，不仅仅是说我要到你中去，其实连理论性的互动也很少。困惑是自然的状况，我们都会有困惑，每个人并不因为年轻就困惑，老了就不困惑了，但是我觉得当能够创造出这样的一些联系的时候，问题可能就会有所改变。

鲁明军：非常感谢汪晖老师和罗岗老师！最后讲一点自己的感想，我想重申两个词，就是汪晖老师和罗岗提到的，一个是"尊严"，一个是"背叛"。可能在今天整个劳动体系中，最容易获得尊严的通道之一就是艺术。但是，今天的困难在于，当我们通过艺术获得一种尊严之后，评价这个尊严的标准，似乎又回到了最初的那个逻辑，就是资本的逻辑，比如说我们判断艺术的成功与否的标准还是作品的拍卖价格，在这个意义上我想说，汪晖老师所谓的背叛，可能不是简单的背叛资本，更重要的是去背叛这套既定的逻辑。与此同时，他又提出了怎样回应当今中国和世界的问题，在此基础上，我们只有回到具体的层面，才有可能创造一种新的政治和文化。

06 民族形式与革命的"文明"论

——对话贺桂梅、毛尖

2020 年 12 月 27 日 14：30—17：30，北京中间美术馆邀请汪晖教授、北京大学中文系贺桂梅教授、华东师范大学国际汉语文化学院毛尖教授以"民族形式与革命的'文明'论"为题进行对话。本文根据对话实录整理而成，首刊于《文艺理论与批评》2021 年第 2 期。

三个关键词与第二波民族形式

毛尖：大家下午好！谢谢中间美术馆的邀请，也感谢各位来参加汪晖老师、贺桂梅老师的对谈。今天的主题是"民族形式与革命的'文明'论"，我们会围绕贺桂梅老师的新书《书写"中国气派"：当代文学与民族形式建构》所涉及的一些核心论题展开讨论。按议程，先请两位老师各做一个引言。

贺桂梅：特别荣幸能够邀请到汪晖老师来一起讨论。我的这本书在 2009 年进行课题设想时，汪老师的文章《地方形式、方言土语与抗日战争时期"民族形式"的论争》给了我很大启发。在写作过程中，他的许多论著和观点也是我的重要资源，包括他对于"去政治化的政治"、政党和国家的关系等问题的讨论，以及他所提示的、我进一步展开探索的"马克思主义的整体观"问题。汪老师今年出版的新书《世纪的诞生：中国革命与政治的逻辑》处理的是20世纪上半叶的问题，我的新书处理的是20世纪中叶，即20世纪40至70年代的问题，我想我的一些想法可以和汪老师的想法发生碰撞，今天汪老师的讨论也一定可以进一步打开我的视野。我也特别感谢毛尖老师专程从上海赶来参加讨论。表面上看她的写作风格和我不太一样，但是我们经常一起讨论问题，比如关于文学的本质性内涵，比如文学、电影、电视剧与社会如何发生更深刻的互动关系等。对于40至70年代的革命文艺我们也都有一种亲近感。

　　我先做一个简单的引言，算是今天对谈题目的"题解"。我的新书以20世纪40至70年代的中国当代文学为研究对象，但在写作过程中，我希望能够既立足于文学又跳出文学，关注更为根本性的思想和理论命题。"民族形式与革命的'文明'论"正是为思考如何在更高、更开阔的视野中讨论40至70年代当代文学所设想的一个话题，也体现了我在写作时力图打开的视野。

　　在讨论40至70年代中国与中国当代文学时，有三个绕不开的关键词。第一个是"革命"。可以说，整个20世纪都是"革命的世纪"。与此前的王朝国家相比，20世纪中国发生了剧烈的变迁。40至70年代一般称为当代中国的"前30年"，在海外中国研究中称为"毛泽东时代"。这个"革命的年代"是社会主义革命的核心时段。如果我们从宽泛的意义上来看这一时期，它包含了三个层面的革命。首先是社会层面上的革命。中国社会结构（包括东部沿海与西部内陆地区、城市与乡村、中国社会的上层和下层等）在这一时期发生了剧烈重组。用美国历史学家王国斌（R. Bin Wong）的话来说，20世纪中国面临着"结构性的鸿沟"——卷入现代资本主义世界体系的东南沿海沿江都市社会，和仍旧滞留在传统帝国生存状态的内陆乡村二者之间的分裂；而这一"结构性的鸿沟"的弥合发生在40至70年代。其次，就政治革命的层面而言，这个时段进行的是社会主义革命，它要尝试一种新的革命形态——"人民当家做主"。最后，从文化革命的意义上来说，这30年诞生了一种新的文艺，即"工农兵文艺"或称"人民文艺"。这30年，实际上是20世纪作为"革命的世纪"之革命性表现得最为集中、剧烈的时期。

第二个关键词是"民族形式"。为什么这本书要从"民族形式"问题入手展开讨论？"民族形式"这一概念是20世纪30年代后期提出的。1938年，毛泽东在中共六届六中全会上发表报告《论新阶段》，提出了马克思主义中国化的新思路，并规划了中国革命此后发展的总体方略。随后，文艺界展开了关于民族形式的大论争。所谓"中国化"，是试图将一些马克思主义的普遍性内涵"化"入中国之中；而文艺界关于民族形式的讨论和实践实际上溢出了"中国化"的范围，更深地触及何谓"中国"、何谓"中国性"等问题。所以，我所谈的"民族形式"，实际上是"中国形式"；新书中的讨论也不仅仅局限于抗日战争时期，而是涉及40至70年代建设作为社会主义国家的新中国的一些根本的问题。我在书中将民族形式论争视为当代文学乃至当代中国发生的源头。我的一个基本判断是，民族形式问题的提出，同时意味着中国共产党的国家诉求的提出，它引入了一种民族国家的视野，并提出新民主主义中国应该是"历史的中国的一个发展"。这是一个根本性的变化。正因为提出了这一诉求，在国际共产主义运动脉络上的中国共产党革命、一般意义上的左翼政党实践及其文艺实践就必须要和中国的历史传统、基层社会、内陆区域发生非常直接的关系，左翼政党、新中国、国家政权建设、民族形式之间也由此形成了密切的关联。背后的问题是：政党和国家的关系如何处理？文艺与国家的关系如何处理？人民的概念如何生成？

落实到文艺实践上，20世纪中国文学在40至70年代发生了根本性的调整：一方面，五四新文学被重新评价；另一方面，一些新的因素也被纳入文学实践之中，包括民间形式、地方形式、旧形式和方言土语。民间形式，指的是与正统相对的、非主流的、在中国基层社会仍然活着的、还在生活中被运用并发挥作用的传统文化因素；这涉及正统、中心与边缘的关系问题，即活的传统文化因素如何转换到社会主义中国的文艺实践之中。旧形式，指的是在古典中国就已经获得了全国普遍性的文艺形式，这涉及的是新旧关系的问题，即一个历史悠久的王朝国家或帝国所形成的文艺传统，如何转化进一个现代国家或社会主义国家的文艺之中。地方形式，指的是与中央相对的、国家政权主体内部的一些地方性文艺形式。这涉及中央和地方的关系问题——现代国家如何克服分裂，构造新的共同体。这其中还涉及中国化的问题，比如苏联的社会主义现实主义理论如何转换为中国文学的实践。当这些问题进入40至70年代中国当代文学实践时，作为"文明体"的中国和中国革命之间的关系，就成了必须讨论的问题。

这就涉及第三个关键词"文明"，这也是我试图打开的一个概念。"文明"是一个大于国家、小于世界的社会体、政治体的概念。"文明"论是21世纪中国提出的新的讨论框架。近年来，古典学的兴起、关于"文明冲突""文化自觉""中国经验""中国道路"的讨论等等，都在构想一种以"文明"为基本单位的、新的世界格局和中国想象。在"文明"论视野讨论21世纪中国，对"文明"的界定和理解方式有两个基本特点：一是强调中国文明的长时段性，一个"文明体"经由几千年生成、延续至今，其中包含着某些稳定的、可以在当代性视野中重新讨论的内涵，所以当我们从"文明史"的视野来看中国问题时，就应打破古和今、传统和现代的二元对立框架；二是强调文明体的跨区域性，用汪老师的说法就是"跨体系社会"——它与一定的地理空间相适应，但是其内部也包含了多种差异性，以这样的视野来看空间关系，至少可以打破国家与世界的简单二元对立。

汪老师在《世纪的诞生》中提出了一个特别具有启发性的判断，他指出每一次世界大战后都会出现"文明"论。他集中分析了第一次世界大战结束后中国知识分子在东西文明冲突的视野中对中国问题的讨论。我注意到，在第二次世界大战后，欧美史学界开始真正提出"文明史"和"全球史"的概念，那是"第三世界"进入世界史的尝试。在这样一个脉络中来看，21世纪的"文明冲突""文化自觉"的相关讨论，实际上是一种在冷战结束后重新以"文明"为单位来讨论中国和世界问题的方式。但我觉得，21世纪中国知识界在用"文明"来看待中国历史和中国传统时，整体上呈现出了一种"去政治化"的特点，即将"文明"视为某种本质性的、静止的东西。《书写"中国气派"》将讨论的范围放在40至70年代这一时段，其实是要讨论在社会主义革命的当代性视野中，如何调用、重构中国文明史的传统和经验，将其中的地方因素、传统因素、民间因素重新组织、纳入中国社会主义革命的目标与实践之中；此时，"革命""文明"的含义都发生了变化，这是一个将"文明""政治化"的过程。所以，我所讨论的"革命的'文明'论"，重心是在"革命"，讨论的是"革命"如何在"文明史"的视野中展开、如何使"文明""政治化"等问题。

我对于社会主义革命、民族形式、"文明"论的讨论，落脚点与分析对象都是"文学"，可以说这是一本文学史研究著作。但是，我的诉求在于既能够深化文学的问题、又能够超出文学，在更高更开阔的视野中触及更为根本性的思想和理论命题。全书的六个章节探讨六个经典作家及其作品："村庄里的中国：赵树理与《三里湾》"处理的是民间形式如何转化为社会主义中国的民族形式的问题；"民族形式与地方叙事的辩证法：梁斌与《红旗谱》"讨论的是地方资源、地方形式如何参与到民族形式的建构之中；"民族形式的风格化书写：周立波与《山乡巨变》"探讨的是现代作家如何纳入民族形式来构建其个人风格；"社会主义现实主义的中国化实践：柳青与《创业史》"讨论的是中国化问题，即作家在实践中如何将中国的在地经验纳入苏联式的社会主义现实主义创作方法之中、并进行创新，"革命通俗小说与旧形式的当代转换""毛泽东诗词与当代文学的古今之辨"二章讨论民族形式如何在当代性的视野中、在新旧或古今的辩证关系中调用旧形式。

　　我试图以这些讨论提出在中国这一"文明体"上所展开的六种民族形式的构造、六种文学的形态、六种实践主体——它们展现出了充分的独特性与丰富性，由此能够将我们所熟悉的西方式现代文学相对化。整个20世纪，我们对于文学（literature）的主流理解趋于固定、狭隘，文学成了一种强调个人与审美的、从个人内面去透视外面社会的一种文艺实践，越来越缺少参与社会实践的能力。可是，文学的意涵曾经很宽阔：古典中国时期所说的"文"，其意涵要远大于今天所说的"纯文学"；在40至70年代中国，文学在马克思主义实践视野下与政治、经济、社会在整体性的关系中发生互动，它不仅解释世界，更是改造世界的行为、是社会实践的一种方式。我在书中的讨论，就是试图将40至70年代这一时期文学的活力重新阐释出来，以期从民族形式这个角度重新"打开文学的视野"。

毛尖：谢谢桂梅的引言，将"文明"论充分"政治化"，将现代文学与当代文学对象化，令人印象深刻。前面桂梅提到，《书写"中国气派"》的许多概念与思路都受到了汪晖老师相关研究的影响，接下来请汪老师谈谈对《书写"中国气派"》的整体印象。

汪晖：首先我很高兴看到这部著作的出版，祝贺桂梅。刚刚桂梅提到的很重要的一点是，在 20 世纪，文学的作用是非常特殊的，它的实际的社会影响超过了其他很多知识领域。五四新文化运动最重要的成果是白话文运动，而白话文运动非常重要的一个成就是现代中国文学的诞生；也就是说，现代中国的自我表达，是以白话、文学为形式开始的。这里的"形式"并不是"形式主义"意义上的"形式"。在这一时期，语言、文学、艺术是人们创造新的自我、进行自我表达的最重要的形式之一，它们为新的自我及其表达的出现提供了可能性；如果离开形式，自我几乎就无法出现。在这个意义上，五四新文化运动、或者说从晚清开始的整个文化运动，它们意味着现代中国开始尝试进行新的自我表达，其所创造出的也是一种现代的民族形式，可以说这是第一波民族形式创造的新浪潮。所以，我们要理解现代中国的民族形式，事实上首先需要从这些早期的文化运动开始。

总体而言，这一波新浪潮，主要是以都市、沿海地区为中心，采用的是激进的反传统姿态，以同过去、同旧形式断裂这样一种方式来展开其现代性的自我表达。但是，这其中的断裂，其实从来都不是真正的断裂。刚才桂梅提到，如果一个民族被视为是一个"文明体"乃至革命的"文明体"的话，这也就意味着它必须是持续变化、不断自我创造、不断再形成的；也就是说，尽管它有自己的内

　　　　　　　　　　　　为未来而辩论

核，但是这个内核必须是不断生成的，其中包含了各种各样的要素，不能被简单还原为单一要素，如此它才能够拥有不断扩大、包容、生生不息的力量。第一波自我表达，其实也坐落在这一范畴之内。比如，鲁迅常被视作"现代中国文化的巨人"，毛泽东将他称作"现代中国的第一等圣人"。鲁迅似乎是反孔的，代表了一种现代中国的自我表达，这个自我表达是以与传统断裂为形式展开的，但事实上又建立在这个变动的文明历史的内部。另外，第一波的形式固然受到了西方的巨大影响，但是在这一时期，即便是受到西方影响的作家也必须要思考如何去面对自己的城市或乡村社会，寻找西方与自己社会的对话关系。比如，鲁迅自述其创作的开始"所仰仗的全在先前看过的百来篇外国作品和一点医学上的知识"，可是我们谁也不会说鲁迅的小说是西方的。鲁迅代表的确实是一种独特的、具有现代内涵的中华民族的思想和艺术表达。这也让我想起唐弢先生发表于1982年的论文《西方影响与民族风格——中国现代文学发展的一个轮廓》，这篇文章也是着眼于文学和文学样式来讨论文学逐渐丰富化、复杂化、确立自我、自我成熟的过程。[1]

　　另一方面，抗日战争的全面爆发使得20世纪30年代后期以及20世纪40年代成为一个独特的历史时期。从文化史的角度来看，由于抗日战争全面爆发，中国文化的重心从沿海地区、中心都市大规模地向后方和乡村撤离，这是一次流动性的逆转或者说逆向的运动。文学和文学的创作者，其所面对的读者、社会环境由此都发生了根本性的变化。此时的读者，不再是依托于现代都市中的文化机构、依赖着阅读书写和印刷文化所产生的阅读群众，而是大规模的

1　参见唐弢：《西方影响与民族风格——中国现代文学发展的一个轮廓》，载《文艺研究》1982年第6期，第9—22页。

不识字的、或识字但对西方的各种经验形式存在相当隔膜的阅读群众。但是，在这些读者的生活世界中，也存在着各种各样的地方形式、民间形式和他们自己的民族文化形式。前面提到，现代中国的自我表达在一开始就是一种立足沿海都市、依托印刷文化与各种现代技术而展开的表达，它是追求现代、追求新颖的；桂梅所提到的这些民间形式、地方形式、少数民族的形式、传统古典的旧形式等，这些形式如何被纳入现代中国的自我表达中，或者说如何处理这些形式与现代中国自我表达的关系，这些问题是第一波浪潮所没有处理完的。当然，在第一波浪潮中，也有极少数的、有意识地调用这些形式的创作——比如五四时期就已经有一些利用方言创作出的新诗，也有一些小说试图调用方言形式。但是如何大规模地使用这些形式进行现代中国的自我表达，在 20 世纪 30 年代末、20 世纪 40 年代成了一个新的问题。

而在战争语境中，这一问题还关乎战争时期的民族动员诉求。因此，战争时期的民族形式，就不仅仅是五四新文化运动中的那个寻求现代中国人的自我表达的形式，而是在民族动员的框架下形成社会交流的一种新的形式。在这个意义上也就能够理解，为什么我们一般不会用"民族形式"去描述五四新文化运动时期所形成的那种表现为现代文学或新文学的现代中国的自我表达的形式，尽管其构成了第一波现代民族形式创造的浪潮；同样也就能够理解，为何民间形式、地方形式、旧形式、方言土语的问题，会成为民族形式论争的核心环节。在桂梅新书的六个章节中，除了革命通俗小说，其他作家作品的重心其实都是在乡村，都是以"乡土中国"为主要背景，这也构成了桂梅提出文明、文化、民族形式等问题的重要契机。这是我想谈的第二点。

第三个方面与革命有关。在 1939 至 1942 年的这场大讨论中，

　　　　　　　　　　　　　　　　　　为未来而辩论

一个逐渐形成的基本共识是：民族形式是不同于所有的民间形式、地方形式等的一种全新的创制。这也是整个民族形式讨论的真正核心。在论争中坚持五四立场的如胡风、冯雪峰，他们所意识到的正是这一形式之"新"；而另外一部分人，他们本来已在"新"的内部，所以他们强调"新"必须植根于"旧"，由此重新使得"新"的内涵发生重要的转换。或许可以说，作为一种现代创制的民族形式，其最重要的特点就是：它不是一般地征用过去已经存在的东西，恰恰相反，它是要将这些东西组织成为所谓的民族形式；换句话说，民族形式不是旧的形式，而是一个真正的新形式。在这个意义上，民族形式的问题，并不简单是一个复古或回到旧形式的问题，它考虑的是如何征用旧形式进而创造出新的民族的自我表达形式。可以用"政治化"的概念来对此加以阐释。民族形式的出现，使得作为新的政治主体的大众获得了表达形式。此时，这个新型的文学表达形式的出现本身就意味着一个新的政治主体的历史形成。比如，不论是赵树理，还是周立波或梁斌，这些作家所描写的都是普通农民。"农民"在今天是一个耳熟能详的概念，但这个概念其实具有双重性：一方面，它是社会分工的概念，"农"指的是务农的方式，"农民"被看作社会分工的一部分；另一方面，它又是一个现代主体的概念，"民"指涉着政治主体，"农民"也被视为人民大众这个新政治主体的最核心的、有组织的一种形态。"农民"这一形态，其最核心、最重要的表达形式，就是文学和艺术的表达。所以，如果我理解得没错的话，在桂梅的讨论中，民族形式的生成过程，其实也就是一个革命的、政治的过程；这里所说的政治的过程，并不指向一般人们所说的权力政治，而是指创造出不断生成中的主体形式和自我表达形式的过程。

毛尖：谢谢汪老师。"第一波民族形式创造"的提法，以及对

"民族形式""文学""农民"这些概念的阐释，都特别有洞见。我也非常简短地谈一下自己读《书写"中国气派"》的感想。读这本书，感觉像读了一部新的中国当代文学史。此书以非常显豁的路径引入文明史的视野，呈现出的"中国"更加磅礴，呈现出的"当代文学"也更有吞吐量。

　　"中国"是这本书的关键词。其实在 2008 年的《重读"20 世纪中国文学"》中，桂梅就提出"今天，我们如何理解'二十世纪''中国'和'文学'"的问题，学界在思考当代文学和文学的当代性时往往会将"当代""中国""文学"视为某种不证自明的概念，而桂梅认为，如果不将"中国"问题化，就会失去思考文学生产总体性机制的起点。20 世纪 40 年代以来的当代文学虽然经历了各种转折，却依然保持着当代文学的连续性，这一连续性正是由当代中国的认同机制来保证的。如此，桂梅提出了非常不同的历史分期方式，建构了一部以民族形式为落点的新的文学史。书中将 20 世纪 40 至 70 年代的主导变迁划分为四个阶段。第一，"民族化"时期，截止在 1949 年 7 月第一次中华全国文学艺术工作者代表大会的召开，而不是 10 月中华人民共和国成立；第二，"苏联化"时期，在这个时期"民族性书写的内容具有了新的表现形式"；第三，"中国化"时期，从 20 世纪 50 年代中后期到"文革"发生前，包括中苏分裂、"中国道路"的探寻等；第四，"世界化"时期，即"文革"时期，这一时期文艺实践的主导形态表现为一种"以去地域化、去民族化的方式寻求将中国经验转化为普遍的'世界革命'资源的激进方式"[1]，与当代中国在世界体系中寻求主体位置的诉求

1　参见贺桂梅：《书写"中国气派"：当代文学与民族形式建构》，北京：北京大学出版社，2020 年，第 50—59 页。——整理者注，本文下同

密切相关。

不同的分期方式，意味着不同的打开当代文学的方式，意味着对历史和文艺特性的不同理解。比如"苏联化"时期的讨论，留给"中国当代文学"的世界意识就与 20 世纪 80 年代"寻根文学"时期的世界文学诉求非常不同。桂梅在这个时期打开的世界视野接通了"文革"时期的"世界化"理念，也直接再建了当代的世界文学框架。这些年，汪晖老师也一直在深入讨论十月革命、苏联和列宁等议题，最近也写了《潜流——从蔡国强的"十月计划"说起》，重新将作为"潜流"的苏联影响拉回到我们的桌面。通过他们的这些论述，当代的诸多形式才得以贯通、全球史的视野也才更加完整。

另外可以提一下的是，此书隶属北大的"文学史研究丛书"。粗糙地说，这套书系有文学史新论（比如《二十世纪中国文学三人谈·漫说文化》）和专题新论（比如《上海摩登：一种新都市文化在中国（1930—1945）》[*Shanghai Modern: The Flowering of a New Urban Culture in China, 1930-1945*]）两个系列，桂梅的新书可以说融汇了两个方向的成果。比如解读《三里湾》时，聚焦作为小说主人公的村庄，提出了"'村庄''中国''社会主义'具有各自的独特性，又可以相互包容，由此形成一种'传统''现代'与'当代'相互激活且共存的乡土中国社会想象"[1]，同时，桂梅又出入文本，重绘这部以村庄为主人公的小说中，"极为现代"的时间与空间维度，呈现了作为历史新事物的社会主义如何出现并改变了乡村的基本格局。由此，村庄成为融合社会主义改造与传统的新型主人公。这种全新的文学形态描绘与分析极具潜力，将重构文学史的图

1　贺桂梅：《书写"中国气派"：当代文学与民族形式建构》，第 137 页。

景，催生一种全新的文学想象和研究范式。那么，能否请桂梅谈谈，《书写"中国气派"》是不是包含了一种重构世界文学视野、重写中国当代文学史的抱负？

贺桂梅：探索一种研究和书写中国当代文学史的新范式，确实是我的一种内在动力和自我期许。在我们既有的学科体制中，当代文学经常被视为现代文学的尾巴，当代文学研究也常常被认为缺乏现代文学研究那样的学术规范与学术深度。而20世纪40至70年代展开的当代文学实践过程，其诉求却是形成一种超越现代文学的新的文学。但是，到20世纪70至80年代之交当代文学开始作为一个独立的学科方向提出和建立的时期，也正是社会主义革命遇到难题和当代文学的合法性遭遇危机的时期，所以当代文学作为一个学科方向设立的时期也正是其进行自我否定的时期。这是造成当代文学研究和文学史叙述所有问题的根源所在。

写作当代文学史有很多方式，但其中也存在不少问题。20世纪50至70年代的当代文学研究形成了一种革命史的研究范式，主要是用狭义上的政治史去统摄文学史，没有充分尊重文学的自律性。到了80年代的"重写文学史"思潮，有两个不言自明的设定：第一，所谓"重写"的对象实际上是前三十年的革命史叙述范式，在这种视野中，"前三十年"实际上是没有文学的；第二，强调纯文学性，由此往往形成文学与政治的二元对立。90年代之后，还出现了"再解读"的思路，研究者尝试用西方20世纪60年代以来的批判理论（包括女性主义、后殖民主义、结构主义、精神分析等）对40至70年代的"红色经典"进行"再解读"。他们将这些"红色经典"变为了具有文化价值的研究对象，但这些西方当代理论其实和这些"红色经典"所处的中国语境之间存在着很大的隔膜。与这三种不同时期的主流范式不同，我试图去探索如何才能够真正深入当代文学内在的历史视野、理论逻辑之中，去将当代文学自身的价值和意义表达出来，或者说理论化。这其中的一个根本问题是，当代中国"前三十年"的历史经验、文学经验是否仍有价值。而事实上，有没有价值，与其说取决于历史本身，毋宁说取决于我们作为后来的研究者的视野和能力。我希望从"中国"这一侧面，去打开当代文学的内在视野，并在21世纪的立场上将其真正理论化。

毛尖提到的"世界文学视野"确实是我在讨论文学问题时考虑的一个面向。我希望能够将中国（特别是20世纪40至70年代的中国）的问题，放到一种全球史视野中来加以描述。因为中国从来都不是封闭自足的，而常常是在全球体系的结构关系中反身定位其自身的。刚才汪老师有一个很有意思的描述：文学作为现代中国的自我表达形式，它的第一波与第二波浪潮之间存在着不同。其实这个不同，实际上取决于中国在地缘政治关系、全球格局之中的位置变化，及其自身所面对的社会的、政治的问题的变化。比如，在20世纪50年代前期，冷战格局使得作为第三世界国家的中国必须做出某种选择，而当时苏联的社会主义实践非常成熟；所以无论是文学、政治还是社会体制、经济发展模式，中国都只能学习苏联、进行"苏联化"；可以说，那一时期中国眼中的"世界"其实主要是苏联。

这种全球史视野实际上必然带来的另一方面问题，是如何理解"中国性"。我可能更加强调要在一个长时段的视野中来看中国问题，这也就是我前面提到过的"文明史"的视野。我认为我们需要将当代中国的文学问题，放在古典中国延续下来的传统中来展开。比如很多人都不喜欢赵树理的《三里湾》，是因为我们已经习惯了那种从"内在的人"的透视视点展开的纯文学，已经习惯于个人主义的人物对抗其所处环境这样一种叙述模式。《三里湾》中没有一个固定的人物作为主人公，小说的主体就是村庄。可是在长时段的中国文明视野中，这种叙述方式其实一点也不特殊，它与宋代以后戏剧兴起、小说逐渐获得主流位置这一过程中所形成的叙述方式一脉相承，反而是非常"中国"的。所以我希望将当代文学的问题放到长时段的中国文明和中国文学的脉络中进行考察，由此发掘出一些面向——这些面向，在 20 世纪迫切追求现代化或西方化的那种视野之下，往往会被忽视。总之，我想去重写中国当代文学史，但重写为何种形态还在探索的过程中。

"文明"与革命的能动性

毛尖：我想接着桂梅的回应请教汪老师，《书写"中国气派"》全书在"重写文学史""再解读""社会史视野"之外，尝试用开放的全球史视野、长时段的中国文明史视野去重新理解 20 世纪，这与您的"短 20 世纪"理论，构成"视差"吗？在中国文明的视野里回看 20 世纪 40 至 70 年代，这其中有什么需要警惕的地方？

汪晖：毛泽东说"坐地日行八万里，巡天遥看一千河"，这一诗句当然是古典形式，但其所表达的内容却完全是世界性的、是一种在现代科学出现后才有的世界观和宇宙观。我从地方性和世界性的关系这一点出发来回应毛尖的问题。值得注意的是，民族形式论争具有强烈的世界主义色彩。在 20 世纪 30 年代由于反法西斯统一战线形成而重新回到民族问题，这不只是中国自身的选择，也是共产国际的选择：共产国际先是停止活动，而后自动解散，进而支持各个地方的民族解放运动，使其联合起来展开反法西斯运动。看起来，这是从一个以阶级为中心的世界主义的脉络，退回到地方、民族的层面上；但是，这个抉择正是植根于对法西斯主义肆虐世界这一世界格局的基本判断。1936年围绕着"国防文学"和"民族革命战争的大众文学"的"两个口号论争"，其实也典型地体现了这一点。"国防文学"的口号本是共产国际的口号，它要慢慢重新回到国防问题。鲁迅提出"民族革命战争的大众文学"，我认为这个表达比较辩证地处理了民族和阶级的关系，这个口号实际上是"人民战争文学"的前奏。抗日战争本身需要亿万农民成为抗日和革命的主力军，这意味着需要进行最大规模的深刻的社会改造，而只有"民族革命战争"才能完成这个任务。在这个意义上，鲁迅和毛泽东一样都具有高度的预见力。毛泽东的《论持久战》写于1938年，也就是民族形式讨论开始酝酿、发展、中国化的时期，他的讨论是立足于中国的。但是，常被人们忽略的是《论持久战》中所引用的斯诺（Edgar Snow）在《西北印象记》中所记录的一次问答[1]，那是毛泽东在1936年日本全面侵华前与斯诺的谈话，其中已经出现了《论持久战》核心判断的雏形。毛泽东提出"持久战"的依据其实包含了国内和国际两个层面。就国内层面而言，他指出中国人民受到动员、进而觉醒并形成新的政治力量的过程，需要较长的时间。而就国际层面而言，他通过对日本的分析指出战争必然会爆发。当这场战争只是局部战争时，局势对中国是不利的，但当其发展成为世界大战，将英美苏联都卷入时，国际局势会向中国倾斜。毛泽东的判断与其对非洲局势的分析相关。1935年，意大利入侵阿比西尼亚（按：即今埃塞俄比亚），毛泽东强调在非洲这一区域所爆发的殖民和反殖民战争，必然会使得非洲与殖民地地区、西方列强如英美

1　参见毛泽东：《论持久战》，见《毛泽东选集》第二卷，第443—446页。

德意之间发生强有力的竞争，这个竞争最终会将世界上的其他大国卷入其中。所以，"持久战"并不只是一个局部的表述，而是真正具有世界视野。

在这个意义上反过来看，延安时期的文艺形式如版画、赵树理小说等，其实同样是在世界视野下所产生的对于民族形式的探索，其中包含着高度的普遍性。过去编辑《读书》杂志时曾经组织过一次关于美术的讨论，其中有两位年轻学者的文章令我印象深刻。一篇是吴雪杉的《塑造婚姻》，其中讨论到古元的木刻版画《马锡五同志调解诉讼》。这一版画的题材其实类似于赵树理小说的题材。一边是最激进的革命政治，它表征为《婚姻法》——当时的《婚姻法》是最为自由、现代、激进的，它高度尊重自主性和爱情；一边是守旧的、有着各种传统习俗的乡村。当《婚姻法》进入传统乡村，就会碰撞出许多复杂的社会性问题（比如离婚），这将使社会关系发生重大变化，以至于动摇革命政权在这一地区的稳固程度。而有意思的是，马锡五这样一个边区法庭的庭长，他走村串户去调解婚姻，这种调解既不是简单否定激进的《婚姻法》，也不是简单屈从于传统习俗，而是试图在这之间寻找一种协调的法律形式。艺术家古元用木刻的形式将这样一种情况展现出来，登载在《解放日报》上。所以不论是题材内容、还是形式，古元的这幅作品都与赵树理的小说相似，一方面具有高度的民间性，一方面又具有高度的政策性。他们是用党的政策去解决乡村问题，党的政策具有进步、激进的内涵，但它在形式上又要与传统协调。此时的民间形式就具有一定的世界性。所谓"世界"，是指在无穷多的各种差异的条件下所发生的"世界"，而不是一个统一的、单一模式的"世界"。一个普通农民、普通战士，他心中是带有一个世界性的图景的，这正是有意思的地方。另一篇文章是周爱民的《"马蒂斯之争"与延安木刻的现代性》。"马蒂斯之争"在延安鲁艺中发生，包括冼星海《黄河大合唱》的出现，这本身展现出延安在文化上曾经体现出的包容和开放。我个人认为，不只是"土得掉渣"的才是民间形式。这些西方现代的或者五四新文化运动的东西，其实也慢慢变成了民间形式的骨架，它们逐渐内在于当时的民间形式之中，同时获得了新的表达形式。这种相互依存的关系值得我们注意。

这类文艺实践，反过来也激发了理论家和政治家的思考。并不仅仅是周扬等人阐释出了"赵树理方向"，事实上赵树理也在一定程度上改变了周扬等人对于文学和文学形式的认识，使得他们对世界文学的看法发生了重要的转变。赵树理的文学样式，会逐渐使得一些文学理论家有意识地从其他地区的说唱文学、民间文学、重要的西方经典中找到其对应物，将其置于一个新的世界文学秩序内。赵树理的文学还使得中国现代文学获得了更加丰富的自我表达，其承续的是前现代中国说书人文学的叙事方式，后来的革命通俗小说也在内部接续着这一叙事传统，构成了新的形式。

刚刚毛尖提到我借着蔡国强的"十月计划"所写的文章，其实是想就苏俄与中国的关系重新做一点叙述。马克西莫夫（Konstantin Mefodievich Maksimov）在1958年创作了《中国水手肖像》，我们可以对比同时期中国表现劳动者的绘画，一直延续到20世纪80年代罗中立的《父亲》，由此重新叙述出一个序列。在这个序列中，我们可以看出苏联艺术传入中国，同时慢慢内在于中国自身的过程。冯法祀创作的油画《刘胡兰就义》的描述方式、样态都受到了苏联影响，也与此后中国革命通俗小说中叙述形象的方式有着呼应、对话关系。这其中既有生硬模仿的部分，也有内在化的部分。

桂梅的作品提出了很重要的关键词"文明"。"文明"是什么？"文明"这个概念的含义从18世纪晚期到19世纪逐渐演变；它本来是带有包容性意涵的概念，但在19世纪之后受到民族主义、种族主义知识的影响，带上了一种种族化、民族化的逻辑，直至今日。所以在今天的一般叙述中，都会强调"文明"的单一性。但事实上"文明"总是包含着交互性，每个文明都是互相嵌入、不断交互的过程的产物。没有一个文明不包含别人的痕迹，它不是纯粹孤立的世界。任何一个文明之所以能够生成、创新、发展，就是因为它持续吸纳着其他文明的要素。一方面，它具有主体性，但是，它又不能够被最终化约为一个单一的、孤立的要素。只有在这个意义上，我们才能重新去界定"文明"。基于对"文明"的这种理解，我觉得，20世纪中国对民族形式的探索，也是一个持续的变革过程。中国文明在现代再生、并生成新的形式的过程，同样需要不断将各种世界性的因素纳入中国文明的内部进行思考，而不是将中国文明重新化约为一种单一形式。毛尖刚刚提到桂梅的分期方式独具眼光，在我的理解中，这些阶段，一方面展现出的正是一种针对现代中国文明形态和民族形式的探讨过程，另一方面也展现出书写"中国气派"的过程本身始终带有一种开放性。当然，如何理解这其中确实持续存在着的世界性与地方性、唐弢先生所说的"西方影响"与"民族风格"之间的张力，如何理解通过持续交互来形成我们的现代主体性或互主体性这一过程，都是值得进一步探讨的重要问题。

毛尖：刚刚汪老师谈到民间形式和世界性，以及文明的交互问题，都特别有讨论空间。不过，在汪老师的语气里，似乎多少有点把"世界性"放在比"民间形式"更高的位置，所以您会赞叹一个普通农民心中的"世界图景"。我觉得桂梅的观点、路径和汪老师略有不同。比如桂梅在分析《红旗谱》的普通农民时，倒转了视角，提示我们，锁井镇村民们的农民性是否需要被超越，需要重新

　　　　　　　　　　　　　　为未来而辩论

讨论，因为锁井镇这一空间自身就能够赋予他们以革命主体的合法性。在这个视野里看《红旗谱》《山乡巨变》等文本中的外来者，就不是外来世界的文明人，包括这些外来者身上所挟裹的"世界图景"，也就不再是更高级的"文明"，因为在地的人，自己就可以是新人，是革命的"文明"人。也是在这个逻辑里，桂梅的"新人"观翻转出新意：成为民族英雄和成为无产阶级新人是同构的。

这样，新人地理学和新的世界图景互相盘活。中国西北、华北成为中国"新人"密集发生的场所，地理空间的转移也直接导致现代文学向当代文学转移。就像汪老师前面提到的，在五四新文化运动时期，与印刷资本主义密切相关的文学中心是沿海地区、中心城市，而桂梅的分析告诉我们，在 20 世纪 40 至 70 年代，文学书写的中心位置和主人公是乡土中国，沿海地区、中心城市反而成了某种意义上的"文学边区"。

第一波浪潮与第二波浪潮的联动造成文学的地理学转换，可以说，"内陆新人"既有着传统中国的样貌，又是现代性逻辑的造物，同时更是社会主义中国的化身和主观镜像。对"新人"的重新阐释再次彰显了"中国性"问题，而强调中国文明不同历史时段（包括古典、现代、当代）的连续性与中国政治文化体内部的多元一体性，是桂梅多年抱负，而我们可以借助这一视角来重新打开中国现当代文学。甚至，粗糙地说，第二波民族形式建构本身就显示出了一种更"高级"的性质，自身就携带了世界文明图景，而不是马克西莫夫们来了之后才使得我们与更高的世界性有了接触。所以可不可以请桂梅谈谈，你的"新人"书写中所包含的文明观，和汪老师刚刚所谈的是不是还是略有差异？

贺桂梅：还是有一些差别。汪老师将文学和艺术作为现代中国的自我表达，并将这种表达分为两个时期，他将第一波所产生的表达也视为一种中国性的民族形式，我所讨论的第二波所产生的表达则被他视作另一种民族形式。在我的理解中，文明肯定是交互作用的产物，是混杂的东西，不会有确定的本质。但是，当一个文明（比如中国）和另外的文明体（比如西欧）发生关系时，如何从中国的内部视野来讨论问题？在我看来，第二波民族形式的建构之所以可以和中国这个"文明体"发生更加直接的关联，是因为它将内部视野降得更低了——不只是关注几种文明碰撞时所产生的"杂交地区"，即沿海地区，而更加着眼于承受着中国几千年文明传统的中国内陆、中国乡村、中国基层社会。这一基点放置的转换，使得民族形式能够更深刻地调用中国文明的历史经验。

当然，世界性和民族性的交互关系始终存在。正因为有这种交互关系，民族性、地方性才能成为问题。但是第二波民族形式与第一波相比的一个大的变化，是更加直接地面对和调用中国文明更具稳定性内涵的基体或"母体"。在如何面对中国文化传统这一点上，第二波民族形式更多地把重心放在了文明体的核心区域和稳定性要素上。当然，这不意味着"复古"，而是革命政治与古老文明体发生了更深刻的现代性交融。其对民族性、地方性、文明内在逻辑的理解，还是取决于社会主义政治要构造出怎样的政治主体，即对"什么是人民""哪些人被称为人民"等问题的理解。

汪老师刚刚提到《塑造婚姻》一文，我前不久也写过文章讨论刘巧儿的故事[1]，刘巧儿的故事实际上是从马锡五断案的故事中延伸出来的。马锡五确实既没有站在激进的《婚姻法》、现代都市的自由观这一面，也没有站在保守的乡村伦理一边，他找到了一种调

1　参见贺桂梅：《人民文艺中的婚姻家庭叙事与妇女解放的历史经验》，载《妇女研究论丛》2020年第3期，第5—21页。

节两者的方式。这种方式的关键在于，如果要考察《婚姻法》是否公正，最重要的是要看其中最弱势的年轻女性有没有自主权，所以他更加强调的不是婚姻"自由"，而是婚姻"自主"，强调年轻的女性要在新的《婚姻法》中变成政治主体——我想这里的"政治主体"大概也就是"新人"。同样是马锡五和刘巧儿式的故事，古元（版画）、赵树理（小说）、韩启祥（鼓词）、袁静（秦腔剧）、王苹（评剧）等人的写法是不大一样的。这里有一个革命政治与中国文明发生交汇的层次不同的光谱。因此，在书写民族性、地方性时，不同作家的立足点可能都不一样。比如，周立波等一些作家更多还是用西方式的现代文学来调用传统经验，相对来说，赵树理更相信中国几千年已经形成了一个"基盘"，他希望经由这个"基盘"来重构现代性。在赵树理的逻辑中，知识分子、城里人可能都不算他最关注的"人民"。他试图将"乡土中国"的主体，即那些自在的、如鱼在水中游动的农民的文化认同和诉求变为基点，基于此再创造出一个新的政治主体。他的方式和周立波甚至梁斌、柳青等人的方式有很大不同。赵树理确实使得周扬等调整了原有的西方式文艺观（这体现在他所编写的《马克思主义与文艺》中），周扬可能原来确实没有更多地意识到赵树理所调用的、用来重构出社会主义人民主体的资源——"活的民间形式"的经验。但这也并不意味着毛泽东、周扬就一定认同赵树理的路径。我不是说赵树理构建出了新的主体或新的文学形态，而周立波等作家没有做到这一点，《书写"中国气派"》所讨论的六个作家，其实分别打开了不同的面向和形态——将什么政治化、谁在构造出的新的民族形式中更加具有主体性，在这些问题上他们的侧重点各不相同。因此可以说，民族形式并不是只有一种，而是在共同的政治诉求的基础上，可以有多种形态。它们处在与文明体交融、交汇的不同光谱的层级上，但又在共同塑造一种不同于"现代文学"的"当代文学"。这个不同，我想是"文明"的某种边界，从而使得民族形式的第二波不同于第一波。

汪晖：其实差别没有那么大，我再补充几点说明。第一，我刚刚所说的"世界性"，实际上是指革命世界观，而不是与中国内部相对而言的外部。需要注意的是，第二波的自我表达，其实同样是知识分子、文化人所进行的表达，而不是民众直接的表达。所以它的诉求，一方面是维持革命意识形态的激进性，另一方面则是回到底层的文化中寻找一种能够与中国相适应的形式。可以说，如果没有革命世界观，就难以有意识地回到底层文化或乡村传统，扎根厚土，进而从中生发出新的要素。所以，毛泽东才会强调"使马克思主义在中国具体化"。20世纪30年代末、20世纪40年代的中国化，不仅是指马克思主义或西方形式的中国化，更是中国共产党和它所推进的运动本身的中国化。中国共产党自身需要从一个在都市、处于共产国际影响下的政治组织，慢慢转化为内在于整个中国生活的、适应新条件的政治组织，由此才能推进现代中国的运动。桂梅将1939至1942年间民族形式论争视为《在延安文艺座谈会上的讲话》之外的"当代文学的另一源头"，这一判断是有道理的。研究毛泽东思想的学者通常认为毛泽东思想区别于其他文学思潮或社会主义思潮、确立起其自身的独特性，基本上是在1930年代末，正是对应着民族形式论争的时期。

第二，我想就"文明"的话题进行一点补充。我们讨论"文明"往往会以民间形式、地方形式、旧形式、方言土语这些要素为着眼点，但是我们不能忽视"活的日常生活"在其中所起到的重要作用。唐弢先生在《西方影响与民族风格》中强调：为什么一些作家学习西方资源、学习中国古典资源，其最终成熟的作品形态却都具有民族风格？因为这些作家总是贴近自己的民族日常生活。[1]赵树理、周立波等创作出的文学，呈现的是人的日常生活世界，其中所有的文化要素都与他们的生活和斗争、与其中各种错综纠葛的关系密切连接在一起。这时，在民族日常生活中调动的那些要素，就不同于那些在近代文明史中常常被视为中国文明或儒教文明圈的核心标志物的要素，如方块汉字、儒教等。大众文艺往往不是依托方块字形成的，而是以口传或宣传画等日常生活的形态为媒介，但它却非常具有民族性。可以说，是"活的日常生活"持续地使得民间形式、地方形式、旧形式、方言土语这些要素服从于来自生活的需求，进而才能生成新的形态，从而使得我们的文化或文明真正具有生生不息的活力——它是老文明，但又是新的创制，带有前瞻性和未来感。

举一个与此相关的例子——拉丁化运动。以拉丁文拼写方言，这是一种独特、激进的过渡形式，但在当时拉丁化运动的规模、波及的人口数量要大于白话文运动、大众语运动，因为国民党与共产党同时推进了这一运动。为什么要有拉丁化运动？它其实是由政治动能激发出来的，大量农民因不识字而无法阅读，所以必须以拉丁文拼写方言的方式来进行抗战动员。所以，口传、口述完全是民间形式、地方形式，可但一旦通过拉丁化将其书面化（当时有着大量的拉丁文识字课本、拉丁文出版物），其所形成的形式其实很难界定。与拉丁化运动相伴的其实是一种独特的历史生活，这种形式和与之相关的生活样态具有过渡性，但是其在我们今天的简化字系统和拼音系统中都留下了痕迹，参与了对现代中国文化样态和表达形

1　参见唐弢:《西方影响与民族风格——中国现代文学发展的一个轮廓》，载《文艺研究》1982 年第 6 期，第 9—22 页。

式的形塑；同时，它也是使得方言土语进入到现代中国表达形式中的一种重要中介要素，它确实使得地方性的文化慢慢普遍化。可以说，拉丁化运动最终要达到的是一种普遍性、全国性的目标，而不是地方性的目标，它并不像欧洲民族语言从拉丁文中分离出来，导出的是民族分离主义。

与此相似的具有普遍性的过渡性要素还有很多。比如《水浒传》《三国演义》等农民耳熟能详的白话小说，这些白话文本的样式也会慢慢渗透到当时的方言实践中去。比如当时虽然大量征用地方戏曲形式，但也有对京剧这种包含着普遍性或者说更广阔的全国性的大剧种的留意；比如从传教士开始，一直到瞿秋白等人的拼音技术；比如赵树理的小说语言既具有地方性，又吸纳了五四以来普遍化了的白话语言传统，相较于刘半农用吴语写成的新诗要更加易懂、好读……这些都涵括在相似的逻辑中。我们也需要充分去估计这些更具有普遍性和全国性的样式在塑造民族性的过程中的重要作用，分析这些要素被激活、展开运作的机制。

贺桂梅：讨论至此，我感觉汪老师或许不会很同意"文明论"这样的说法，但我们在思路上是非常相似的，不过对于"文明"这一基本范畴的理解还是存在着一些细微的差别。每次谈起"文明"这个概念，我都要特别小心地将自己的谈法与别人的说法区分开来，在书中我也非常慎重地使用"文明""文明史"等说法，这主要是因为我意识到了其中存在的一些问题和某种言说的困难。一方面，所有对文明、传统的阐释都是"政治化"的，都受到一定政治动机的支配。因为只有在当代性的政治视野中，人们才会去试图阐释过去的历史经验。但另一方面，不同于"民族"是一个非常现代的概念，"文明"总是带着某些又老又旧的东西，总是包含着一些具有长时段的稳定性和连续性的东西。这一点是当我们说"'文明'

永远是一个'政治化'的概念"时容易忽略的。比如我们常常会将中国称为"文明体"，这其中的连续性并不完全以某些规定性的要素（如文字、制度等）的连续为指标，但是其中又确实存在着一些具有长时段的稳定性和连续性的特殊内涵，这是西欧、非洲等所不具备的。这种文明的独特内涵，表面上看起来一直在发生变化，但是只有当一个文明体与另一个文明体相参照时，才更能看出中国文明之所以是中国的，而不是印度文明、西欧文明、伊斯兰文明等的"边界"所在。而只要你是一个中国人、生活在中国这块土地上，可能你始终都会受到这种东西的限制，它超越了所有的朝代。这些具有长时段的稳定性和连续性的东西，也许是经过无数代人的尝试所生成的一些成功的经验，它们活生生地存在于日常生活中，用费孝通的话来说就是为人们所"行而不知"。而当新的政治到来时，它一方面"照亮"了这些经验，同时它也自觉地将这些经验中所包含的东西纳入新的政治实践中去。

这种具有长时段的稳定性和连续性的东西，或许接近于布罗代尔所说的"结构"。"结构"是存在于人之外的，但是"结构"只有被人的意识所捕捉、并自觉地表述出来之后才真正存在，所以永远只有在"局势"当中的"结构"，而不存在一种自在的"结构"。这个表述"结构"的过程，正是一种将"结构""政治化"的实践。这其中存在着一种辩证的关系，我在讨论毛泽东诗词时有意重新谈论"天人之际"的问题，讨论革命通俗小说的新旧转换问题，讨论赵树理小说的村庄主体等，其实都与此密切相关。我想，我和汪老师关于"文明"的理解略有不同的地方在于，我认为一个文明虽然总是处在交融、变化和再生的过程之中，但总还有一些使其区别于别一种文明的本质性内涵或边界。应该如何去描述、阐释这种具有长时段的稳定性和连续性的文明内涵，这是我一直在思考，但尚未有结论的问题，也是我慎用"文明"这一概念的原因之一。在这儿我和汪老师可能会有一点点微妙的偏差，今天听了汪老师的讨论后，我接下来可以将这些问题考虑得更加细致深入一些。

自然、情感与"世纪的绵延"

毛尖："文明"的话题的确容易引起争议。汪老师刚刚提示唐弢先生强调要回到"日常生活"中去书写，在这一点上桂梅和汪老师特别相契。桂梅在书中也提到，所谓"生活故事"，其实就是民族形式尝试调用的那些普通民众日常生活中的情感、伦理与文化经验，也就是赵树理所说的农民的"自在的文艺生活"。如果人民政治不能与这样的"生活"发生勾连，同时将其转化为政治叙述的有效组成部分，文艺就无法深入群众，无法创作出以工农兵为主体的人民文艺。

要让人民文艺深入人心，就要让"思想感情起变化"，"思想感情起变化"的过程就是一个"自然化"的过程。桂梅在书中征引过安东尼·史密斯的一个判断，这个判断很有意思，他说民族主义之所以能够激发人们的集体激情和发自内心的依恋情感，实现"自然化"，其秘诀在于建立新的共同体意识与前现代族群经验及其"内在世界"的延续性关联。按这个逻辑，桂梅写作《书写"中国气派"》的过程中，她和她研究对象的"内在世界"，也建立起了某种连续性关联，这也让她进入了一种非常自在的写作状态，一种"自然化"过程。之所以这么说，是因为她后记中的一段话曾令我颇为震动："在学术领域入行越久，年龄越大，我就越意识到学术研究从来就不是纯粹的理性与知识操作，而需要有情感和感性经验的介入。研究者如果缺少与研究对象之间建立起来的内在体认关系，这种研究行为就不会持久，也不会形成具有深度的精神熏染与对话。"[1] 我自己是一个感情用事的人，一直以为做研究就要尽量理性。我一直以为桂梅做研究是很低温的，读到这段话，才突然明白，应当是情感和感性经验的介入，使得《书写"中国气派"》和她之前《转折的年代：40—50年代作家研究》《"新启蒙"知识档案：80年代中国文化研究》等著作有了非常大的区别。

显然，《书写"中国气派"》中讨论的作家，某种程度上也都经历了类似过程，也即唐弢先生强调的"回到日常生活"。桂梅自然注意到了这点，也捕捉到了这些文本时刻。比如，她在书中提到，柳青曾与路遥谈起自己在徐改霞身上投射了他对陕北故乡的感情，他说："我写她时，经常想到我国民歌中情歌所表现的丰富情感。问题是她的天资、气质和教养，是否协调，并且形成统一的性格。"[2] 在讨论《红旗谱》时，桂梅提到，作为小说中最重要的"生活叙事"内容，运涛和春兰的爱情构成了小说的重要情节之一，即使在运涛入狱因而他们的关系无关"大历史"时，小说对春兰情感的描述仍旧细腻而感人。[3] 运涛和春兰的这条情感线其实是《红旗谱》中一个非常关键的书写，这条线不完全指向阶级斗争主题，而更多是为了"扩充生活内容"，使得作家创造的民族形式得以自然展开，更容易为读者所接受，带有一定的辅助性。在桂梅所捕捉、描述的这些文本细节中，我们可以感受到个人性、肉身性的抒情者与群体性、超越性的政治力量的结合，这其中既有"我"，也有"我们"，大家共享文化记忆、伦理风俗及情感结构。

---

1 贺桂梅：《书写"中国气派"：当代文学与民族形式建构》，第 571 页。
2 同上书，第 343 页。
3 参见同上书，第 161—162 页。

桂梅带着真切的情感体认进入20世纪40至70年代的文学，既和作家也和小说人物沟通，民族形式出入文本内外，达成真正的总体性。因此，此书也是"感情的辩证法"与"总体性"彼此交融的例子，在方法论和理论自觉状态上都起到了示范作用。但我的困惑是，怎样理解"自然化"？比如，"人民"如何"自然化"？"人民"的自然状态，不是"乌合之众"吗？"自然化"的过程最终要达成一种什么样的状态？又怎么达成你的这种"自然化"书写状态？

贺桂梅：我先回应毛尖提出的"人民"如何"自然化"的问题。如果一个作家写出的"人民"仅仅是理念性的，那么他的书写肯定是不成功的；只有将"人民"书写成为一个具有肉身的、充满感性的"自然化"形象时，他对"人民"的书写才算真正成功，可以说柳青充分意识到了这一点。

正如毛尖所说，写作《书写"中国气派"》时，我确实有着一种不同的写作状态，我越来越意识到研究者必须与研究对象发生情感上的交融，如此，研究者才能够更加深入研究对象的内里而把握住问题的全部复杂性。我在书中提到，在谈到如何理解人以及小说为何要写人的变化过程时，柳青明确地区分了"思想""感情"和"行动"这三个层次，并由此引申出他关于小说乃至全部美学理论的基本看法。特别有意思的地方在于，柳青将"感情"视为最高的层次。在他看来，只有当一种"思想"转化成"感情"时，那种思想在实践者那里才真正成为"自然"，并转化为"行动"。毛泽东说"思想改造"就是"思想感情起变化"，也就是说，真正接受某些思想不能只是在观念的层面上接受，而必须要在情感层面上接受。黑格尔区分出"感性""知性""理性"三个层次，其中"感性"对应着最低端、最自然的情绪反应，"知性"则意味着用概念去捕捉，

"理性"则是更高的阶段，意味着"感性"与"知性"的综合。我想，我所谈的"自然化"、"感情的辩证法"、文学的"总体性"，实际上并不是要回到黑格尔意义上最简单、初级的"感性"。而是说，在这种最初级的"感性"的基础上，经由一个理论化、概念化的知性思考过程，达到更高的理性层面而赋予其肉身。对于一个写作者而言，特别对于作家和研究者而言，如果能够将某种理念涵化得越自然，或许对于这个东西的理解也就越深刻。

汪晖：其实马克思在讨论人的历史时，他最终要探索的也是一个自然历史的过程。这种自然过程，常常大于人们的动机、意志。多年前我曾和德国导演亚历山大·克鲁格（Alexander Kluge）对谈[1]，他当时讲了一个很有趣的故事：伊拉克战争期间，一架美国轰炸机在执行任务，目标是一个可能藏有敌人的地方，但实际上那儿正在举办一场婚礼。就在飞行员马上要进行轰炸时，他的肚子突然痛了起来，于是他猛一拉操纵杆，炮弹打向了一片沼泽地，那些参加婚礼的人也因此得救了。克鲁格的说法很有意思，他说，这个飞行员的肚子也会思想，他的肚子显示出了比他的大脑更高的智慧。所以，人的某些行动、某些社会运动的实际含义可能要远大于人所能意识到的内容，它们都处在一个自然过程中。在这个意义上，革命、政治等这些东西，包括我们今天谈论的 20 世纪历史，也都是自然过程中的要素，它们真实地积淀在日常生活中，成为今天我们的思想资源，而不只是一个语词性的存在。这些东西虽然过去了，但到今天还能触动我们。触动时所产生的那种情感、感性经验，其实就是重新进入它们、努力去理解它们的一个契机。对我而言，这

1　参见《反媒体撕开了媒体那厚重的窗帘》，见本书第一集《巨变中的世界》，第419—428 页。

种契机，要比一般而言的"文明"要更具体一些，也更加重要。我在20世纪80年代读唐弢先生《西方影响与民族风格》时，对于他所说的"生活"、他所强调的"民族风格与生活密切关联"[1]其实并没有太深的体会，不太能够理解他使用"生活"这么浅白的一个语汇所表达的深刻的意味。很久以后才明白，所谓的风景描写中的"风俗画"、所谓的情感关系、所谓的人与人的关系，以及一些独特的表达形式，其实就是他所说的"民族风格"的内容，就是他所说的我们都置身其中的"生活"。这确实只有结合我们自己的日常经验与观察才能理解。

我再接着说我对"中国文明"的理解。过去我曾经用"跨体系社会"来描述中国文明[2]，其实中国文明也可以说是一种"跨文明的文明"。中国文明的强韧有力之处就在于它总有一种包容力，可以将其他文明的要素内化为自身的要素，同时又不会变为另一种文明。这种包容力涵纳于我们的日常生活和情感交往之中。这就是"中国化"的含义，是一种持续再造自身的过程。在这个意义上，中国的历史与文化，很难简单用近代的"文明"范畴加以描述，即很难被民族主义和种族观念单面化的"文明"范畴所描述。其实在文学中也能看到这一点。比如在王蒙书写新疆伊犁乡村的作品中，他描述一个村庄中的复杂关系，其中"阶级"的内涵已经包含着内外民族的内涵、包含着各种复杂要素，过去这些都是常常容易被我们所忽略的。说明一点，我对重新调用文明范畴并不持反对态度，关键是如何在扬弃19世纪欧洲的文明概念的基础上重新界定这一范畴。

1　参见唐弢：《西方影响与民族风格——中国现代文学发展的一个轮廓》，载《文艺研究》1982年第6期，第9—22页。

2　参见《两洋之间的文明》，见本书第一集《巨变中的世界》，第93—128页。

毛尖：从汪老师关于中国文明的讨论中听得出，对桂梅的"文明论"还是有所批评。不过，桂梅认为文明还是有其实质性内涵。《书写"中国气派"》用文明史和世界史的视野，重新梳理了20世纪40至70年代人民国家的建构，由此，作为当代文学源头的民族形式论争也释放出了无穷活力。此前被很多人轻视乃至鄙视的40至70年代的"中国""当代""文学"又充满活力地回到今天，成为新的思想资源。我很喜欢桂梅书写中透露出的饱满自信——这种书写不再只是为社会主义、为40至70年代文学进行辩护，而是充满了激情与元气，自然贯通，真正将当代文学、当代中国乃至20世纪中国的"气派"给书写出来了。就像以前的影视剧，常常要把国民党刻画得很猥琐，但今天我们不需要了，不需要再刻意地"非自然化"敌手，大概就意味着我们找到了某种文化自信，有了足够底气。

前面，汪老师也提到"中国作风""中国气派"是在20世纪中国独特的历史条件下产生的，包括民族形式论争、创制新的民族形式的诉求，也都是在独特的历史关系、历史语境下发生的。当时，日本侵华战争全面爆发，使得以农民为直接对象的民族动员深为迫切。或者，我们可以来谈一下21世纪和能动性的问题。2020年是"新冠元年"，史无前例的疫情使得世界格局突然变得清晰，也使得21世纪终于有了新的世纪的样貌。想问汪老师，记得您说过，经过考虑后您将自己的"20世纪的中国"三部曲中第三部书的名字从《世纪的终结》改为了《世纪的绵延》，那么，"世纪的绵延"中的"绵延"，是否也包含了"中国作风"、"中国气派"、民族形式的"绵延"？怎样理解"绵延"呢？

汪晖：《书写"中国气派"》从文学样式的角度，甚至从情感方式的角度，来回答什么是"中国作风""中国气派"，我觉得这是这本书很重要的一个贡献。这是一本文学史著作，但它也同时在回应过去二三十年的论争。这一论争的核心论题是：中国在 21 世纪世界格局中的位置是什么？21 世纪中国的历史前提或基础是什么？

过去的主流论述往往强调这个基础是改革开放以来的"30年"，现在说"40年"，后来也有人提到这个基础是 1949 年中华人民共和国诞生以来的"60年"，现在说"70年"，也有人追溯到五四新文化运动或辛亥革命，将这百年中国都视为基础。在一段时期里，20 世纪 40 至 70 年代中国被长期轻视，似乎马上就快被抹去，历史好像走到了一极。这段历史不应被抹掉，其实今天看来也不可能被抹掉。我们今天可以毫无疑问地说，中国能够以今天这种样态存在于世界上，我们今天能以这种方式来讨论中国，与整个20 世纪的变革有着密切的关联。也就是说，如果离开了 20 世纪的变革，我们将很难理解当代中国，甚至可能很难理解当代世界；同样，如果离开了 20 世纪的变革，我们也很难以长时段的视野去叙述中国文明，甚至无法界定何谓"中国"。过去二三十年的争论喋喋不休，但如果离开这一整个历史变迁的进程来讲述中国故事，是无法讲清楚的。

在《世纪的诞生》中我提到，20 世纪中国具有区别于其他国家、社会的非常特殊的历史变迁模式，其最为重要的特征分别体现在其开头与结尾。先说开端。自 19 世纪末以来，在世界范围内，此前的旧帝国都处在土崩瓦解的过程中，各种老文明处于任人宰割的状态，民族危亡、国家四分五裂；从这些旧帝国、老文明中，诞生出一系列新的政治的、经济的和社会的主体，改变了世界的整体格局。中国貌似也将土崩瓦解；可是，传统王朝所形成的整体架构与历史积淀，反而在"革命"这一最具有断裂性的条件下，以"绵延"的形式保留了下来——经过"瓜分中国狂潮"、动乱、内战之

为未来而辩论

后，一个统一的中国依旧存在于今日世界。这是非常独特的一种样态。可以说，对比其他地区，中国的 20 世纪开端，既是最剧烈的革命与断裂，同时也是"连续性的创制"。所谓"连续性的创制"，是指这其中的"连续性"并不是自然形成的，而是以许许多多深刻的断裂、变革、革命为前提重新构造出来的。当然，我们也可以将这种"连续性"，包括构造它的革命，都理解为自然史整体过程的一部分，不过其中依然充满了裂痕和各种各样的矛盾。如何去解释革命和连续性之间的这种复杂辩证的关系，是理解 20 世纪中国的关键。如果没有 20 世纪开头的这一特殊的历史变迁，我们今天所谈论的"中国"的含义将会完全不同。今天的俄罗斯人去谈论苏联、谈论"社会主义新人"，其谈论方式、谈论的意义一定和今天我们中国人谈论中国、谈论"新人"完全不同。也就是说，如果没有 20 世纪开端处的这一"连续性的创制"，今天的中国可能早已经不是这个样态，地方文化可能早就分离为各种独立的民族文化，我们也难以用长时段的视野去理解现代中国的前现代历史基础，也不可能如此自信地谈论中国文明。

再谈谈结尾。20 世纪携带着一种对 19 世纪以来的帝国主义与资本主义的反思，所以在 20 世纪，各种社会运动催生出了不同形态的国家，尤其是产生了社会主义国家形态。在 20 世纪，社会主义国家不只是一个国家，也可以说是一个"世界体系"。冷战结束后，大量社会主义国家发生体制转型，乃至崩解，而连续和断裂的辩证法却依旧在中国延续。过去的 40 年，中国经历了非常深刻的转型，社会发生了翻天覆地的变化，这些都渗透在我们每个人的日常生活之中；但是，中国整体的社会关系形态和政治形态，却从 20 世纪"绵延"了下来。这正是中国区别于苏东等前社会主义国家之处。为什么会如此？这是今天我们在界定中国社会性质、谈论中国、谈论中国文明时所面临的困惑。在我看来，这同样是由于一种"连续性的创制"。

在这些意义上，20世纪"绵延"至今日。在法国哲学家伯格森（Henri Bergson）看来，"绵延"本来是一个意识的问题，"绵延"之中包含着断裂和可持续的变化。在20世纪80年代、20世纪90年代，很多人在谈论中国时认为当代中国的所有矛盾、所有问题的症结就在于没有彻底地否定20世纪。而在我看来，恰恰只有重新回到20世纪去思考、理解这个过程，我们才有可能去谈论21世纪的未来。因为如此设想出来的未来将会是非常不一样的未来，否则我们只能像当年一样继续跟着全球资本主义的基本逻辑往前走。今天这一逻辑走入了新的危机之中，我们当然并不自外于危机，但是我们的历史中有些东西提供了克服危机的力量。事实上，20世纪的许多遗产都是作为"潜流"而存在着的，这些遗产沉淀在我们的日常生活世界之中、被压抑在生活的表层之下，它们是始终存在的可能性。对于这些问题我们需要继续思考。另一方面，这也并不是说只是要讲述一个成功的故事，或者要复制20世纪的方式。事实上这段历史是无法简单重复的，20世纪留下的许多历史课题也都尚未完成——尤其是20世纪的社会主义运动并没有按照设想完成，未能在世界范围内成功改变资本主义结构。理解这些历史过程、总结经验教训，以此为地基重新思考21世纪的课题和挑战并构思对策，这些都是需要我们继续进行下去的重要课题。

毛尖：汪老师强调了20世纪深刻的变革、断裂与延续之间复杂的辩证关系。在我看来，我们今日似乎也存在着某种矛盾。一方面，20世纪构成政治"能动性"的力量，在"去政治化的政治"这一语境中，其实是在不断消散；但另一方面，"中国气派"好像在今天又渗入了各个领域之中，从歌舞到小品、从政策用词到菜场用词，似乎连吃个韭菜盒子也是一种"中国气派"。到处是"中国风"和中国气派广告，当然其中有戏谑，也有很多内涵被抽空。那想请问桂梅，《书写"中国气派"》的诉求之一是将作为20世纪遗产的那种"能动性"重新阐发出来，进而开启21世纪新的"能动性"，在你看来，今天逐渐渗透在各个领域中的"中国气派"、对于中国文化的自觉与热爱，这能够被视为一种21世纪的"能动性"吗？这其中有没有需要警惕的地方？20世纪的"能动性"在21世纪"绵延"的可能性在哪里？最后想问，关于本书，你自觉还有遗憾的地方吗？

贺桂梅：刚刚汪老师指出我的这本书也是对过去二三十年的论争的一个回应，确实如此。这本书我写了十年，但事实上所有问题的起点，是20世纪90年代在我读硕士、博士时发生的中国知识界论战。这一发生在"新左派"与"自由主义"之间的论战其实是一次关于20世纪的根本性的论战，其所涉及的根本问题一直延续至今日：20世纪有何价值？我们是不是要尽快地清除掉20世纪？这也是我二三十年来一直在思考的问题。

在写作这本书之前，我做过关于20世纪90年代批评话语的清理（《批评的增长与危机》，1999年）；[1] 处理过20世纪40至50年代转折时期的作家与文学，考察当时的作家如何看待社会主义中国和当代文学的出现（《转折的时代：40—50年代作家研究》，2003年）；[2] 也做过20世纪80年代文化研究（《"新启蒙"知识档案：80

1　参见贺桂梅：《批评的增长与危机》，太原：山西教育出版社，1999年。
2　参见贺桂梅：《转折的时代：40—50年代作家研究》，济南：山东教育出版社，2003年。

年代中国文化研究》，2010年）。[1] 对于这些不同时段的研究，绕来绕去，其实我最后要啃的"硬骨头"，就是20世纪40至70年代这一时段的中国与中国文学。刚刚两位老师都提到，在一段时间里，这个段落被认为是不值得研究的、没有价值的。但是在我写作《书写"中国气派"》的过程中，中国社会也在发生着一些变化：20世纪80年代那种将"改革"与"革命"对立起来的逻辑似乎慢慢软化了。到了21世纪，改革开放40年所形成的那些主导性的话语、逻辑，包括"文学"与"政治"的对立、"改革"与"革命"的对立、当代中国"前30年"与"后40年"的对立等等——开始变得不是那么强势。人们似乎开始愿意用一种更为客观中性的态度，来看待当代中国的这70年历史。我想，这些调整之所以会发生，其中一个很重要的原因就是刚刚汪老师也提到的21世纪中国在全球格局中位置的变化。如果今天的中国不是全球第二大经济体，可能问题的谈法就会完全不同。包括毛尖刚刚提到的"具有'中国气派'的韭菜盒子"，实际上也与此密切相关，它是民族心理发生变化的一个表征。由于中国在全球格局中位置的变化、民族心理的变化，"中国性"、"中国气派"、"中国的民族风格"、中国作家的主体性是什么，又在哪儿，对于这些问题的回答也在21世纪的今天变得越来越迫切。所以，我们如何看待历史、如何看待20世纪，其实出发点都是我们作为一个当代人自身所处的当下现实。当然这里面还包含了更多问题，关键在于要超越过去人们所习惯的种种二元对立的逻辑。

我觉得，在21世纪到来后，人们应当越来越能够体会到：那

1　参见贺桂梅：《"新启蒙"知识档案：80年代中国文化研究》，北京：北京大学出版社，2010年。

种曾经作为"自由主义"核心逻辑的、在20世纪后期占据主导位置的西方式现代性想象，在今天已经没有力量了；福山（Francis Fukuyama）当年谈"历史的终结"，可是今天我们也看到了另一种"现代性的失败"、另一种"历史的终结"。因此，人们越来越愿意去探讨存在于这种现代性之外的更多的可能性。也就是说，当我们在试图寻找一种能够应对全球性的现代性危机的资源时，可能我们首先需要从那种主流现代性的思维方式中跳出来，在此基础上去发现更多的可能。这正是我关注20世纪40至70年代这一时段，愿意谈"文明"这个概念的主要原因。

一方面，"文明"可以打开我们的视野，丰富我们对于现代性的理解，让我们看到西方式现代性之外的更多资源。从文明史的视野来看，我可能会不再将古典的东西视为"封建迷信"，而是将其作为我们思考当下问题的一种有效资源。汪老师在《现代中国思想的兴起》中也说起过这一思路，他提出我们必须要将古典的和现代的思想资源都放在同一个平台上来考虑，同时将自己当下的处境与问题相对化，最终真正要回应的是21世纪中国有待解决的问题。另一方面，虽然当代中国的"前30年"作为"革命的极端年代"曾被现代性思想排斥，但是其中其实包含了很多值得我们去重新思考、重新关注的内涵，比如其调用中国传统经验的方式、思考文学的方式等等。人们可能更习惯于接受《青春之歌》那样的成长小说，或是《山乡巨变》那样的乡土文学，这些文学实际上与现代文学一脉相承，与孤独个体的阅读方式、阅读状态密切相关。但是，我们不能用"现代文学"的概念去理解赵树理小说、毛泽东诗词、革命通俗小说，特别是柳青的《创业史》。而正是这些文学为我们回答人如何去改变世界、如何在实践中参与社会这些问题提供了不一样的答案和方式。我不是说这些文学就是唯一正确的、好的，但是这些文学确实告诉我们：除了那种与个人主义密切相关的现代文学之外，或许还有其他的可能性存在。至少我自己觉得，我在写完这本书后也变得丰富多了。

毛尖说读这本书感觉到我很"自信"。其实并不是我要刻意追求某种"自信"的状态，而是我真的觉得我的研究对象能够解释、回答我的一些问题，我试图在写作中将其中的逻辑呈现出来。另一方面，通过这本书的写作，我也确实打开了一些新的视野，获得了一些新的思考方式，对于自己的长期思考也有了一些回应。像这样一本书，在十年前或许我根本写不出来。这本书这样写完了，我已经觉得很幸运。因为我"自己信"，所以我才对我的研究对象、对这本书有着更深的体认、更深的感情。当然，这本书也与同时期人们所关心的问题发生了一些内在关联，这其中有些关联是我所不想要的。至于大家可以从这本书中得到什么，我觉得，每个人大概都可以从中获得自己想要的东西。

最后我想谈谈毛尖所说的"能动性"的问题。在写作这本书的过程中，我对于唯物主义的辩证法这个根本的理论问题有了很多新的体认。我们过去总是强调各种对立，但是辩证法强调：不要形式主义地、客观地讨论对立。只有在一个实践的过程里面，这些对立的东西才可能统一起来。也就是说，所谓"理论与实践统一"，必须要有实践中的人，实践者一方面在脑子里把握住了理论，同时也有行动的能力。只有从实践的角度，在社会实践的过程中，理论与实践才能变而为"一"。我认为这才是辩证法的实质。

毛尖：好的，今天的讨论很充分。谢谢汪老师和贺老师，也感谢大家的参与。

（张晋业／整理）

第三部分　在矛盾中探索未来

01 为未来而辩论
——在日内瓦"遭遇"论坛上的演讲

2008 年 12 月，汪晖教授应邀在日内瓦"遭遇"（Rencontre）
论坛做题为"为未来而辩论"的演讲。本文编选自演讲稿，原刊于
《21 世纪经济报道》，2008 年 12 月 20 日。

20 世纪 90 年代以来，中国知识界发生了一场关于中国过去、
现实和未来的激烈辩论。讨论的激烈程度表明，我们对于过去和当
下的理解、我们对于未来的想象是如何不确定。过去内在于当下，
对于过去和当下的理解的不确定导致了未来的不确定。关于经济发
展、政治改革、社会分化、环境危机以及制度创新等问题的讨论，
包含着对于应当有一个什么样的中国的深刻思考。

30 年改革的复杂性

自从 20 世纪 80 年代以来，中国的经济改革已经取得巨大的成
就，但它同时带来了社会的再次分化。这些年来，中国知识分了一
直在辩论如何解释这些相互矛盾的现象。20 世纪 70 年代中期之后，

以新古典经济学为中心的发展主义话语在许多国家逐渐取得主导地位。这种话语以私有产权、自由市场以及形式民主的理念来批评国家干预以及福利国家传统，反对大众民主以及任何社会主义遗产。在 20 世纪 80 年代后期，这一思潮在社会主义国家产生强烈反响。在冷战结束和苏东剧变的历史过程中，新自由主义成为解释改革进程的最重要的方法之一。这种主流话语建立在自由市场和国家干预、资本主义与社会主义、全球化和反全球化、私有产权与国家所有权的两极对立上，用这一二元对立的框架来解释当代中国的改革进程。然而这一主流话语，并不能充分解释中国和世界范围内发生的阶级、阶层以及地区分化。它也并没有给出替代以市场扩张为主要形式的发展模式的方案，而这一发展模式已经导致环境危机以及社会解体。

首先，中国市场体系的建立包含了两个基本的方向：在国内，是中央向地方放权让利，培育企业的决策能力，改革金融体系，推动民营化进程，国家使得市场机制渗透到社会生活的所有领域；在国际上，通过外贸以及金融体系的改革，逐渐将中国带入 WTO（世界贸易组织）所主导的全球市场。

这一进程伴随着社会结构上的重大转型，激发了程度不同的社会矛盾。这一时期发生的变化展现了市场扩张和国家之间的复杂关系。一方面，离开国家的政策调整、法律制度以及政治支持，市场的培育和发展几乎不可想象；另一方面，市场对于国家的依赖，是权力和市场之间交易的前提。从这个角度，我们发现 20 世纪 80 年代和此后改革时期的内在历史关系，并看到社会主义体制和市场创造之间的具体互动——市场的扩张依赖于一种"反市场"的力量，即国家干预，而国家正是通过市场扩张来克服合法性问题的。在这个意义上，市场/国家的二元对立并不能解释中国的市场扩张进程。"国家退出"理论并不能解释自改革开始以来因价格和工业等方面的有效国家政策所带来的巨大成就。它也不能解释在国有资产的大规模产权改革过程中所存在的权力和资本之间的交易，以及严重的社会分化。

其次，自从20世纪80年代结束以来，国家体制运作的社会环境已经发生巨大变化，以至于国家体制本身以及它所代表的社会利益关系已经被完全改变了。在中国的高速经济发展过程中，不同社会阶层、群体和地区之间的收入差距急剧拉大。这一历史转变使得以平等为基础的社会主义国家的价值追求与国家的实践之间出现了矛盾。在这一情境中，出现了新的主导意识形态。因而，传统的社会主义／资本主义二元对立不能被用来作为历史分析的基本框架。

再次，20世纪80年代曾有以大众参与来实现社会与国家之间有机互动的努力。在20世纪90年代以后，市场和国家之间的互动模式取代了社会与国家之间的互动。社会的概念逐渐被市场的概念所取代，而推动国家体制改革和法律制度转变的动力不再是"社会"或者"人民"，而是国内和国际市场。因而，"政治"的含义自身也就经历了一个重大转变：国家成为主要的执行者，维持市场体系，并根据WTO规则来重构法律制度。

值得注意的是，将30年的中国改革说成新自由主义改革是危险的。中国改革的许多成就，比如说，开放政策从20世纪70年代早期就开始了。于是，有必要对改革的历史做一个详细考察，以澄清到底是哪些原因创造了伟大成就，以及哪些原因导致中国改革中的社会分化。否则我们可能会犯"将孩子和脏水一块儿泼掉"的错误。中国并不是新自由主义的典范，但也并不是其反例。

更重要的事实是，在知识界展开公共辩论之后，政府逐渐调整了经济和社会政策的导向。政策层面的变化至少有如下方面：第一，在1999年开始的关于三农问题的辩论过程中，政府认识到了其早先的农业政策的问题，开始建设社会主义新农村，包括免除农业税，大量投入农村医疗卫生体系、教育体系、基础设施等等，以缩小城乡差别，尽管其最后效果还有待观察。第二，2003年的非典事件激发了关于医疗卫生体系的公共讨论，政府决定推出新的政策。同样的转折也发生在教育改革、社会保障体系改革以及其他领域之中。现在做最后判断仍然太早，我们能够说的是，中国已经重新调整了其改革的政策方向。

思想辩论的主要分歧

在上面的讨论之后，我现在转向知识界辩论本身，概括一下知识界辩论的主要分歧。有三点尤其值得注意。

第一，就国家和市场的关系而言，批判知识分子将更多注意力放在观察两者之间的复杂关系上，而不是简单化地二择一，站在国家一边或站在市场一边。国家内在于市场，市场的运动与国家相联系；"国家退出"本身是政治性的。至少有必要从政治分析的角度来对"国家"进行分析。将国家作为一个同质性的整体并不能说明国家如何运作，也不能界定其他社会力量和国家之间的关系。

中国的市场化是在一个放权的过程中实施的。不同级别政府、不同政治机制和市场及不同特殊利益集团之间的关系极其错综复杂，这在公共决策过程中表现为多种诉求。因而，我们能够在"国家活动"中发现大量相互矛盾的导向，在不同层级和不同机构的决策中发现一致性和冲突同时并存。在这个意义上，将"国家"作为一个同质的分析单位，看起来更像是一个意识形态的建构。

另一方面则是"去政治化"的过程。这些方面粗略地勾勒出

为未来而辩论

了当代语境中国家问题的复杂性。这种复杂性至少表明一个同质性的国家概念并不能建构分析性的范畴。关于国家的多种解释至少表明，像"国家退出"这样的解释是含混不清的。同时，重现复杂性的解释提供了政治分析的空间，使得我们有可能既不完全肯定又不彻底否定国家，而是分析包括在"国家"范畴中的不同政治权力。在这个语境中，关键不是在市场或者国家干预之间做选择，而是通过考察国家功能在市场环境中的变化来思考两者之间的关系，并思考两者之间应该是什么关系。

因而，当一些人开始以市场的名义攻击国家，他们忘记了国家所发生的变化。与此形成对照的是，一些知识分子在批评新自由主义的国家退出理论的同时，积极主张国家的功能从发展主义国家转变为社会服务的国家，强调国家政策应当从"效率优先，兼顾公平"到"公平优先，兼顾效率"，将以效率为中心的市场活动限制在某些具体领域之内。

我在这里要强调的第二点是，就财产权利的转移和私有化而言，批判知识分子反对公共产权和私人产权的二元对立。他们主张从社会关系的角度理解财产权利，将之看作一组权利。正在进行的关于私有化的辩论，或对财产权利进行的澄清，涉及国有资产的再分配以及这一过程的公平性。这场辩论并不能被简化为私有产权和国有产权孰优孰劣的问题。它也不能被简化为市场规则和国家干预何者更为理性的问题。关键的一点是在改革过程中国家财产如何成为社会化的财产权利，比如说劳动财产权。一些经济学家支持无限制的私有化和市场化，将之作为中国获得产权清晰的市场的唯一途径。另外一些自由主义者发现中国的市场化并不能产生出自生自发的经济秩序，因为市场并不自由，而是被决定的。这些自由主义者强烈批评现实，在经济增长的同时呼唤社会正义。然而，他们同样将问题简化为起点平等或者机会平等的问题，拒绝对财产关系的重新安排进行严肃的历史分析。这种简化的结果是，私有化被设定为不可质疑的目标。而将私有化设定为唯一可行的形式，压制了其他社会可能性。

分歧的第三点是知识分子们对于这些问题的态度：新的财产权体系是否能促进大众民主、公民权利和有效抑制"政治市侩主义"，是否能在讨论财产权的同时扩展工人权利？

这是当下知识界辩论的一个重要问题。如何理解民主，某种参与式民主是否必要，如何处理形式民主？许多第三世界国家在形式上建立了民主，但是我们经常发现，这样的形式民主恰恰是精英联盟的产物和结果，它缺少一种真正的社会参与机制。因而，与那些将民主教条化的人形成对照的是，有些大失所望的人干脆放弃了民主的理想。然而在当代世界的普遍的民主制——尤其是代议民主制——危机之中，我主张解决这个问题的关键在于将民主的重要性扩展到具体的社会情境，而不是将民主看作一种已制作好的和可复制的格式。实际上，精英民主和大众民主的对照是一个在中国革命中经常提出但没有解决的问题。新自由主义的权利概念是在个人和集体或国家的对立之中发展出来的。这种个人主义的权利概念与市场自由、私有产权的理念相匹配。在现实中，市场自由和私有产权的概念，经常与特殊利益集团反对劳工阶层和其他社会阶层限制市场无限扩展的努力联系在一起。比如说，这种个人主义的权利概念不仅很少提到劳工权利，而且试图取消它，因为劳工权利所涉及的社会分配原则以及对于市场扩张的限制，阻止了个人主义权利体系的扩张。

参与式民主不可避免地与社会中的社会运动相关联。一般来说，我们可以将这些运动看作在市场扩展的环境中的社会自我保护

　　　　　　　　　　　　　　为未来而辩论

运动。比如说，工人争取工作安全和劳工权利的运动，移民争取社会保障和平等权利的运动，某些组织保护环境的运动，等等。这些运动经常发生，但无论是左派还是右派都将他们的注意力放在市场和国家上。缺乏对于社会运动的真正研究和关切，这是一个重大的缺陷。

社会运动包含了不同的类型和价值，因而产生不同的结果。一种情形是，社会运动促进了社会权利的扩展。因而社会运动在民主权利的扩展过程中起到了实质性的和决定性的作用。据我所知，在某些草根民主和村镇选举运作良好的地方，保护民主权利的运动也发展得更快一些。社会运动以及地方社会网络的发展之间存在良性的互动。

另一方面，并不是所有的社会保护运动都会自动地导向上述权利体系扩展的结果。过快的市场扩张导致原来的社会网络和关系的解体；结果不仅仅是个别群体权利的丧失，还可能是社会本身的解体。当社会解体和社会运动的征兆同时出现的时候，人们克服幻灭感或形成社会认同是困难的；他们对于精英所提供的认同方案并没有信心。在这个背景下，社会运动经常借助于强国家或者领袖来维持基本的社会权利。在过去若干年内在中国发生的从经济政策（以GDP 增长为中心）到社会政策（涉及社会正义、社会福利体系和绿色 GDP 等）的转变是积极的行动。

思考未来的前瞻

根据上面的讨论，我们必须做出三个基本的区分：

第一，必须区分自由竞争、自我调节的市场理念和现代市场经济生成并起作用的历史进程。根据这个区分，市场社会及其规则，是在国家干预、制度创新、垄断、社会习俗和历史事件的相互关联中形成并起作用的。自由竞争仅仅构成它的部分条件。因而对于市场社会及其现实困境的批判并不等于对市场体系的否定。

第二，必须区分新自由主义市场意识形态（其常见特征是要求完全的国家退出）和新自由主义市场秩序及经济政策（其常见特征是依赖于国家政策与实施）。根据这个区分，新自由主义意识形态要求国家采取一种非干预的政策，也就是说，让国家放弃它的社会福利和社会保障义务，放弃它的调节市场活动的经济手段，以及更进一步，切断政治与经济之间的联系。但是对义务的放弃本身是秩序和政策安排的结果，反国家干预的口号恰恰成了政策的前提，其实质是另一种形式的积极"干预"。

第三，必须区分市场的范畴和社会的范畴。根据这个区分，市场的规则和管理机制并不等同于社会的规则和管理机制，而社会民主体系并不等于市场操作体系。国家的民主走向并不等于将国家转化为一个建立市场体系的政治组织。

我再次列出若干前瞻性结论：第一，市场扩张所导致的经济不平等总是和包括诸如政治、经济和文化领域在内的其他领域的不平等紧密联系在一起的。因而争取自由的努力（包括劳动合同自由、交易自由、政治自由等等）必须同时是争取社会平等的努力。完全将对平等的诉求和对自由的诉求对立起来的话语必须被抛弃。

第二，对于垄断化和压倒性的市场专制的反抗并不能被简单等同于"反"市场的斗争，因为这样的社会反抗自身包括了争取市场公平竞争以及经济民主的努力。

第三，对经济霸权和国际霸权的反抗并不意味着闭关锁国，一定程度上的贸易保护并不等于"反市场"。与 WTO 有关的社会运

　　　　　　　　　　　　　为未来而辩论

动以及在 WTO 磋商中穷国和富国的斗争展现了一种新的斗争形式，那就是，并非从总体上反对国家组织和国家调整，而是以参与性的社会运动来促进包括 WTO 和其他国际管理机制在内的国际制度的民主化，并进一步在国内经济正义与国际经济正义之间建立关联。

第四，经济运动总是镶嵌在政治、文化和其他社会条件之中的，争取公平的市场竞争条件并不等于是剔除国家政治体制、社会习俗和其他管理机制。相反，对市场条件的保护致力于改革、限制和扩展这些制度，以创造公平互动的社会条件。在这个意义上，争取社会正义和公平市场竞争的斗争并不能被等同于反对国家干预。需要通过社会民主、通过社会对于国家的民主控制，来防止国家成为国内垄断和国际垄断的保护者。在这里，参与式的和大众的民主仍然是现代民主的真正动力。将多种民主与形式民主对立起来的方法必须被抛弃。不管一个民族国家多大或者世界市场多大，争取自由的努力必然将自身展现为争取民主和自由的努力。

（海裔／译）

02 上升期的矛盾、体系性危机与变革方向
——《国外理论动态》杂志访谈

　　2011 年 11 月,《国外理论动态》杂志根据创刊 20 周年笔谈主题相关的论题, 采访了汪晖教授。该访谈内容原刊于《国外理论动态》2011 年第 12 期。

中国上升期中的体系性问题

　　《国外理论动态》: 当前严重的国际资本主义危机对中国与世界来说是一个历史性的转折点, 您认为它将会给国际格局带来怎样的变化? 关于中国在新的世界格局中的选择, 有人认为中国制造业规模越来越大, 继续按照原来的路子走下去, 很快就可以挤进发达资本主义国家俱乐部, 有人却认为由于国际和国内的矛盾, 中国无论如何也挤不进去, 反而可能因此导致巨大危机, 因此中国最好继续秉承 20 世纪 70 年代的"三个世界"理论和建立国际政治经济新秩序运动的基本精神, 推动建立一个新的国际秩序。您认为国际金融危机后中国在国际上该采取什么样的国际战略? 该综合什么样的新旧理论资源为中国处理自己与世界的关系找到新的可能性和方向?

汪晖：你提的这个问题是以中国为中心的，而不是以中国内部不同区域、阶层及其相互关系为中心的。但两者并非没有关联。这样提问预设了中国形成自主发展的可能性，或者说，预设了对如何形成自主发展的追问。中国的金融体制、市场体制都已经遇到了很大的困难，正在迫使我们重新思考发展模式的问题。对发展模式的思考早已开始，却收效不大，原因并不是思想问题，而是利益错综纠葛，无法将已经提出的问题转化为公共政策。在思想层面，也存在着一个承不承认需要调整变革方向的问题。有人提出进一步全球化、市场化、私有化，又有人提出民主社会主义。依我的看法，今天的关键问题是改革存不存在更加朝向社会主义方向的可能性。如果存在这个方向问题，而不只是技术性调整的问题，那么，调动"怎样的经验和实践来创造新的发展模式"的问题就会浮现出来。

但这也并不只是中国的问题。以美国的"占领华尔街"运动为例，很多人批评它没有具体方案，但这恰恰说明这场运动致力于方向性问题，而不是技术性问题。它意识到了今天的问题是体系性的，不是个别的技术调整可以解决的。它提到我们现在是"99%对1%的斗争"，提出了"敌我关系"，提出了"统一战线"，这就勾画出了它的政治战略。这并不是说运动可以迅速取得成果，原因在于：第一，如果一个社会创造的是99%对1%的体制，那么，改变这个体制意味着革命；第二，经历了20世纪后期的大转变，即便思考革命，其条件、方式、基础也全面地发生了变化。没有长期的积累和新的形势的出现，要想取得实质的成果非常困难。就19至20世纪的革命而言，我们已经处于后革命的时代，针对体系性危机的思考和行动应该采用怎样的形式？这是困扰许多人的真实的问题。但无论如何，这是冷战结束以来第一次以这样的方式、在这样的规模上提出问题。即便运动是幼稚的、初步的，也值得我们思考。

现在有关中国发展方式转型的提法是升级换代，产业转移。从"阿拉伯之春"到"占领华尔街"，许多人出于不同的愿望，预言甚至鼓动中国出现类似的局面，但让他们失望的是中国尚未出现他们期待的"革命"，而街头革命已经遍布欧美。为什么？并不是因为中国不存在社会矛盾和冲突、中国的发展模式没有问题，而是由于两个原因：一是中国区域广阔，发展不平衡，这些负面的条件在危机条件下，反而成为缓冲金融危机的条件，如区域差别、城乡差别、贫富差别等等，恰恰成为中国内部的调整空间；二是过去十年中国实际上始终处于调整过程之中，这种调整是内部博弈、社会斗争、公共讨论、政策改变和地方实验等一系列各不相同的实践的结果。中国社会的社会实验和模式辩论仍然在持续，这表明自主变革的可能性尚存，但由于变化过于急速，如果不能迅速行动，可能性瞬间即逝。但那种试图由外而内地引发"颜色革命"的方式似乎只能引发社会动荡，而难以产生积极的成果。

果断行动是必要的，但如果没有更清晰的政治社会目标，宏观调整往什么方向转化，就会成为一个日益尖锐的问题。围绕各地区建设模式的争论超出了各自的具体实践，也超出了技术性层面，甚至有关技术性调整的辩论也被上升到政治层面，辩论中对各自模式的发挥并非为了有意夸大其实践的状态，而是由于人们迫切地需要重新确认变革的社会目标。不同的社会目标会产生出围绕发展战略而展开的社会斗争。如果要分析中国未来的选择的话，就需要分析中国内部的主要矛盾和次要矛盾、矛盾的主要方面与次要方面，以及这些矛盾在国际语境中、国内语境中的差异、转化和变异的动力及可能性等等。

中国的区域关系、城乡关系和贫富差别意味着产业转移和产业升级的过程仍有很大的空间，城市化道路和工业化道路还会持续相当长久的过程。受经济危机的影响，制造业产能出现过剩，由于国际市场萎缩，正在转向内部拉动，但总体来说，我认为工业化过程不会停止。而且我认为在国际资本主义体系当中，不但到目前为止，而且在未来20年当中，中国仍然处在上升的阶段。危机、挫折、社会矛盾的加剧并没有改变这个国家在世界体系内上升的轨迹，恰恰相反，它们正是这个上升过程的伴生物或者说直接的产物。因此，不同于"中国崩溃论"，我认为中国仍然处于上升过程；但也不同于发展主义的论调，认为经济增长可以化解社会矛盾，我反而认为正是这个上升过程本身会带动社会矛盾的尖锐化。尽管出现了各种有关发展模式的讨论和实验，也出现了局部的改变，但这个上升过程的基本模式不会发生根本变化，城市化、制造业的发展带动大规模的社会转型，由此产生的冲突矛盾——尤其是区域关系、城乡关系的变动——不会减弱。总之，中国在世界资本主义体系中的地位会继续上升，但经济上升并不意味着矛盾的自动消失，社会分化的格局会长期存在。由于工业化过程的持续和大规模城市扩张，对能源和其他资源的需求将会持续，这也会导致国际矛盾的尖锐化。其实，资本主义的常态是经济上升期与社会矛盾的累积的共生关系，19世纪和20世纪前半叶，资本主义的上升期正是欧洲阶级斗争最蓬勃发展的一个时期，也是其国际冲突最为严重的时代。我们要研究的是上升中的社会冲突与下降中的社会冲突的各自特征，研究中国及其他新兴经济体与欧美国家的变迁轨迹之间的差异。中国的社会矛盾有可能激化，原因不是因为它要垮掉，而恰好是因为它在世界资本主义体系中处在上升期，社会矛盾的激化正是其后果。

这是我一贯的看法，十几年前有人发表"中国崩溃论"时我就这么表述过。因为它处在上升期，尽管处于局部调整之中，但基本的发展模式不会发生根本性的转变，因而社会矛盾和阶级矛盾的加剧也不可避免。要想改变这一格局，就需要讨论改变发展模式的问题，而这个改变若是离开了方向性的调整是无法完成的。在讨论中国的经济增长的时候，有人说我的看法比较乐观；在讨论社会矛盾和社会冲突时，也有人说我的看法比较悲观。其实，用悲观和乐观来表述是没有意义的，所谓"乐观"很可能就是"悲观"，反之亦然。资本的力量很大，利益关系盘根错节，即便我们指出了基本模式的危机，在新的形势出现之前，结构性变革仍然遥远。此外，全球资本主义体系的特点就是发展不平衡，这也使得一些地区的增长具有特殊的意义，例如中国、印度、巴西和非洲一些国家的发展修改了国际格局的霸权关系，使得欧美的霸权地位有所降低。迄今为止，非洲、拉丁美洲国家总体来说对中国的新角色持相对欢迎的态度，就是因为中国的崛起打破了原来稳定的霸权构造。同样的逻辑，国内边缘区域的经济成长有助于区域和城乡间的平等。现在的挑战是：边缘区域的发展与产业转移的大格局关系密切，而后者在改变经济发展的不平衡的同时，并不包含改变发展模式的必然性。

毛泽东总结过20世纪帝国主义的时代特点，即第一世界与第三世界的矛盾上升为主要矛盾，国际劳动分工使得原有的阶级概念在国际领域发生了变化。伴随着国际劳动分工，中国国内的阶层分化和社会分化日益严重，但这个分化同时也是国际劳动分工的产物，是体系性矛盾的一部分。国际发展的不平衡和国内发展的不平衡都需要我们仔细分析主要矛盾及其转化。不久前，为了讨论辛亥革命后中国的政治变迁，我重读了毛泽东1926年论农民问题的文章和1936年以后讲抗战的文章，发现其中存在着重要变化。20世纪20年代，主流观点认为国际的战争是有意义的，国内战争即阶级斗争是无意义的，我们现在也有人持这一观点，这是民族主义的调子。毛泽东表示反对，认为第一次世界大战证明所有的国际的霸权斗争是没有意义的，国内的阶级战争才有意义，十月革命就是国内阶级战争解决了国际问题的最佳例证。因此，他在1926年从事农民运动的时候非常强调阶级斗争的重要性。20世纪30年代由于整个世界格局的变化，侵华战争迫在眉睫，国际法西斯主义的威胁上升到危险的阶段，他的看法发生了变化，即认为主要矛盾从国内阶级斗争转化为民族矛盾，不能只讲国内阶级斗争，还要讲统一战线，在国内，民族资产阶级、地主阶级成了统战的对象，在国际上，资本主义的反法西斯国家也成了统战对象。他并没有放弃阶级分析，而是认为在特定历史条件下，敌我关系发生了重大的转变。

不是这个战略分析本身，而是它所体现的方法对于解释中国经济的崛起仍有重要的启发性。中国知识界，无论是左翼还是右翼，都没有成功地回答这一问题。你刚才问到中国按原来的路子发展是不是可以很快挤进发达国家的俱乐部，这个问题不容易回答。首先，资本主义国家俱乐部是一个经济俱乐部，也是一个政治俱乐部，要想进入这个俱乐部有一个"政治审查"问题。俄罗斯政治上已经按西方的模式改变了，但按照西方标准，尚未达标，进入不了这一俱乐部。中国与西方的政治体制和社会体制不同，又是亚洲国家，没有哪个西方国家真的认为中国会成为其俱乐部成员。其次，能否进入发达资本主义国家俱乐部，不仅要看中国的状态，还要看国际格局。前一段时间我在日内瓦参加"南北论坛"，一位印度经济学家讲，金砖国家的经济发展规模比发达国家弱很多，但现在西方已经把金砖国家变成一个大话题，目的是推卸西方国家应该承担的国际义务。全球化改变了原先的世界格局，"三个世界"的理论不能简单照搬了，但在气候问题、能源问题及有关其他国际责任的谈判中，第一世界与第三世界的博弈，或者说南北关系问题，仍然是一个主要矛盾。当然，与过去不同，这个主要矛盾是围绕着如何在全球范围内改变发展模式这一宏观目标展开的。当代世界的平等危机的根源在于南北关系及其衍生结构的不平等。中国将在未来二三十年中成为世界第一大经济体，这并没有太大的疑问，但其含义到底是什么，是要认真考虑的。今天国际劳动分工和国际经济结构都发生了重大变化，比如说美国是第一大经济体，但它是债务国，中国是一个发展中国家，但它是债权国；即便是第一大经济体，上述经济结构的转变未必对中国是最有利的。

今年在日内瓦联合国会议中心举行的"南北论坛"以金砖国家为主题，第一天讲中国，第二天讲巴西，第三天讲印度，后面讲俄罗斯和南非。因为有其他安排，我只出席了前面三天的讨论。按照这个顺序，每个国家也对应着一个主题，中国那一场的主题是"世界工厂"，巴西的主题是"世界的面包房"，印度那一场叫作"世界的办公室"。这些主题描述了一个国际劳动分工的新趋势，中国的工业化实际上也在这个国际劳动分工的新格局里面。与其他后发国家相比，中国由于未曾经历全面的殖民、具有漫长的农业传统，在第二次世界大战后又有自主发展的历史经验，其经济构成上的多样性比很多发展中国家要高得多。许多前殖民地国家即便在独立后，也仍然是单一经济，如咖啡经济、蔗糖经济或者石油经济。有些国家原来有工业、农业和其他多种经济形态，但是越来越往专门化方向发展，其转变速度之快，甚至超过了过去的殖民时期，比如巴西、阿根廷等在极短的时期内成为主要的农业出口国。它们的农业被少数垄断的种子公司控制，并成为国际劳动分工的一环，受控于国际市场。中国的经济多样性比较高，相对而言稳定性就多一点，不会由于国际市场的萎缩而一下子垮掉，但所谓"世界工厂"的名号，也蕴含了一种对中国未必有利的趋势。工业化是必要的，但如果这一工业化与一种新型的国际劳动分工相联系，就意味着中国工业化将承载比传统的工业化更大的能源消耗、廉价劳动、生态压力和其他劳动保障方面的代价。

在西方语境中，许多人往往将中国的能源问题、生态问题、移民问题、廉价劳动力问题与人权及其他国际规范放在一起讨论，却从不追究国际性的产业转移与这些问题的关系。中国的世界工厂化与西方国家的去工业化的关系本来是一目了然的，气候变暖、能源问题、廉价劳动，甚至国家的压制机制，都是这一新的国际劳动分工的一部分。产业转移也是社会矛盾向发展中国家的转移。

产业的国际转移与阶级关系的国际转移对于解释中国的社会冲突也是重要的。与传统的工业资本主义不同，我们今天处在一个高度金融化、资本化的时代，全球化使得资本与劳动在地理上的分离变得比过去任何时候都更为清晰。过去的阶级斗争集中在国家内的劳资关系上，但在跨国资本主义时代，资本高度灵活，国家变成跨国资本的维持会和代理人。资本的流动性和生产的跨国化造成了劳资矛盾形式的变化——劳动与资本的关系是通过国家的招商引资完成的，劳资的纠纷也往往变成劳动和国家之间的冲突。例如，工会问题本来主要是劳资关系的产物，但在中国却成为劳动与国家的关系问题。在全球资本主义条件下，阶级关系的国际转移所造成的冲突到底怎么去分析？这涉及对国家的镇压机制的新分析，即不同于以往，国家的压迫性恰恰是由产业转移、新的劳动分工带来的。国家的压制机制在形式上有延续性，但内涵发生了重大的变化。在这一条件下，如何分析政治空间与民主问题，成为一个新的问题。

回到前面所说的经济增长与社会矛盾的累积问题上来。由于处在上升期，国家积累了大量的能量，也加强了其控制社会矛盾激化的能力。经济规模的增长也给了整个社会一个期待，从而提供了某种稳定性的要素。但如果稳定越来越和增长联系在一起，也意味着一个危险的逻辑，即经济一旦停止增长，或者处在另外一个格局下，政治危机的爆发就不可避免。也正由于此，国家的稳定性越来越依赖于增长，从而发展模式的变革变得更加困难。在这个意义上，我认为刚才提到的转变中国社会变革方向的问题是十分迫切的。

在国际金融危机中，中国应该采取什么样的国际战略？我个人的看法是寻找自主的发展战略，突破资本主义霸权所主导的劳动分工模式。没有自主就谈不上战略，但到底什么是全球化条件下的自主，已经成了一个很复杂的问题。生产、消费、劳动都在国际化，原来民族国家条件下的自主性、冷战时期的自主性都不再可能了，因此，要探索"自主性的新形式"。所谓国际战略，就是如何建立与美国、欧洲、拉丁美洲、非洲和周边邻国之间的关系，如何在资本主导的世界里保持政治的能动性。从理论上看，社会民主主义和自由主义的全球正义理论非常空洞，并没有提出实质性的纲领，而依附理论和"三个世界"理论作为切入整个全球格局的总的分析方法也在很大程度上失去了解释力。例如，如何解释中国与非洲的关系，如何分析中国与东南亚国家的关系，这已经不可能在万隆会议时代的框架中展开了。毛泽东关于"三个世界"的理论是在冷战的格局下形成的，有两大阵营的对抗，才有中间地带，第三世界的非社会主义国家才可以与社会主义一道形成反对帝国主义和霸权体系的统一战线。目前这个格局已经不存在了，但这个理论对我们的启发并不应该忽略。

政治上的犬儒主义和机会主义只能导致自主性的丧失。自主性集中体现在中国与发达国家和发展中国家的关系之中，自主性的弱化导致中国没有有力而又灵活的国际战略。过去30年，与西方的关系是中轴。知识界或悲观，或自大，一会儿说中国一无是处，一会儿又说中国已经不得了了。新世纪之后，得意扬扬的味道重起来了，说我们是债权国，美国也不敢把我们怎么样，现在美国人在南海折腾了一下，他们发现中国不但与美国存在利益对抗，而且与周边国家关系也很紧张。不过，中国的经济行为中还部分地保留了一些东西，例如，与西方企业不同，也与一些急功近利的私人企业不同，在非洲和拉丁美洲的中国国有企业总体而言有长期的计划性，在当地一般来说还是受欢迎的。前段时间一位英国导演拍了一部有关中国在赞比亚的纪录片。我和这部片子的导演有过讨论，他也同意说，中国国有公司愿意投资那些欧美拒绝投资的基础建设领域，计划往往是长期的，获取回报需要很长的时间，这对西方国家和它们的公司而言是不可能的。西方20世纪70年代以后已经宣布不能在这些地区从事基础建设方面的项目，因为风险太大。在这个格局下，中国能够发展出怎样的与发展中国家的战略关系？这个问题值得思考。

当代资本主义的危机与反资本主义的新方向

《国外理论动态》：在这次国际危机之前，您其实已经很深入地论述了当代资本主义具有的深刻的危机趋势，比如您对全球化、新自由主义等的内在矛盾的揭示，特别是您指出它们所导致的"去政治化"趋势已经导致资本主义在平等上出现日益严重的危机。您揭示的这些危机和当前资本主义的金融、经济危机乃至社会和政治危机有内在的逻辑关联吗？这场危机形成的更深层次的逻辑是什么？

汪晖：新自由主义全球化和中国的"去政治化"趋势，与当前的资本主义的金融危机和政治危机完全是有逻辑关联的。这是一个潮流。首先，从经济层面来看，20世纪70年代晚期整个资本主义向新自由主义转变，中国大概是在80年代中期，特别是城市改革以后开始露出端倪，1989年之后深化，这个浪潮一直延续到今天的全球性危机。其次，在政治领域，新自由主义使得政治的含义发生了重大的变化，瓦解了原有的政治格局，不光是社会主义国家的政治，也包括自由民主体制，特别是以国家、政党为中心的政治，几乎无一例外地出现了危机。在政治领域，这些危机的主要特点是代表性断裂，不同的政党体制因为代表性断裂而产生政治危机。

在政治领域，代表性的匮乏是普遍的特征。今年11月18日，我在德国社会民主党总部与社会民主党主席加布里尔（Sigmar Gabriel）有过一场公开的对话和辩论[1]，我在演讲中指出，欧洲与中国的政治体制的差异非常大，但不仅共同面对着经济危机，而且也有着相似的以政党的代表性断裂为中心的政治危机。我的基本看法是，今天分析政治体制危机的主要尺度应该发生一个转变：此前的政治分析都以两种政治体制的对立作为它的前提，即以另外一个体制作为自我理解的前提。但从合法性危机的根源来讲，今天的危机不能在一个体制与另外一个体制的差异中诊断，而必须在为什么不同的政治体制共同地产生了"代表性断裂"这一问题脉络中展开。"代表性断裂"问题遍及所有的政治体制，这并不是说原来的两种社会体制的对立消失了，而是说全球性的转变导致这种对立的含义发生了巨变。代表性的危机说到底是新自由主义在政治领域的产物，也是去政治化的后果，与整个全球资本主义条件下政治结构发

---

1 《再问"什么的平等"序言》，见本书第一集《巨变中的世界》，第235—255页。

　　　　　　　　　　　　　　　　　　　为未来而辩论

生的根本的转变和变迁有关。加布里尔评论说，我把欧洲与中国放在完全同一个平台上加以批判让许多人感到惊讶，但这个批判确实触及了欧洲政治和思想的危机。

《国外理论动态》：资本主义面临严重危机，但是反资本主义运动好像从 20 世纪 70 至 80 年代以来，基本丧失了方向感和道路感。因为苏东剧变后，关于如何看待传统社会主义的历史，如何看待资本主义民主制度和市场经济体制，一直没有系统而深刻的理论著作出现。而正如您所说，理论的作用是非常巨大的。反资本主义力量从反伊战运动直到"占领华尔街"运动，好像不知道该反对什么、争取什么，他们陷入回到传统社会主义不能得到人们信任，在资本主义的民主和市场框架下又软弱无力的困境，您一直在反思左翼面临的这些重大理论挑战，根据您的思考，反资本主义运动应该如何摆脱这一困境，替代运动的方向在哪里？

汪晖：反资本主义运动不可能回到传统的以民族国家为单位的社会主义模式中，对于这一点应该有清醒的认识。这一轮全球化的规模，尤其是生产的跨国化，使得退回到旧有的国家逻辑当中的可能性变得很小。但国家是一个斗争得以展开的空间，自主性问题也在国家层面得以呈现。没有全球体系的变化和新的规则与空间的出现，也就难以克服当前的危机。只要观察一下北非、中亚国家在外来干涉下的命运，就可以理解国家问题绝不像许多人说的那样没有重要性。就是因为这一点，我才说要探索全球化条件下的自主性问题。最近反资本主义运动出现了一些变化，"占领华尔街"运动实际上提出了体系性危机的问题，同时也呈现了缺乏有效的战略的弱点。我们可以归纳几个特点：首先，在针对新自由主义浪潮的一系列改良运动逐渐挫败之后，现在出现了一个针对体系的抗议运动，而且这个抗议运动表现出了全球性和不平衡性。全球性是指中东、北非、拉丁美洲、亚洲、美国和欧洲到处都出现了这种运动。所谓不平衡性是指：这些运动是相互关联的，但形态各异，体现出各自社会条件、区域条件、经济—政治条件和文化条件的不平衡。比如埃及的运动得以发生的条件是金融危机条件下的高失业率、长期的和大规模的贫困及高度的腐败，这些是长期的、普遍的、与其他区域较为相似的现象。但除此之外，它还针对政治体制，即长期的警察专制加上国际范畴内的美、以秩序，以及伊斯兰运动。它的反体系性集中在这些方面。在伊斯兰地区，这一反体系运动激活了或者说释放出了一种宗教能量，这些能量不是新的政治力量，但具有变成新的政治能量的可能性。宗教重新进入政治领域的状况并不仅仅出现在阿拉伯世界，整个非洲，包括现在的欧洲，也有类似的现象。中国也面临着复杂的宗教问题，但主导的社会矛盾仍然是经济性的和政治性的。由于中国在漫长的革命和建设中形成了一个相对独立自主的国民经济体系，即便经历了迄今为止30年的开放性改革，已经高度全球化，但其经济体的相对独立性（以及内部不平衡性）仍然是显著的特征。前几天，"占领华尔街"运动动员了两三万人从纽约步行到华盛顿，这一运动似乎是要点明资本主义经济体制与政治体制之间的关联。99%与1%的对立似乎也隐含了一种阶级性的元素，但显然，原来的阶级性运动的模型不适用于分析这一运动。我个人的看法就是，体系性的问题需要在理念上重提大的方向问题，同时重视全球范围内、区域和国家范围内的不平衡。

中国处在大规模工业化、城市化的过程当中，城乡矛盾与阶层分化仍然是非常重要的特征。如果真正能够做到"五个统筹"，就必须改变发展模式，调整变革方向，加强中国社会和国家在发展战略上的自主性。大规模城市化与工业化连在一起，城乡关系与新工人阶级的形成有着内在的关联，因此，大规模城市化条件下的城乡

为未来而辩论

矛盾如何解决，是一个中心环节。如前所述，中国经济规模的扩张是和新的国际劳动分工联系在一起的，它的高能耗、廉价劳动力不能在国内的单一语境中解释，却无疑会加剧内部冲突。如果不重新调整在国际劳动分工中的位置，社会冲突、社会平等的问题就不可能得到根本解决。

如何才能形成全球化条件下自主发展的战略？在全球性的国际分工和全球资本主义条件下，离开每一个社会的独特条件及所处的国际位置，就不可能形成突破性的战略。毛泽东在《论持久战》中说战争的胜负要分析三个势：敌势、我势、地势。敌人怎么样，我们怎么样，客观而言敌我斗争的场地怎么样，综合这些方面才能分析到底应该采取什么样的战略。站在这个角度说，我们先要分析金融资本主义和全球劳动分工的新格局，以及在这个新格局下产生的国家关系、区域关系、阶级关系、社会关系。从对手的角度说，发达资本主义国家能够成功地再工业化吗？如果能，对我们意味着什么，如果不能又会出现怎样的局面？在危机条件下，政治、军事关系会发生什么变化？从中国自身的角度说，中国是一个非常不平衡的发展中国家，它的区域关系也极为复杂，它的发展的可持续性与它的发展的不平衡性到底是什么关系？这是形成新的发展战略的思考前提。沿海经济受国际危机的影响较深，许多产业开始向内地转移。所谓内地拉动缓解了经济危机是事实，内蒙古和其他地区的经济增长率远超沿海地区。这是发展不平衡造成的。但伴随着产业转移，危机也开始波及这些区域。中国内部的不平衡，反而使得它承受经济危机压力的能力比其他小共同体要大，广阔的农村腹地和广大的农村人口提供了缓冲和发展的空间。但这个分析是从中国发展不平衡性出发的，有某种方法论的意义。这不等于说这种区域不平衡可以自然地成为可持续性的保障，我觉得应该像毛泽东当年分析战争形势一样来分析中国在全球资本主义条件下的可持续程度和规模，分析它的阶级矛盾、社会矛盾发展的形势，解释中国的国情及其发展战略。

克服矛盾的挑战

《国外理论动态》：您曾经谈到关于中国的国家能力有一个基本的悖论，即一方面，较之许多其他国家的政府，中国政府的能力得到了广泛承认，从汶川"5·12"大地震后的救灾动员，到金融风暴后迅速推出的救市计划，从奥运会的成功举办，到各地方政府在组织发展和克服危机方面的效能，都显示了中国国家能力的突出优势；但另一方面，各种民意测验显示公众对政府的满意度处于较低水平，官民矛盾在某些地区、某些时刻也极为尖锐，不同层级政府的施政能力和廉洁度也受到质疑。最为关键的是，这类矛盾经常被上升到合法性危机的高度加以讨论。您如何看待这一问题？

汪晖：这就是合法性问题。在全球资本主义条件下，政治体制的合法性危机的核心是政党政治的代表性危机。在全世界范围，政治体制的危险格局是从一种没有代表性的政体向另外一种没有代表性的政体转移，从而让这种空洞的政体转移成为不平等的社会过程的合法化的条件。颜色革命就是从一种没有代表性的政体向另外一种没有代表性的政体转变，表面上是民主化，实质上是最不合理的社会分配和财富剥夺过程的合法化。克服政治危机的真正挑战是如何避免从一种没有代表性的政体向另外一种没有代表性的政体的转变，其前提是所谓重新政治化。这是非常尖锐而又非常复杂的挑战。我认为在理论上阐明这个问题是迫切的，因为很多人并不了

为未来而辩论

解这个代表性危机的普遍性和深度，甚至认为西方没有代表性的危机。争取一个真正的公共的讨论空间，形成真正的政治的和理论的辩论，对于中国的政治变革而言十分关键。大众媒体上很难有严肃的政治讨论，这个状况是很危险的。关键是要通过自主讨论，让大家了解在全球资本主义条件下政治危机的真正特点和本质。

很多观察家讲到中国国家能力的问题。真正的问题是为什么中国一方面有较强的国家能力，而另一方面又无法克服合法性危机？国家能力首先是国家回应社会需求的能力，在这方面，中国国家能力显示出它的两面性，即一方面在特殊状态下反应能力很强，而在另一些方面又非常缓慢。最近福山写文章说，中国的反应能力不但比周边国家强，而且比很多发达国家，比如日本、韩国和欧洲的很多国家都要强。在与加布里尔的辩论中，我也特别谈道：如果一个国家的政治体制的反应能力强，表示这个社会存在着民主的要素和潜能，但是我们的民主理论注重于形式分析，而忽略这些实质性的潜能。正由于此，如何使这些潜能发展为更为制度化的实践是不清晰的。如果能够在理论上和制度上清晰地描述这种潜能得以展现的条件，就能给我们提供一个更具实质内涵的民主变革方向。如果能对社会需求做出迅速反应，表明这个政治体制存在着实质的民主潜能，但程度如何、怎样发展、如何表述，都需要具体分析。

国家能力的另一面是政治整合能力，即通过公共行政对各种社会利益和诉求进行政治整合的能力。福山在最新的文章（"Oh for a Democratic Dictatorship and not a Vetocracy"）中针对西方民主危机提出要"民主专政"（democratic dictatorship），不要"否决政治"（vetocracy）。在历史观上，我们当然是不同的，但他在这里的实际所指与我在《革命、妥协与连续性的创制》一文中谈及的政治整合有些相似性，即强调行政决定与政治整合之间的贯通关系，而批评行政权力与议会权力之间的过度分隔与对峙。通常而言，行政权力是执行机构，而议会—政党体制是政治整合的机器，在代表性断裂的情况下，国家的政治整合能力大规模瓦解。议会、法院、行政，三权分立，但政党的"代表性断裂"、政府的进一步官僚化和法律体制的危机导致国家回应社会危机的能力下降了。这也是当代政治危机的基本特征。

毛泽东思想的重要意义

《国外理论动态》：您多次提到"毛泽东思想"这一理论资源对于我们分析当前中国与世界的形势的重要性，我们想请您进一步展开谈谈这一具有重要方法论意义的问题。

汪晖：我是针对贵刊的栏目而言的。毛泽东思想是 20 世纪中国最为重要的遗产之一。就对整个西方思想和第三世界运动的影响而言，中国没有任何其他遗产可以与之相比。当代法国的著名哲学家阿兰·巴迪欧（Alain Badiou）是个典型例子，他对毛泽东的文本有很深入的分析。他对欧洲哲学史的深入阐释与他对毛泽东思想的阐释相得益彰。20 世纪 70 年代，北京大学的张世英教授写了一本关于黑格尔的著作，被翻译成了外文，巴迪欧曾经写过一本小册子来回应张世英教授。按照意大利学者鲁索（Allessandro Russo）的解释，那本书在巴迪欧的思想历程中标志着一个重要的转变。这是一个思想时代对于这位哲学家的影响。由于 1968 年之后的挫败，整个欧洲理论，特别是左翼理论，带有政治悲观主义的特点，佩里·安德森（Perry Anderson）就曾将这种精神气质归结为"不妥协的悲观主义"。但巴迪欧的理论中有一种毛泽东式的革命乐观主

　　　　　　　　　　　　　　为未来而辩论

义，即便在低潮的时代，他仍然将毛泽东关于"捣乱，失败，再捣乱，再失败"的"敌人的逻辑"与"从胜利走向胜利"的人民革命的逻辑展开为一种历史的理论。2007年，我们在博洛尼亚开会讨论20世纪的中国，巴迪欧提交的文章是对毛泽东的《中国的红色政权为什么能够存在？》[1]的文本细读，我读后很受启发，也很受鼓舞。在那么困难的条件下，毛泽东以独特的洞察力分析出中国的红色政权能够存在的理由，进而提出"星星之火，可以燎原"[2]的命题。他关于中国的红色政权为什么能够存在的分析，其实与他后来在抗日战争中对中国为什么最终能够取得胜利的分析在方法论上是完全一致的，其中综合了军事、哲学和政治这三个层面。毛泽东的军事思想从来不是一个简单的军事战略和策略问题，而是政治、哲学和军事策略的综合。《论持久战》的战略思想是哲学思想在政治领域的展开，也是政治思考在军事战略、策略层面的呈现。两种统一战线如何形成，能不能够形成，帝国主义内部的革命有没有可能爆发，这些都是战略问题，而不是一般的军事战术问题，但两者是综合在一起的。毛泽东思想的重要特征是其实践性，就是永远切入现实分析中去。现实不是被动的、客观的，而是能动性与客观性相互交织的领域，在对现实的分析中，我们看到的是各种历史力量的脉动和走势。

"星星之火，可以燎原"，确实具有重要的方法论的意义。毛泽东面对的格局是白色恐怖，是革命与反革命之间的力量对比的悬殊。但在这个条件下，他提出了中国的红色政权为什么能够存在这个问题。这篇文章是一种出色的政治分析，但同时也像是一部兵

1　毛泽东：《中国的红色政权为什么能够存在？》，见《毛泽东选集》第一卷，第47—56页。
2　参见毛泽东：《星星之火，可以燎原》，见《毛泽东选集》第一卷，第97—108页。

书。他坚持革命的正当性，却又不盲目地重申这种正当性，而是将正当性与战略分析结合起来。这么一点点弱小的力量，最后在这么短的时间内壮大起来。红军到达陕北时还剩几万人，但早在1936年毛泽东就预见到了抗日战争的不可避免，世界大战的即将到来，以及整个抗日战争的基本路径，如果没有高度的理论概括力和对现实总体关系的洞察力，是无法达到这样的高度的。十多年前，当我们发起新的思想讨论时，完全是书生意气、孤军作战。没有政治的权力，没有媒体的权力，没有自己的群众，我们致力的是思想讨论。但在自己没有媒体平台的条件下，中国的批判思想仍然能够获得一定的发展，包括众多媒体的暴力在内的各种迫害和打击终于不能扼杀这些批判思想的成长，这是为什么？我们需要对内外局势做出客观而灵活的分析，形成一种理论的和战略的总结。

毛泽东的一系列概念，如战争上的统一战线、哲学上的一分为二，以及他对人民民主的阐释，都产生过巨大的影响。福柯关于政治和权力的关系的观点，詹姆逊（Fredric Jameson）关于第三世界的理论，都曾受到毛泽东的影响。而卡尔·施米特的游击队理论，以及以敌我为中心的政治概念，都与毛泽东的军事理论和政治思想有着这样那样的联系。最近"占领华尔街"运动与过去几年中逐渐发展的占领大学的运动有关——随着网络发展，许多人重新提出开门办学，批评现行的大学体制，我们不知道这些实践与毛泽东思想是否存在直接关系，但比较分析是必要的。关于知识、权力、政治、资本主义经济这几个主要因素之间的关系，以及什么是社会主要矛盾，谁是社会的主体，毛泽东都有过解释，并提出了一套分析问题的方法。

加布里尔在回应我的讲话时说，西方左翼30年来没有真正面对我所提出的"代表性断裂"和平等问题。他自己说，他过去到工

为未来而辩论

厂去的时候，工人介绍他时会说他是名社会主义者，他现在再去工厂，工人只是介绍他是政客。一名年轻的社会民主党人对我说，在冷战之后，"社会主义"这个理念不能提了，但不提这个概念，社会民主的转型到底往什么方向去呢？我在讨论中提及了这一思想方式的两个问题：第一是把社会主义、共产主义等同于原来的传统社会主义实践；第二是把原来的社会主义实践当成一个整体，完全拒绝对实践过程进行真正的历史—政治分析。在欧洲语境中，一提到社会主义就是"专制"，就是"极权暴政"，整个调子是否定的。社会主义是一笔丰富而复杂的遗产，对这份遗产需要进行批判性的总结。毛泽东的思想遗产既是我们思考的对象，又提供了反思他自身的政治实践的方法。我们必须从这个角度去重新激活这一遗产。

03　中国的开放与自主
——《南风窗》访谈

　　本文原刊于《南风窗》2018 年第 23 期。原编者按:"改革开放已经跨过 40 年,今天中国所面临的世界经济、政治和文化权力格局,都和 40 多年前别如霄壤。中国自身的变化以及外部环境的变化,反映的不仅是全球物质力量的此消彼长,还是一个各国、各民族在现实发展中不断在思想上反思、批判,总结和预期自身发展路径,寻找自身独特性和自主性的过程。

　　改革开放开启的是中国新一轮现代化进程,在此过程中,思想建构发挥了隐形但不可忽视的作用。汪晖教授对'现代性'的反思和批判,在思想领域受到广泛重视。围绕'开放与自主'这一改革开放的重要命题、国家和民族在全球化浪潮中如何自处的根本性问题,《南风窗》记者何焰采访了汪晖教授。"

需要重新思考的现代性

　　《南风窗》:汪老师,您对现代性的反思,是从 20 世纪 90 年代开始的,那时中国改革开放已经十几年,社会活力比较强,对未来的预期也比较积极，为何您的著述中仍然有"亡天下"的忧思？

汪晖：忧患意识是中国思想史上一个非常古老的传统，从孔子时代开始就已成为一条内在线索，并不是在晚清才存在。

忧患来源于两方面——"亡国"和"亡天下"。"国"主要是指政治体，比如一个王朝，"其兴也勃，其亡也忽"，兴亡更替都很快。相比于王朝兴衰，孔子更关心礼乐文化、"天下"秩序的维系。"天下"包含道德、审美和文化，如果连这个也衰亡了，才是真正的"从内到外的衰落"。

所以，"忧患"是中国思想史向来的底色。到晚清时期，内忧外患，中国遭遇"三千年未有之变局"，就更为凸显。当时很多不同派别的知识分子参与到公共讨论、国家建设、政治组织、社会运动，以及后来的革命运动中去，其背后都有这个底色。它超出了一己私利，持着"怀抱天下"的信念。一方面，它有独特性，因为中国文明或者中国历史在晚清遭遇了前所未有的危机。另一方面，它也有普遍性。当时的整个世界都在发生重大变化，中国的危机是其中的一部分。我从鲁迅开始研究这个时代，鲁迅的整个思考中也正是包含了这样的关切。如今的时代与 20 世纪前半期已经十分不同，但中国思想的这一传统在任何时代都具有重要意义。

《南风窗》：由于晚清以来的经历，古老的中华文明是否像已经失落的三大文明古国那样，同样面临失落的危险？

汪晖：所有的文明都处于兴衰进程中，而且在发生转化。中国的文化和文明不会消失、衰亡，我对中国文明的生生不息是有信心的。经过一两百年、几代人的努力，它不会发生像古埃及文明、巴比伦文明，包括古希腊文明那样的变故。中国文明今天仍在延续，在同一个地域、人口的基础上发展出来的中国文化，依然是生生不息的，只不过这样生生不息的文化不是一成不变的，而是在持续地发生转化。问题是往哪个方向转化，怎样发生转化，这是应该思考的问题。

《南风窗》：向现代性转化，是无可选择的方向，改革开放事实上也是这一转化的延续。在中国，说起"现代性"这个词就会联想到您，这是您的学术标志之一。不过您是在对现代性进行彻底反思的背景下使用这个词的，"反现代性的现代性"，即中国独特的现代性。

汪晖：我当年提出"反现代性的现代性"，是基于批评的态度，而不是基于规范的意义。一定程度因为现代和现代性的概念在很多思考中逐渐被规范化。在19世纪，尤其是20世纪，大家逐渐地以欧洲思想或者欧洲文明作为现代文明的基础，用一个一成不变的规范性的尺度来衡量所有的文化。我之所以提出"反现代性的现代性"，就是对这种规范与具体历史条件之间的关系进行思考，进行批判。

"反现代性的现代性"，包含两个不同的含义。一方面是从历史的角度来看。因为现代性所代表的不仅是一套尺度，它也重新组织了我们对历史的叙述。我们对过去的思考过多受到欧洲中心或西方中心的现代尺度标准的影响，以一套根据近代欧洲的发展所产生出来的叙述方式，作为叙述自己历史的基础性框架和规范，我对这种态度是存疑的。

中国有这么长久的历史，这么丰富的传统，在19世纪之前依然是世界上最为繁盛的一个王朝，而且是一个文明体，它当然是有自己的历史脉络的。如果用欧洲19世纪的尺度，来把整个中国的历史重新划一遍，不进入尺度的就是负面的，进入尺度的就是可以衡量的，如此一来，大部分的中国历史就被撇在一边了，所以有必要重新探讨。至于被撇去的中国历史中的一些因素叫不叫"现代"，是完全不重要的一件事情。实际上它仍旧被重新组织在我们当代生活的思考中，组织在我们当代世界对于未来和对于自身的理解中。

从现实的方面说，现代性也需要被重新思考。自资本主义发生以来的一系列以发展为中心的现代观，从过去到现在，从落后到发达，所有的科学、技术，都是以发展为逻辑。我们有很多进步，尤其是在物质生活方面，但更多的是感受到了来自"现代"的挑战。从16世纪最早期的"现代"开始，殖民主义、帝国主义、贩奴和蓄奴制度、世界性奴役的结构，都在现代发展的过程当中被不断复制，在20世纪又爆发了最空前的战争，人类前所未有地拥有了毁灭自身的能力，一系列的问题出现了。还有当代社会的不平等、乡村和社会组织的转型和衰败、急剧的财富的分化、移民问题、战争问题等等。这些问题如此尖锐，以至于如果不加以批判性地思考，那么发展的逻辑就可能是盲目的，就有可能在某些程度上导向自我毁灭，或者自我破坏。

我之所以提出"反现代性的现代性"，就是因为认识到人类需要对现代性进程本身进行思考。批判性的思考不是简单否定以发展为中心的资本主义进程，否定全球化的进展，而是我们已经置身于这个进程内部，如果在当下再不提出批判性的问题，我觉得我们对自身、现实社会、全球关系以及对未来的理解，都是非常单线的。

正是单线的进化论，常常堕入一个比较简单的所谓的"现代"的思考中去。其实现代思想本身是丰富的，但是这种单线论又是现代社会里面最强势的一个思考方式，它在树立了一个先进的标准之后，把其他的都排斥在另一边，这种尺度是我认为需要警觉的。

独特和特殊不一样

《南风窗》：无论资本主义还是社会主义，都建构在"现代性"

的基础之上。1982年之后，中国的主流话语里出现了一个始终不渝的定语——"中国特色的"。您怎么理解这个词组，它可以被视为中国主体性的彰显吗？

汪晖：我的注意力在哲学上的区分，更愿意区分另一组概念——特殊主义和独特性。我强调的是独特性，而不是特殊主义。有人说独特就是特殊主义的，我不这么看。当我们说自己很特殊的时候，是说自己不同于普遍状况，因此，特殊主义是以普遍主义为规范才提出的，虽然形式上是对立的。

独特性和特殊主义不同，特殊性似乎是普遍性的反面，但独特性本身就包含着普遍性。世界上的每一个文化、文明，每一个独特的具有普遍意义的事件，都是在特定的条件下发生的，所以它是独特的，不是可以简单复制的。

我们经常会说普遍的就是可以复制的，我不认为如此。因为普遍性都是存在于独特性中，通过独特性来呈现普遍性。反过来说，也只能在独特的情境里去追求那些更具有普遍意义的东西。在这个意义上，独特性和普遍性的关系，不是可以随便用"复制"这个词来说明的。

西方有没有独特性？当然有。有没有普遍性？当然也有。可是这个独特性和普遍性都是存在于一定的历史的文化、事件和人物的条件之下的，我们可以受它的启发，从它那儿得到很多经验和教训，但是我们在学习、借鉴它的同时并不能复制它，也不应该去复制它。对自己的文明和文化也是同样道理，我们能复制过去吗？唐朝很好，汉朝很好，我们就复制汉朝和唐朝吗？不可能，但是我们可以学习。

那我们学习它是不是就是认为它是有普遍性的？的确。但是那个普遍性是可以被别人复制的吗？不行，这是独特的。所以不是在一个抽象的层面上讨论独特和普遍，而是在一个非常具体的情境中来理解独特性所包含的普遍性，或者说普遍性得以呈现自己所依赖的独特性。没有一个抽象的普遍，普遍总是具体的，总是蕴含在具体的事件里面。任何一个具体的事件总是有它的一定的存在条件，这些条件是其他情境下不具备的。你可以学习，可以受它启发，但是无法复制。

也有人问，中国模式、中国经验是不是可以复制？我觉得这没有意义，倒过来也一样。强调独特性，强调在这个意义上的具体条件下的探索，都是强调我们任何一个社会，探索自身的道路，都是一个非常艰苦的过程，而不是从哪里原样拿来就可以的，没有这样的捷径。

《南风窗》：经过五四、"文革"的两度彻底否定，中国传统文化尤其是儒家思想在改革开放至今40年里，一步一步又回到了主流认可的范围之内。这是否可以理解为曾经被现代性傲慢地拒绝的历史，最终还是参与了中国的现代性的塑造？从您的角度如何梳理这个过程？

汪晖：我们理解历史与现在的关系有不同的方式，最好避免回答这样的问题。

20世纪非常独特。在20世纪之前，中国并没有18世纪、19世纪的概念，也就是说，20世纪重塑了中国人的时间概念，重塑了我们对世界的理解。深入地研究历史就会发现，19至20世纪的大转变，不仅影响中国，也影响世界的其他地区。20世纪的世界发生了一个相当根本性的变化，这就是为什么现代性仍然是一个难以逃脱的话题。那么，在发生巨大变化的20世纪之后，怎么去理解我们的传统？传统是什么？如何去理解历史？就变得很重要。

20世纪是一个革命的世纪，它的整个姿态是断裂的、反传统的。但是细致研究也会发现，20世纪中国学习西方先进技术的方式和过程、社会组织的形式，也并不像它宣称的那样彻底地和历史断裂。即便在革命最激进的时期，我们的社会关系中的许多模式里也包含了很多历史的、传统的要素，有一定的连续性。

这不等同于说用这种连续性来否定"20世纪带有很深刻的断裂性"，我们对于历史传统的理解应当超出这样的模式。因为每一次历史传统的绵延，并不都是自然延续而来的。唐朝时佛教兴盛，但它是外来的宗教；到宋代的时候，儒学又开始复兴；来到近代，西方文化大规模进入，根本性地改造了我们的社会组织、国家形态，我们的用语、穿着、行为方式等，都发生了重大变化。在这个意义上，当然可以讨论断裂的问题。可是文化的要素，是以不同的曲折的形式渗透在其中的，所以看待断裂和连续，需要有一定的辩证的关系，不能简单地从连续的角度来否定当时的断裂，因为那个断裂本身表达的也是一个行动的意志。

一开头你问到中国文明、文化的延续性，命运的问题。设想一下，如果没有19世纪以来，特别是20世纪中国人付出的巨大的牺牲和代价，中国在地球上的"球籍"还存在不存在，都是个问题，对不对？那么在这个意义上，可以反思地对待20世纪中的很多问题，但如果过分轻率地否定20世纪，我觉得是不负责任的。

不仅在中国，今天在全球范围都出现了各种各样的传统文化的复兴，各个不同地区的人们都开始寻找自己的文化身份和文化认同。到底它的含义是什么？我觉得还要更深入地思考。

《南风窗》：中华文化有很强的韧性，这是它一枝独秀地存活到今天的必然性所在。"礼失求诸野"，在改革开放40年中，民间认同是很重要的保存方式，然后逐步回到官方话语体系，可以这么理解吗？

汪晖：不完全是这样。一方面，在民间社会，尤其是在中国传统的乡村社会组织中，传统文化是从来没有完全消失的，这是不可忽视的社会基础。另一方面，在国家形态中，虽然中国在政体上已经完全变成一个现代的国家，可是它的官僚体制和社会组织模式里面也包含了传统的要素。举一个简单的例子，科举考试在100多年前被废止了，但今天的文官考试和高考，不是都包含了科举考试的因素吗？这也是它的基础。

再有一点，任何文化的真正活力都在于对生活的各个方面的渗透力，它是被不同的力量不断地挪用的，并不能简单地说就是民间的。民间会使用，官方也会使用。比如宋代讲天理，王朝政治用天理来巩固自己的政权，以强调天来把自己合法化，可过去的造反者，也说现在没有天理了才要造反，所以每一个文明里面包含的要素都是极其丰富的，都可能被不同的力量所使用。

同时还有一点要注意，如果没有这样的文化要素在，我们怎么去学习别人？任何文化交流都是有一定的前提的，你不可能是一张白纸，什么都没有就去把别人的拿来了。事实上我们能够去理解、接近别人，也正因为有自己的文化。

文化之间不是一个封闭的系统，它本身带有开放性。所以我过去用过一个抽象的概念：我们每个人、每个社会都是"跨体系"的，一个跨体系的人，一个跨体系的社会。所谓跨体系，语言、宗教、文化、习惯都是体系，一个个的系统，可是我们人的存在、社会的存在，都是各种关系构成的，是可以跨越体系的。反过来说，人构成了一个社会，所以社会内部的文化，本身是有多样性的，所以用理论的语言说，所有的文明，在一定程度上都是由无数他者的痕迹所构造出来的。

我们的文明中包含了很多别人的东西，不是说你的文明都是你自己。鲁迅先生说"吃用牛羊……决不因此就会'类乎'牛羊的"[1]，就是这个意思。每一个人如此，每一种文明如此，每一个世界都是如此，内在地包含着多样性，因为都是由别的不同体系，共同造出来，但是它仍旧能够组成一个社会。

但是，任何一个跨体系的社会，又都是跨社会体系的一个部分。比方说，我们中国社会与韩国社会，是两个不同的社会，可是我们同时又是一个体系，因为我们共享儒家文明，都属于汉字的文化圈，我们有现代社会所形成的一系列纽带。文化让具有多样性的社会群体相互连接。也正是因为社会内部的多样性，社会才可以跨越体系进行相互连接，这也是一种文化关系。甚至社会、政治的关系，都包含其中。

人作为主体而言，是一个有机的、有能力思考的、有自主性的主体，而不仅仅是各种自身特质的叠加。人如此，家庭如此，社会也如此。这就是文化，我们要从这个角度上来理解文化。

开放与自主

《南风窗》：改革开放给予社会的自由度，消除了我们面对中国历史和传统思想的压力，同时资本主义、新自由主义、科学主义也得到广泛的认知和传播，后者是一种强大的进攻性力量，一时之间言必称希腊，不过今天的局面已经发生了微妙的变化，对后者的反思早已从知识界中的少数知识分子溢出到大众言论场。在这个过程中，是什么维系了中国的主体性？

1　鲁迅：《论"旧形式的采用"》，见《鲁迅全集》第六卷，第 24 页。

汪晖：我们在 20 世纪 90 年代讨论这些问题的时候，是非常边缘的，就像你说的，只是少数的知识分子，甚至是极少数人在提出这些问题，所以那时引发了很多的震荡和讨论。但这种思想在今天越来越多地进入公共意识中去了。我觉得它不是因为几个知识分子的能力，而是源于社会变迁的后果。

社会变迁的后果已经出现了。比如说市场，20 世纪八九十年代，市场似乎是一个自生自发的理想秩序，但是今天，我们逐渐意识到市场不是一个自生自发的秩序，相反背后还有很多操纵的力量。另外，我们正处在一个漫长的金融危机之中，2008 年至今已经十年了，我们还没有走出来，而且也不知道什么时候能够走出来。当下世界的危机的存在，使得我们意识到自己已经进入了一个高风险的社会。此时就必须思考新自由主义的市场、全球化带来的后果，需要设想不同的发展模式。

从另外一个角度来看，过去，特别是由于冷战的封锁，使得我们的社会交往的丰富性下降，可是全球化以后的流动性急剧提高，给了我们很多的方便、很多的丰富性。但是当社会高度流动的时候，它所带来的压力、危机同样是深刻的。移民的危机，由于流动所造成的族群冲突，由于不同文化和宗教的大规模接触所导致的冲突，都是随着现代的过程而来的。

我们今天所处的社会状态，使得我们必须去思考。开放性并不是简单的理想形态，因为这个开放性充满了矛盾性也充满了风险。多年前，我写过一篇文章《自主与开放的辩证法：中国崛起的经验及其面临的挑战》[1]，大概是说，我们今天需要探求的是要在一个开

1　本文刊载于《文化纵横》杂志（2010 年第 2 期）时删去了原主标题，更名为《中国崛起的经验及其面临的挑战》。——编者注

放条件下的自主性，不是简单、封闭条件下的自主性。越是在一个开放条件下，人越容易失去自己，一个社会也是如此。

事实上，自主是开放的前提，没有自主性的开放不过是随波逐流。所以自主的问题不是和开放对立的，越是开放就越是需要自主，就好像一艘船行驶在波涛汹涌的大海上，你如果没有能量去驾驭这艘船，那怎么能够穿越海洋呢？开放性与自主性不是对立的东西，恰恰相反，在我看来，今天所有社会所面临的危机就是在开放条件下的自主性。

美国这样的社会，世界第一大经济体、第一大军事霸权，现在也带有越来越多的封闭性，它以霸权的姿态来维持衰落中的霸权，其方式似乎是大家常说的"退群"，退群就是要重新回到某种半封闭状态。我们讨论自主，与美国的这种霸权状态完全不同；恰恰相反，对自主性的诉求也产生了对其他社会的自主性的尊重、对共同参与的愿望等等。在我看来，封闭不是自主的同义词，自主是开放的前提。区分这一点很重要。

中国现在所面临的局面是在开放条件下如何维持自主，这个挑战是很深刻的，因为挑战发生在各个方面，甚至是很多旧的概念都没办法简单地使用了。举个例子，主权是 20 世纪国家独立、民族解放的一个很重要的部分，可是在全球化条件下，讨论主权是很复杂的问题。有那么多的国际组织，中国也参与其中，如何谈论这些问题？更不要说中国内部的灵活的制度安排，也是非常复杂的。所以由这个问题所引出的一系列理论、重要的问题都值得思考。

《**南风窗**》：中国有没有什么特质可以帮助自身维持这种开放条件下的自主性？

汪晖：中国有许多其他社会所没有的条件。

中国作为一个超大型社会，有漫长的历史传统，又从来没有被完全殖民化，所以中国经济的多样性远远超过那些经历过殖民或被组织在殖民主义劳动分工内的其他社会，内部文化的多样性和互补性都是非常强的。

那么问题就在于，在今天，面对全球化的格局，我们是要削弱这样的多样性还是要同时兼顾这样的多样性？我们是要在牺牲乡村组织的基础上进行城市的发展，还是同时兼顾乡村和城市？我们到底是兼顾文化的多样性，建立一个社会的共同体，还是去走一条单一的道路，像苏联那样，到最后变成一个个的民族共同体四分五裂？跨体系社会的含义就是，这是一个社会，但在每一个层面都包含了多样性，从而这个社会是内在开放的，而不是同质单一的。

我认为，我们的社会几千年绵延下来的一些非常值得珍视的历史条件，是我们探求中国道路的先决条件。中国作为一个超大型的政治共同体，它的形成有很长的历史承载，这些东西在全球化的条件下都不能不去考虑。任何一个社会一旦形成路径，就有它的力量，也有它的惰性，需要有自我改革的能量。

从这一面说，就探索开放和自主的发展过程来讲，我认为中国的确是存在着很多的历史条件和基础的。反过来说，也就是在这样的背景下，我对知识领域中过分蔑视或者否定自己的历史传统和经验的思考方式，是持批判态度的。

很多人觉得你与别人不同，就应该把这个不同放弃掉吗？我的看法不一样，这是历史积累的基本条件，在此之上探讨出一条自身的发展之路，是我说的所谓开放和自主的关系中的重要一环。重要的是怎么去面对自己的条件，而不是简单地否定它，不能简单否定的不仅是古代的传统，还包括 20 世纪的经验，因为这个经验本身也是几代人的奋斗牺牲换来的。无数的人投入 20 世纪的探索中去，其中有很多代价，也有很多问题，值得认真总结，但是不能用"弃如敝屣"的态度来对待它。这个经验我觉得特别值得珍视，只要比较一下 19 到 20 世纪，多少经过殖民半殖民的国家的艰难历程，就知道现代中国的来之不易。

中国有中国的很多问题，需要我们审视和批评；但也要审视中国获得的成就和发展，它到底是在什么基础上获得的。如果不去研究这些东西，只是一味地说中国现在不行，并以此为据，说要完全地走新自由主义全球化的路，我觉得这是危险的。其实，中国当代面临的许多问题也正是在一定程度上受到新自由主义全球化影响的后果。

中国一直在寻求开放

《南风窗》：向来强势的新自由主义话语，在最近十年里受到了非常多的挑战和质疑，尤其以特朗普（Donald Trump）上台与英国脱欧为标志。这是一个全球化漫长历史过程中的反复，一个暂时的波折，还是一个历史性的转折？

汪晖：全球化并不是新的过程。新自由主义把冷战结束作为全球化的开始，但是一般认为全球化是伴随着现代资本主义的整个历史的，至少可以说从 16 世纪就已经开始了。历史学家也在探索更早时期的全球化。

全球化的过程有不同的阶段，是复杂、多重的。

由于冷战的结束，苏东的瓦解，出现了一个更加全面的以市场为主导的全球化进程，我们通常把它叫作"资本主义全球化"或者"全球资本主义"，但是到底用不用这样的概念、到底有没有所谓的"全球资本主义"，在学者中也是有争论的。每个地区的情况、条件、形态都非常不同，在所有这些阶段、地区中，全球化的过程都充满了冲突和矛盾，而不是单一的进程。也就是说全球化的进程伴随着反全球化的历史，这两者之间的矛盾是与生俱来的，而且一直以不同的形式存在。举个例子，日本农民当年抗议农产品市场开放，就证明着资本主义全球化的内部仍旧充满了张力。

反全球化的思想是始终存在的，只不过正的和反的在不同的阶段有不同的含义。比如特朗普上台之后，美国越来越强调单边主义，这和我们一般意义上的对于全球化的批评是不一样的。这是一个霸权的单边主义，它不等同于那些在全球化过程中，相对弱势受损的国家来要求社会改造的呼声，更不等同于那些带有更广泛的民主性的社会力量。

但是回过头来看，除了各种形式的保守主义之外，甚至民粹主义兴起的力量里面，也包含一些需要我们思考的问题。如果大家认为这只是特朗普个人或者是欧洲右翼领袖的个人风格的结果，而意识不到全球化所制造的矛盾，和许多底层社会在全球化过程当中的诉求，以及诉求怎么被转化成为一种政治能量——不思考这个过程，就不能理解全球化的危机。

因为这些东西就是全球化的危机内部的一个争斗，它不能真正地摆脱全球化。所以这是需要区分地来分析的地方——如何从历史和现实的角度，去理解全球化，再对它做出分析。

《南风窗》：在这种背景之下，中国应该怎么做。如您所说，还是得在开放的情况下来寻求国家的自主吧？

汪晖：当然是在开放条件下，你还能把自己封起来？而且我也特别地要说一句，过去老爱说中国是闭关锁国，认为现在说开放就是对过去的否定，我也是有异议的。

因为中国一直在寻求开放，不要说晚清以来不断地寻求改革的历史，社会主义历史时期也从来不是一个简单的封闭社会，中国和苏联，和苏东社会主义国家，和第三世界都是在努力地建立丰富的国际联系。

1949 年以来，中国就并不是简单的封闭，而是一直在寻求与西方建立起直接的关系，通过和欧美的互动，试图打破冷战的枷锁，寻求一个更为开放的世界。只不过是在冷战的条件下存在意识形态的分歧和社会体制的对抗，这些国家对中国持续进行封锁，但这些内容不应简单解释为中国拒绝开放。中国与美国、日本这些发达国家重建关系，并不是"文化大革命"结束之后的事情，而是从 20 世纪 70 年代初期就已经开始了的。在那之前，中国与英、法等国的联系就已经展开。在 50 年代，从 1955 年的万隆会议，已经奠定了中国与非社会主义的第三世界国家建立广泛联系的基础。正是因为有这样的基础，70 年代初中国才能重返联合国。

那么在这个意义上，怎么能够说这个过程都是封闭的呢？对历史不能过分扭曲。并不是说没有差别，其中有某种条件的差别，但是不等同于说之前的条件就是封闭。我们应当真实地了解这些历史。

《南风窗》：2008 年以来，新自由主义退潮，还有"历史终结论"终结、"中国崩溃论"崩溃，"山巅之城"式的"普世主义"不再那么理所当然，中国道路获得了一个相对宽松的环境。不过，在"与国际接轨"过程中，在观念认知、制度设计、社会运行等许多方面，已经与西方中心视角下的做法犬牙交错。基于中国历史发展的自身规律的现代性的"另一种可能性"，还是可能的吗？

汪晖：今天，全球都在探讨未来的图景。现代化的后果已经呈现，各个国家、地区的人都开始意识到自己处于一场全球化的危机之中，如今，重新去探讨一个新的可能性，是必然需要思考的问题了，这种思考不止发生在中国。

只不过过去我们把所谓的现代化当成一个规范，还没有意识到这些规范本身正在分解，正处在危机之中。所以反过来说，我们也可以看到，中国在学习一些国家的经验，另外一些国家也在学习中国的经验。这是个事实。发达国家的一些有心人，一直在试图理解中国为什么可以保持几十年高速增长、相对的稳定性，虽然那些解释未必是准确的。中国有很多的问题，有些问题还很严重，需要我们批判地面对，没有人会否定这一点，但如何分析这些问题的根源是值得深入探究的。中国的发展中蕴含了中国历史发展的自身规律带来的"另一种可能性"，我们去发掘这种可能性，不但可以作为批判和反思的资源，也可以作为构想未来的契机。中国的经验和教训不是与其他世界相互隔绝的，而恰恰是在相互关联和互动中产生的。独特性来源于历史的脉络，也来源于相互关联和互动的条件，从而包含了普遍的意义。

04 中国道路的独特性与普遍性

——《社会观察》访谈

2011 年初,《社会观察》编辑萧武对汪晖教授进行了专访,本文据采访内容整理而成,原刊于《社会观察》2011 年第 4、5 期。

从"北京共识"到"中国模式"

《社会观察》:2005 年前后,曾经出现过一个范围不大的关于"北京共识"的讨论。最近两年,国内外又出现了关于"中国模式"的讨论。但经常有人批评,"新左派"在这样的讨论中总是在为中国做辩护。事实是什么样的?

汪晖:2005 年,美国《时代》(*Time*)周刊高级编辑乔舒亚·库珀·雷默(Joshua Cooper Ramo)来北京,崔之元请他到清华演讲,王缉思和我做评论。雷默从中国的经验中提炼出艰苦努力、主动创新和大胆实验(如设立经济特区)、坚决捍卫国家主权和利益(如处理台湾问题),以及循序渐进(如"摸着石头过河")、积聚能量和具有不对称力量的工具(如积累 4000 亿美元外汇储备)等特点,认为中国关注经济发展,但也注重社会变化,是一种寻求公正与高质量增长的发展思路。从描述性的角度看，这个归纳是理想性的。雷默未必不知道中国发展中的各种矛盾，他将这些特征归纳为"北京共识"，针对的是"华盛顿共识"的危机和全球经济的总体状况。换句话说，"北京共识"以中国为阐释对象或资源，但并不是一个单纯的关于中国的经验性描述——迄今为止，任何一种经验性描述都会引起争议，因为中国经济发展展现了不同的、常常是相互矛盾的面相。

2005 年，无论在美国，还是在中国，都出现了针对新自由主义的批评，这也提出了一个问题，就是如何解释中国的发展：是沿着新自由主义的路线总结，还是寻找另一个解释。雷默的论文产生于他在英国伦敦外交政策中心发表的一篇调查论文，其中引用了很多人的研究成果，也包括我在美国出版的著作 China's New Order: Society, Politics, and Economy in Transition（《中国的新秩序：转型期的社会政治与经济》）。我在书中对于中国 20 世纪 90 年代的许多现象给予了批评性的分析，指出中国的发展主义及其后果与新自由主义之间的关联，但并不认为新自由主义可以解释中国的全部发展。我的着眼点在呈现问题、困境和危机，而雷默在引用包括我在内的许多中国学者的论点时，不可能不了解我们对现实过程的尖锐批评。作为一个观察者，他将知识界的辩论及其对公共政策的影响本身同时视为中国经验之一。他的目标是将中国改革中的一些经验理论化，进而提供一种不同于"华盛顿共识"的规范目标。你也可以说这是用规范的方式对现实的批评。

不久之后，约瑟夫·E. 斯蒂格利茨（Joseph E. Stiglitz）来清华大学演讲，又提出了"后华盛顿共识的共识"，同样是崔之元组织的，我也在场。他一开头就说，对于当前促进穷国的经济发展而言，如果存在什么共识的话，那就是"共识"根本不存在，因为

"华盛顿共识"对于促进成功增长而言既不是必要条件，又不是充分条件。他所谓"后华盛顿共识的共识"其实是以"华盛顿共识"的失败为前提的，这个失败集中表现在对市场原教旨主义的过分信赖。从全球经济的角度，他批评国际经济组织一方面创造了不公平的游戏规则，另一方面又把失败政策强加给那些依靠它们提供政策建议和资金援助的发展中国家，因此，提出"后华盛顿共识的共识"的目的之一，就是为发展中国家提供一种不同于"华盛顿共识"的政策思路。斯蒂格利茨区分了东亚经济的成功与其他经济体的失败，指出现有的经济研究未能从经验上和理论上提供经济发展政策方面的普遍共识。与雷默一样，从一种比较性的视野着眼，他对中国经济的表现是肯定的，在政府角色、因地制宜地制定政策、鼓励创新和注重公平等方面，他的"后华盛顿共识的共识"与"北京共识"有许多重叠之处。但"后华盛顿共识的共识"并不以某一个经济体的表现为经验根据，而"北京共识"与对"中国模式"的解释相互纠缠，人们会从一些经验的角度对其进行质疑，因而引发的争议也就比较大。

无论是雷默还是斯蒂格利茨，都发现中国的经验中包含了与"华盛顿共识"不同的地方，也认为中国的发展与其他一些地区，比如拉丁美洲的一些国家、俄罗斯等形成了区别，其中国家与市场的关系是一个关键环节。"华盛顿共识"的市场化、私有化与金融稳定化等一般原则不能解释中国的发展。在中国的市场化过程中，国家始终保持对市场的干预能力，没有走"休克疗法"的路子，也没有像阿根廷或其他国家经历大规模金融动荡。这里需要澄清的是，他们都没有单纯地为国家和政府角色辩护，例如斯蒂格利茨就指出过政府失灵的现象。他们提出的是政策的灵活性和创新能力，而不是在市场与政府的二元选项中选择国家。至于"新左派"，我已经反复提及，并不存在这样一个统一的派别，被归入"新左派"的知识分子对于中国经验的解释也各不相同。也许可以说，"新左派"只能通过对于发展模式的批判性思考来加以界定，因为环境危机、贫富分化、三农问题、公平与垄断等议题是我们共同关心的。我们也普遍怀疑市场原教旨主义，不承认中国改革只有私有化——无论是土地的私有化还是国有企业的私有化——一种方式，但这也与否定市场机制和不承认私人产权不是一个意思。寻找制度创新就是在这个意义上提出的。

我个人认为，继1989年社会主义体制经受考验和挫折而来的，是全球资本主义陷入体制性危机，我们不可能通过在中国复制这一体制而赢得和平、繁荣并创造一个公平的社会。在20世纪90年代到2005年之间进行的大辩论中，说"新左派"只是为中国或者说为中国政府做辩护，不过是典型的冷战意识形态的表达而已。右翼的逻辑大概是只要提国家的职能就是为政府辩护——他们大概忘记了国有企业改革中的问题正是假借所谓"国家退出"这一新自由主义口号实施的。

事实上，在"北京共识"和"后华盛顿共识的共识"提出的同时，在体制内和体制外都有人为新自由主义辩护。一位前财政部领导人就曾明确断言，遵循"华盛顿共识"是中国获得发展的原因。这样的说法从某个角度说，有一定道理：20世纪90年代中后期到新世纪的前几年，中国经济领域的许多重大决策都带有浓厚的新自由主义色彩，至今影响也没有消失。新自由主义可以作为根源性因素解释中国的房价泡沫、土地危机、对美国的金融依赖、大规模的社会分化、三农危机、社会福利制度的瓦解、生态环境危机、民族区域的社会冲突等一系列问题。新自由主义创造泡沫、分化、冲突和危机的能力不可低估，但真实的发展却不能用新自由主义或"华盛顿共识"加以解释。在 *China's New Order* 一书中，我解释了 90 年代中国的新自由主义问题，但与新自由主义者的立场不同，我的判断是批判性的。新自由主义者的侧重点在增长，但即便是中国的增长，也并不能用新自由主义来解释，而必须将这一增长置于改革前期和前 30 年所创造的历史条件之上——甚至可以说是漫长的中国革命及其遗产之上——才能给予解释。我们也应该考虑前现代时期中国社会积累的资源在这一转变中的作用。换句话说，解释中国的发展，即便只考虑增长，也必须置于一系列历史前提之上。

中国经验的历史前提

《社会观察》：您说的前提是指什么？

汪晖：关于这些前提，我在去年发表的《中国崛起的经验及其面临的挑战》[1] 一文中简略地提到过。首先，中国深深地卷入了全球经济体系，但仍然是一个主权经济体。这种主权的强韧程度远远超过一般的第三世界国家，与经历了新自由主义浪潮的西方国家也不同。相对独立的国民经济和工业体系是改革的前提，国家调控经济的能力是与这一历史传统密切相关的。这一方面能够解释改革开放的成功经验，另一方面也能解释中国在大规模的经济危机中的表现。在 1997 年亚洲金融风暴的时候，原来被认为比较成功的亚洲新兴市场经济体受到的冲击比较大，而对中国的冲击相对比较小，其中最重要的原因就是国家所扮演的角色是很不同的。在那篇文章

1　汪晖：《中国崛起的经验及其面临的挑战》，载《文化纵横》2010 年第 2 期，第 24—35 页。

中，我提及：与其用一般的规范性的框架来理解这个"主权"，不如从20世纪中国的历史进程中加以解释，独立自主的国家性格是一个复杂的政治进程的产物。

其次，中国的改革是从乡村开始的，而农村改革的起点相对比较平等。无论在改革的起点上，还是在改革的内容上，以家庭联产承包责任制、多种经营和农产品价格调整为主要内容的早期农村改革与新自由主义毫无关系，它是以降低城乡差别和工农业产品"剪刀差"为目的的。在漫长的中国革命中，土地革命是最为核心的内容。土地改革和土地革命中曾经出现过度暴力的问题，但不可否认的是：中国农村改革的平等程度是第三世界国家中最高的。20世纪90年代以来中国的乡村出现了严重的危机，但这个危机并不是由于相对平等的土地关系造成的危机，而是城乡关系不平等的深化引发的，是土地商品化达到新的规模的产物。但是，中国在传统社会主义时期积累的条件对后来的改革发挥了很大的作用，这一点是不可能否定的。

再次，因为教育的普及和农业的传统，中国的劳动力质量相对比较高。乔万尼·阿里吉曾提到过这一点，如果说中国的成功仅仅是因为廉价劳动力，世界上比中国的劳动力更廉价的地方还有很多，为什么投资不是去那些地方，而是到了中国？我记得2005年去印尼时，恰逢印尼总统访华，他在出访前的记者招待会上提到：为什么我们的劳动力比中国更廉价，却没有吸引到像中国这么多的投资？他解释说，一方面是因为中国的劳动力质量比较高，另一方面就是中国的基础设施建设水平高，政府所能提供的服务更好。林春在《读书》上也曾发表文章[1]讨论到底什么是中国的比较优势，

1　林春：《什么是中国的比较优势？》，载《读书》2003年第3期，第3—11页。

她也不赞成单纯地谈廉价劳动力，而忽略其他历史要素。

最后是国家的角色。一个能够为改革提供合法性的国家是改革运动能够获得大众支持的关键，一个能够根据具体情况而灵活地提出发展政策的国家也是发展的关键环节之一。讨论国家的问题不能不讨论自主性问题，尽管后者并不限于国家层面。在新自由主义对增长的解释之中，只看到了开放所带来的影响，忽视了原有的基础。因此，即便是对增长的解释，新自由主义也无法给出一个完备的、真实的解释。世界上开放的经济体很多，获得持续增长的经济体并不那么多。缺乏自主的开放常会引发经济危机和社会崩溃，这是过去依附理论讨论过的问题，就这一点而言，也并没有过时。自主与开放不是对立的，更不能等同于封闭，一个拥有自主性的社会才有可能是开放的。

但是，上述四个条件，在今天都已经发生大转变。金融资本的流动性和投机性更高，由它所带动的全球化具有更大的风险，在金融体制和相关领域，旧的主权关系已经无法描述现实；资本与国家的关系复杂纠缠，不仅是腐败现象，而且是在一系列重大政策上，"政府失灵"的现象也意味着政府的自主性遇到了极大的挑战；乡村日益依附于城市，农民中的大量年轻群体逐渐成为新的工人阶级。今天需要探讨的是开放条件下自主性的新形式。自主也不仅是对外而言，在资本或利益集团的力量日益庞大的时代，国家能否自主地制定公共政策，能否为工人和农民提供作为社会主人的宪法地位，是一个严峻的挑战。没有自主性的社会也不能产生真正的民主。以一些第三世界国家为例，即便建立了形式民主，却无法遏制大规模的腐败。从某个角度说，这就是国家自主性的危机——执政党受制于其他利益集团，它的政策就不是自主的。对 GDP 增长的过分追求与环境危机的关系、"效率优先于公平"与社会分化的关系、片面发展与区域差距扩大的关系等等，是解释当代经济危机的不可绕过的问题，也是过去 20 年辩论中常常涉及的问题，没有一个不与自主性问题相关。讨论自主性问题是辩护性的吗？

讨论"中国模式"的现实意义

《社会观察》：可否这样说，提出"北京共识"更多的是要打破"华盛顿共识"的普遍性的神话，而"中国模式"或者说"中国道路"则是在创造一种新的普遍性？

汪晖：无论是讨论"北京共识""后华盛顿共识的共识"还是分析"中国道路"或"中国模式"，都不可避免地包含两个方面的工作，即一方面总结中国经济改革所取得的成就，因为无论在世界历史范围内，还是与其他国家和地区相比较，这个成就是无法否认的；另一方面提出在发展过程中所产生的问题、矛盾和危机，因为先前的发展模式中包含着明显的不可持续的因素和潜藏的风险。使用"道路""经验""模式"或"共识"，意涵各有不同，即便同一用语，所指也未必一样。我本人没有使用"模式"这个概念，而更愿意使用"经验"或"道路"，主要是想做一点历史性的回顾和理论分析，但在理论上，还不能完成对如此复杂的中国经验的提炼。但我也不认为使用"模式"和"共识"等概念就等同于对一段经验的精确描述或辩护。事实上，这些概念是在旧模式发生危机的时刻出现的，因而也都致力于提供一个发展的方向。冷战是以社会主义体制的失败的形式终结的，在这一冷战和后冷战的意识形态支配下，知识领域存在着"凡是中国的事情都是不好的"、凡是与社会主义有关的都是错误的这样一种风气，结果是用新的意识形态解释一切，粗暴、武断和非历史性是这些解释的普遍特征。但是，如果去阅读比较严肃、认真讨论问题的文本，就会发现并非如此，可惜的是认真阅读和讨论的风气在日益泛滥的媒体争辩中从来不占上风。其实，质疑这些讨论是可以的，但质疑者难道不应该反躬自问：难道"华盛顿共识"是什么现实吗？它从来都不是现实。提出"共识"意味着提出未来的发展方向，争论应该我们到底需要围绕怎样一种未来而展开。

在西方，关于中国崛起的讨论，从 20 世纪 70 年代算起，已经持续了三四十年了。去年春天，我在汉堡参加由德国前总理赫尔穆特·施密特（Helmut Schmidt）主持的有关亚洲崛起的论坛。他在开幕致辞中回顾说，早在 20 世纪 70 年代到中国访问时，他就已经意识到中国崛起将是不可避免的，那还是在毛泽东、周恩来在世的时代。他的看法在许多西方人那里遭到了漠视或嘲笑，但谁更有远见？从这个意义上说，否认原来的历史经验、否认中国革命和社会主义经验非常可笑，通过割裂历史，按照新自由主义的话语来叙述中国，只不过是一个神话。这个神话不仅不能全面地解释中国的发展，也在一定程度上掩盖了今天所面临的许多真实的问题和矛盾。这就是为什么今天需要讨论中国经验的意义。

"中国模式"是否可以复制

《社会观察》：关于"中国模式"的讨论中，最容易引发争议的问题是"中国模式"能否复制，这也是分歧最大的问题。您如何看待这个问题？

汪晖："模式"这个概念是现代社会科学的产物，很容易让人想到"复制"的问题。我自己更喜欢用经验——经验总是具体的、历史的和独特的，但同时也是可以借鉴的、具有普遍意义的。中国革命是独特的，因而是普遍的；中国的改革也是独特的，因而也具有普遍性。普遍性不是与独特性相对立的，因而也不能用"可否复制"这样的问题来检验。普遍性与"借鉴""启发"等概念关系更多一点，后者总是以自主和创新为前提，而不是什么复制。用"复制"这样的标准来否定对"模式"的讨论，其实是被"模式"这个概念的先天缺陷所牵引。他们没有挑明的前提不过是：美国的民主才是一种"模式"。但是，美国模式可以超出任何历史条件而被"复制"吗？如果不能"复制"，是不是就是说"美国模式"不存在普遍意义？

"中国模式"经验的意义不在于它是否可复制，而在于它的独特性。林春出版于 2006 年的英文著作 *The Transformation of Chinese Socialism*（《中国社会主义的转型》）[1] 明确地提出了"中国模式"这个说法，而该书写作的时间很早。这部著作的导言的标题就是"中国模式的创造与再创造"（"The Making and Remaking of the Chinese Model"）。主流的经济学家认为中国的比较优势主要是廉价劳动力，但林春指出中国的比较优势是在社会主义历史经验中积累起来的资源，比如相对而言比较齐全的工业体系、比较高的基础设施建设水平和中国革命的成果等等。她使用"中国模式的创造与再创造"也表示存在着不同的"中国模式"，革命时代、社会主义时期与改革过程存在着连续，也存在着对立或断裂。正由于此，她并没有完全认同今天的模式，而是带着批判性的审视探寻中国的转变和可能的未来。

---

1 Chun Lin, *The Transformation of Chinese Socialism* (Durham: Duke University Press, 2006).

林春和我都提到了中国与苏东模式的差异和中国对自身道路的独特探寻；我也提到了中国与东亚其他国家的发展经验的不同之处，这种不同是由独特的历史经验构成的，例如中国的独立自主发展经济的方式与亚洲其他发达经济体在冷战时代的"依附性发展"。这两种经验直到今天都对这些国家和地区产生着影响。相比较而言，林春的讨论着眼于中国革命、社会主义建设和改革时期的独特道路，而潘维的概括则试图建立一种结构模型，方式上和内容上都有许多不同之处，不能因为使用了同一个语词，就归为同一种解释。

印度经验与中国经验

《社会观察》：近几年来，印度的发展模式经常被拿来与中国的经验做比较，不少人认为，因为印度有民主而中国没有，所以印度的前景比中国更好。您怎样看待这种评论？

汪晖：印度经历了英国的全面殖民，也因此形成了多民族统一国家，它的社会体制不可避免地渗透了殖民历史的遗产，而中国的统一有着久远的传统，在殖民时代爆发了伟大的革命，没有沦为完全的殖民地。两者的路径不同，社会形态和政治传统也很不同，像有些人那样以印度的民主来否定中国的经验，或者以中国的成就来贬低印度的实践，一定是误导的。伴随着中国和印度经济的发展，西方舆论常常比较两者，有些是挑拨离间，而且颇见成效，很应该引起中印两国明智之士的警觉。中国经济规模高于印度，但让印度放弃他们的民主政治经验来按"中国模式"发展，这不大可能；反过来，即便印度的民主是好的，也不意味着可以否定中国的经验。说到底，用印度经验否定中国经验，是要论证民主模式的普遍意义，但这种论证完全基于一种目的论式的比较，最后只能变成自我否定——如果印度在若干关键领域落后于中国，是不是就要否定印度的民主呢？

印度与中国存在着可资比较的方面。第一，印度也曾经是某种类型的社会主义国家，经济结构受苏联影响很大，因此，中印两国的改革都包含着从计划经济向市场经济转型的内涵。第二，两者都是第三世界国家，都是大规模的农业国家，两者的现代化、市场化、城市化道路，也有一定程度的相似性。第三，两者都是文明古国，一个经历了反殖民运动，一个经历了漫长的革命，但都有强烈的民族自尊心和自豪感，都要走自己的独特道路，都不会简单复制别人的模式。像20世纪50年代的中国一样，印度过去受苏联影响比较大，也与80年代以后的中国相似，与美国的关系日益密切，但这两个国家都不愿意接受美苏的操控。在50年代中期，两国共同推动了不结盟运动。

我没有做过中印两国的比较研究，没有资格全面地谈论这个问题。这里谈的，与其说是比较两国的经验，不如说是对一些现象的印象式分析，主要针对的是一些流行的说法。首先，比较中国与印度的改革的学者都承认一个基本差异，即中国改革始于农村改革，其特征是平均分配农村土地，并以平等为方向调整城乡关系（从价格调整到城乡人口关系的松动），而印度改革缺乏这样的平等前提。这个特征并不单纯是由改革政策决定的，而是从中国革命和印度反殖民运动的不同历史脉络中衍生出来的。不理解土地改革在这两个运动中的不同位置，就不可能理解改革进程的这一基本差异。很多人讨论中国土地改革中的暴力现象，我以为反思是必要的，但这种反思如果从根本上否定了土地改革的解放作用，就无法解释改革的前提问题。中国乡村的区域差别也很大，贫困问题在很长时期里存在，至今也没有完全解决。但是，伴随着土地改革和农民地位的改变，中国的乡村教育体系逐渐形成，识字率大幅度提高，在社会主义时期，农民子弟入学率的大幅度提升是一个显著的现象。没有这个背景，我们很难理解许多地区的中国农民在改革时期焕发出来的活力和首创精神。印度，以及整个南亚，没有经历和完成土地改革，这是种姓制度得以在现代社会延续的根源之一。种姓制度限制了社会流动，印度学者和知识分子中出身底层的比例要低得多。这与中国的差别很大。我不久前去印度，一位朋友去印度中部的马德亚-普拉什邦（Madhya-Pradesh）调查，他后来给我写信说：该邦的婴儿死亡率是世界上最高的，原因自然是贫困和医疗保障的匮乏。但追根寻源，这种极度贫困是高度不平等的土地关系的产物——许多穷苦人与其说是农民，不如说是寄居在地主土地上的农业劳工，他们没有一寸自己的土地。腐败公行而缺少监督，也是因为在种姓制度的影响下，许多人已经将贫困和社会不平等视为理所当然的秩序；自由派主张"机会均等"，也就高高在上地将贫困归咎于贫苦农民的"懒惰"。印度毛派运动在一些地区重新崛起，除了与旧有的土地关系相关之外，也因为在新一轮的开发中，原住民的土地、水和森林资源遭到毁灭性的打击。就在短短的几年内，政府军对毛派的清剿造成至少六七千人的死亡，实际的死亡数字可能更大。主流媒体只是报道警察哨所遭到攻击，却很少报道大规模的军事镇压。印度、尼泊尔、菲律宾等地的武装斗争事实上都与未经彻底的土地改革有着密切的关系。那么，土地关系上的平等算不算民主的重要内容？

在政治体制上，中印两国各有特点，这里只说一点对于印度体制的肤浅观察。印度独立后，选择了西方式的民主体制。但印度的一位政治学家分析说，甘地（Mohandas Karamchand Gandhi）、尼赫鲁（Jawaharlal Nehru）等领导的抵抗运动和建国运动已经成为一种神话，而民主只是作为这一神话的一个部分而存在，却不像前者那样成为一个独立的神话。印度宪法为印度作为统一国家的存在提供了政治认同的基石，这是一个伟大的成就，但政治民主未能与平等的社会形式相互适应，其效能大打折扣。印度的法律体制是西方式的，但法律体系的效能同样问题多多——媒体曝光了许多规模不等的高官腐败案，但几乎没有高级官员因为腐败而被绳之以法。印度从国大党一党独大，到现在的多党议会体制，加之较为自由的媒体，这一民主体制起了重要的作用，但印度政府的管理和整合能力难尽人意。我前后三次访问印度，给我留下印象的不是它的多党政治或议会民主，而是活跃的社会运动。在这方面，印度有许多值得我们学习的地方。这些运动草根性比较强，形成了某种社会保护，但由于政党垄断了议会和政府权力，社会运动对于公共政策的影响非常有限。这不是社会运动的问题，而是由于政党垄断政治资源的民主模式包含着很不民主的内涵。

中国的自主能力

《社会观察》：印度相对于中国而言的这些不足之处可否在发展的过程中克服，从而超越中国呢？

汪晖：文明的起落是漫长的，看一时一事不大看得清楚。在西方尤其是欧洲，印度距离它们比较近，而中国更为遥远。这不只是地理空间上的远近，而是文化、语言和历史上的远近。比如中国有很长的文字统一的历史，而印度各地方言差别极大，没有统一的语言，一直到殖民时代，英语成为全国性的语言。在学术领域，如果不用英语发表，几乎不能得到承认。这也使印度的文化和学术与西方世界接轨的能力很强。对中国来说，语言文化上的差异也让近代以来的知识分子始终有一种不能与西方接轨的焦虑，但从另一方面说，也恰恰因为这样的差异，中国文化上的自主性似乎更强，例如汉语就是中国学术的最为重要的载体。

上个月我在印度开会，辛格（Manmohan Singh）总理在官邸宴请与会者。一位加州大学伯克利分校的印度裔经济学家把我介绍给辛格总理。他特别介绍说，在进入全世界前100名的大学中，中国已经有三所大学，清华大学就是其中之一，而印度还一所都没有。辛格很谦逊地听他说，并建议他提出方案，同时又半开玩笑地对他说，你也有责任，我们的许多人才都跑到国外去了。因为有语言上的便利，印度最优秀的人才比较容易得到在西方国家工作的机会。而在中国，无论是科技还是人文领域，许多一流人才留在国内。这种差异很难说谁好谁坏：印度学术领域更为开放，而中国学术领域自主性更高。

还可以举一个例子。清华大学自动化领域的一位教授告诉我，中国的电子技术方面与美国的差距大概在十年左右，随着投入的加大，发展得非常快。印度的软件业发展水平很高，但主要是美国外包，并没有开发一套独立的系统；中国自身的市场很大，由于语言平台等因素，逐渐地形成了一套自主独立的系统。

"东亚模式"解释不了中国

《社会观察》：也有人把中国与日本、韩国放在一起讨论，以"东亚模式"来解释中国的发展模式，甚至称之为"儒家资本主义"。这样的论述与"中国模式"有何不同？

汪晖：中国一般被视为东亚国家，但我在别的地方说过，东亚这个范畴并不能恰当地将中国装进去。东亚地区的国家在文化上有许多相似之处，如国家的角色、家庭及其伦理在社会经济结构中的影响等，儒教、汉字、律令制和佛教等在这个区域影响巨大。但要把中国和日本、韩国放在同一个模式下来讨论，未必准确。离开冷战的背景、中国的独特的主权结构、中国与这些国家在冷战和后冷战时代不同的地缘政治位置，都不可能解释各自独特的经验。在朝鲜战争、越南战争和整个冷战时代，日本、韩国和东南亚国家处于美国主导的冷战框架下，而中国的位置与之完全不同。日本到现在还处于美国军事保护的状态之下，而中国却需要建立一个完整而庞大的国防体系，经济结构和政治结构也极不相同。我曾经说日本和韩国、新加坡等的经济起飞与某种"依附性发展"相关，而中国走了一条独立自主的道路，只是随着冷战的结束，区域关系发生变化，中国经济与这些经济体的关系才获得了新的形态。笼统地说"东亚模式"，抹杀了这些国家走过的不同道路。

20世纪中国最重要的政治价值是社会主义。20世纪的中国革命、社会主义历史在不同程度上带有悲剧性，但它提出的是让普通劳动者成为社会主人的价值目标。这个目标凝聚了几代人的经验，它不是抽象的，渗透在我们这个社会的各个方面。这是改革开放不应放弃的前提。

封闭是自主的反面

《社会观察》：你提出的自主经常会被人认为是要回到改革开放

之前那种封闭的状态中去。您如何回应这种批评？

汪晖：随着全球化的深入，中国的金融体制和整个经济体制已经深刻地改变了原有的社会关系和生产形态，主权结构也不可能保持原样。提出自主能力的问题，并不是说要回到过去那样一个状态中去，既没必要也不可能。在WTO给定的框架之下，原来的区域关系、国际关系、经济模式，已经不可能用一个单一主权国家的模型来加以界定。因此，我说的是开放与自主的辩证关系——在市场化、全球化的前提下，有必要寻求一种新的自主性的形式。

自主，首先是指国家和社会不被资本绑架，不被内外特殊利益集团操控。在今天，国内问题与国际问题实际上已经成为一个问题，国际资本与国内资本的相互渗透程度已经很高，因此，国家有没有自主能力也显示着一个社会的自主程度。现在有很多人谈政治改革。在我看来，政治改革的核心问题在于改变国家、政党与经济关系过于同构，国家和政党的自主能力下降。从另一角度说，也就是国家意志受控于资本，而无法反映人民大众的需求。在这个意义上，自主性的问题就是民主的问题。自主不意味着封闭，缺乏自主性的开放与其说是开放，不如说是依附而已。

"中国模式"问题

《**社会观察**》：就在关于"中国模式"的讨论越来越多的时候，中国政府却提出了"发展模式转型"，这是否意味着对此前的模式的一种否定？

汪晖：无论中国革命还是中国改革，都没有一个给定的可以完全照搬的既定模式。从理论探讨到社会实验，这是一个不断探索、自我否定同时又总结提高的过程。从辩证的角度说，否定不是绝对的，它不过是根据时势的变化而做出的创造性探索，先前的经验不可能被抹杀。在这个意义上说，任何模式都包含着对先前模式的否定，用"螺旋式上升"也许弱化了其间的紧张，甚至是断裂，但断裂中是包含着连续性的。

如果说真有所谓"中国模式"，一个能够自主地进行自我批评、自我否定进而提出新的发展道路的经验正是这个模式的关键点之一。但现在来看，这种在实践中自我纠错的能力正面临严峻的考验。十年前，政府提出结构调整的目标，但十年过去了，三农问题、社会保障、生态保护等方面都做了一些事情，各级政府对GDP增长目标的重视程度在下降，关注的焦点也从发展向幸福转变。然而经济结构的调整并未完成。这次金融危机结构调整的速度达不到预期的目标。提出"中国模式"问题，无论解释如何不同，首要的意义在于从中国的经验中提炼自我改革的动力和目标——中国的经验是开放的，而不是封闭的；是自主的，而不是依附的。

平等的五个面向

《社会观察》：国内外目前对"中国模式"的讨论，最核心的关切点实际上是在于，中国的经验和道路还能不能持续、能不能复制。

汪晖：中国从来都没有遵循一个简单的、固定的模式，始终在调整和自我纠错的过程之中前进。提出"中国经验""中国道路"或"中国模式"，也是提醒人们注意总结经验，继往开来。自主与开放的辩证关系、社会平等的经验、大众参与政治进程等，都值得继承和发展。这不就是真正的社会主义民主的道路吗？

中国革命和社会主义实践的核心价值是围绕着社会平等和首创精神展开的。着眼于中国的近代经验，我将从五个层面界定平等，这五个层面只有以综合的形态呈现的时候，中国才能实现其平等的理想。

第一个平等是在欧洲资产阶级革命的时代提出的，这就是机会平等的概念。机会平等也是在法律权利的意义上被界定的。

第二个平等是社会主义遗产，我们在罗尔斯（John Rawls）所分析的"分配的正义"概念中也可以看到与这一社会主义的平等价值的重叠之处。这就是结果的平等。这也是权利概念，但以义务为前提。在过去 30 年的经验里，这一分配的正义和结果的平等被否定得太多，今天有必要重新找回来加以新的界定。

第三个平等是能力的平等，阿马蒂亚·森（Amartya Sen）对此做过系统的论述。这是在市场条件下综合机会平等和结果平等而产生的平等概念。在中国的历史经验中，教育资源的平等分配，就是创造能力平等的条件。没有能力的平等，机会的平等也没有意义。

在上述有关平等问题的三个主要概念之外，我建议提出两个新的平等概念加以补充：第四个平等，即章太炎称之为"齐物平等"的平等，也可以称之为多样性的平等。现代平等主义的一个特征是形式的平等，它只有将人们放在同一法律主体的位置才能被界定，因此，平等与多样性之间总是存在着对立和紧张。从形式平等的角度看，多样性常常是等级的同义词。在中国的传统，尤其是社会主义实践中，在制度的层面，包含着多样性平等或差异平等的概念和价值——以平等为前提尊重多样性，而不是将两者对立起来，是这一概念的核心。这也就是我所说的"跨体系社会"的基本价值——差异或多样性不是民族主义的，而是形成共同体的前提；差异或多样性也不是本质主义的，它是历史地变化的，但变化、融合、交流等概念并不以取消差异和多样性为目的。差异平等或多样平等的概念是与资本和金钱的同质化倾向对立的，是与将市场的法则作为支配性法则的社会模型相对立的。现代资本主义的平等概念是对多样性平等的否定，在今天，多样性平等的概念不仅涉及文化多样性的问题，而且也涉及生态多样性的问题，它提出的是一个与资本主义逻辑截然相反的平等概念。

第五个平等是一种具有国际面向的平等。我在这里谈的不是国家间的平等，而是指一个社会内部的平等中包含着国际的面向。现代中国历史上的国际主义也是"中国经验"的一部分。所谓全球化，主要是资本、生产和消费的跨国发展所导致的，它渗透在任何一个国家内部。西方民主是以公民权为前提的，公民权也是平等概念得以建立的前提。但是，在全球化条件下，任何一个社会的发展模式都将对其他社会的发展模式产生影响，对于像中国、美国、欧盟等超大型共同体就更是如此了。在目前的民主模式下，单一政治共同体之外的人无权参与该共同体的重大抉择，公民权在这个意义上是排他性的。比如美国拒绝签订《京都议定书》（*Kyoto Protocol*），而它是消耗能源最高的国家；美国对别国发动战争，也只需要国会通过即可，但其后果却要全世界承担。在美国现有的民主框架下无法解决这样的问题。

中国的国际主义经验是一笔重要的遗产。白求恩（Henry Norman Bethune）这样的国际主义战士在中国家喻户晓。寒春（Joan Hinton）、阳早（Erwin Engst）、马海德（Shafick George Hatem）等一大批人来自其他国家却作为中国公民参与中国社会的斗争。我们能否在现代中国的经验之上，寻找一种不仅基于民族国家，而且也基于全世界的平等方向？在中国的政治体制中，比如人民代表大会和政治协商制度中，以这种具有国际面向的平等为趋向，创造一个渠道、一种机制，走出一条不同于那种只管自己利益、不管别人死活的发展道路的道路。中国的资本输出应当有所节制，力求做到不仅有利于中国的发展，还有利于其他社会的发展，而要做到这一点，就需要在中国的体制中提供一种国际面向的机制，以将其他社会的诉求纳入中国的平等实践。从这个角度来说，全球化也为中国提供了一个创造新的平等观、新的政治模式的机会。这就是开放性与自主性的统一。美国在涉及国际利益时的许多重大决策都是在封闭的条件下做出的，而中国有能力创造一种新的、平等的民主政治模式——它是自主的，也是真正开放的。

这种平等和差异平等在结构上有一定的相似性。差异平等是跨体系社会指涉不同族群、不同文化之间的平等，而具有国际面向的平等则将跨社会体系作为思考平等的重要前提。如果我们能够综合上述五种平等概念，并以制度的和非正式制度的形式形成一种"模式"，全世界在谈论中国的伟大实验的时候，心情会很不一样。在这个意义上谈论共识、经验、道路或模式，又有什么不好呢？

政府应提高反应能力

《社会观察》：最近福山访问中国，也谈到了"中国模式"。作为"历史终结论"的提出者，承认中国并没有按照历史终结论的方向发展，而是有自己独特的道路。这是否也有一定的象征意义？

汪晖：福山谈论"中国模式"的主要意图并不在中国，而是批评美国过于单边主义、过于僵化。这也类似于雷默的"北京共识"的意图——当然，雷默的态度更为积极。连奥巴马也一再谈中国经验，以激励美国人自我改革的意志。福山在这篇文章中将中国归为与俄罗斯、伊朗相同的专制独裁模式，但他恰恰忘记了俄罗斯与伊朗的政府都是选举产生的，都有多党议会制和总统选举，将他们与中国归为一类，是什么意思呢？是说政治形式不再是衡量民主与独裁的尺度——至少不是唯一的尺度吗？福山没有这么说，仍然在民主与独裁的对立框架之下讨论问题，但他无意中透露了这个值得追问的问题。在他看来，中国虽然没有俄罗斯、伊朗那样的选举和多党制，但政府的管理能力却很高——不仅比俄罗斯、伊朗高，而且比东亚模式中的日本、韩国也要高。他还提到，中国政府有了解民众不满情绪的渠道，能够做出迅速的反应。如果中国政府是一个完全"独裁"的政府，怎么会还有对社会不满情绪的反应能力呢？在这些地方，他还是在以多党民主为标准来衡量一个政治模式，而没有将政府对民众诉求的反应能力当作标准。政府的反应能力体现在公共政策的调整上，一个政府的政策的公共性很低，就算有多党竞选，又有什么意义？这并不是说中国不可以采用更为开放的政治形式，而是说我们首先应该从这样的实践中去总结一个政府应当如何提高、扩展自身的反应能力，让它更加开放、有弹性，从而使其反应能力更强。

05 "中国模式"之争
——与日本学者的座谈

　　2014年，日本岛根县立大学与北京大学国际关系学院联合举办了"中国式发展的独特性与普遍性：论'中国模式'"（中国式発展の独自性と普遍性—『中国模式』の提起をめぐって）国际研讨会，该会议系在日本岛根县立大学"当代中国所有制改革的基础研究：对基层社会的政治社会学考察"（现代中国における所有権改革の基礎の研究—基層社会の政治社会学の考察を通して）研究课题的基础上展开。

　　2015年，汪晖教授受邀与日本岛根县立大学江口伸吾（Eguchi Shingo）教授、李晓东教授、佐藤壮（Sato Takeshi）副教授、日本爱知大学唐燕霞教授围绕"中国模式"论题进行进一步座谈。本文为座谈会整理稿的节录。

　　江口：关于这个访谈，我做个简单说明。去年我们这个研究项目在北大国际关系学院开了一个座谈会。当时，潘维老师、王逸舟老师，还有清华的崔之元老师都参加了讨论。我们有一个基本的问题意识，就是试图从中国的内部去了解中国。因为在日本的关于中国的讨论包含了两个极端，一方面是不断成长的形象，另一方面则是中国威胁论。我们希望能通过这个项目，从中国自身的内部去了解中国。关于中国模式，有很多来自自由主义者的批判，这一论争本身就比较值得关注。

李晓东：我发现同样是"中国模式"，学者们对这么一个词的理解是完全不一样的。包括有没有"中国模式"这个词、这个词成不成立本身都存在争议。关于怎么去理解中国，是否存在中国模式，就这点希望听听汪晖老师的想法。

汪晖：有两个问题，一个是关于是否存在中国模式，另一个是有多少个中国模式。这是两个不同的问题。我也参加了这个争论。我本人不太喜欢"模式"这个词，倾向用中国的经验、道路，讨论其正面、负面的经验和教训。

为什么"中国模式"会变成一个很重要的争论？毫无疑问，这与中国的经济崛起有很大的关系。在 2000 年以前，很少有中国学者预见中国会发展到今天的样子。当然，现在怎么去估价也还很难说，但超过大多数人的期待恐怕是确实的。在过去几十年中，中国通常是过低而不是过高地估价自己。这就产生了怎么去理解中国的经济起飞的问题，如何解释其历史脉络的问题。有很多国际经济学者认为这不过是国际劳动分工和资本流动所造成的一次崛起。但为什么是在中国，而不是在其他地区呢？现在讲"金砖五国"（按：现为"金砖国家"），为什么不是印度或其他国家，而是中国成为经济发展最为强劲的国家，原因是什么？这是一个问题。

在潘维讨论中国模式并引起很大争议之前，《读书》杂志也发表过一篇关于中国模式的文章。伦敦政治经济学院的政治学家林春写了一本书，叫《中国社会主义的转型》。《读书》杂志发表她关于中国模式的讨论很早，是批判性的，但没有引起重视。她认为20 世纪中国有三个不同的中国模式。第一个中国模式是在中国革命的过程中，以中国农村和中国革命为中心，反对帝国主义和殖民主义、寻求中国民族解放的一个现代化运动；这条革命道路与苏联和其他地区不一样，是一场深刻持久的革命。第二个模式是20世纪五六十年代到改革前，它是一个不同于苏联社会主义计划经济模式的中国社会主义模式，这个模式中有经验也有教训。第三个模式是改革开放以后的模式。粗略地说，她或多或少地用中国革命中的反帝反殖民国际主义来批评当前的民族主义和单纯的发展主义；用某些社会主义的理念来批评当前的社会分化。她也强调第三个模式中的一些经验，尤其是20世纪80年代改革初期的社会主义自我改革。按照林春的谈法，这三种模式之间是有冲突和对立的。

李晓东：在这个意义上，她的书名中的"转型"（transformation），按中文的话，是一种"变质"，有一种批判性在里面。

汪晖：是比较有批判性的。她是一位开放的马克思主义者，不是教条主义者，是一位对资本主义进行批判的社会主义思想者。她批评的是经济学界主流的看法。比如经济学界普遍认为，中国经济能够发展得好，因为中国的比较优势是密集的劳动力、比较低的劳动工资。林春的看法不是这样，她认为中国的比较优势并不完全只是中国劳动力低廉，而是有其他的历史条件。我的看法也比较接近她，除了劳动力的价格之外，教育的水平、劳工的水平，是与传统社会主义时期中教育的普及、基础设施的建立及高效的政府效能有关的。这些都不是偶然形成的。比中国更低廉的劳动力市场还有很多，为什么资本不是往那儿流？林春强调，如果只是把中国当成一个廉价的市场和廉价的劳动力市场，中国将来必然走一条极端不平等的道路。她的论述一方面有肯定，一方面是对当前的做法有批判。

乔万尼·阿里吉的《亚当·斯密在北京：21世纪的谱系》（*Adam*

Smith in Beijing: Lineages of the Twenty-First Century）认为中国经济的起飞，与中国的战略、长期的历史积累是有关系的。比如说市场经济。中国在 18、19 世纪就有巨大而活跃的市场，在中国经过短暂的改革之后重新适应市场时，中国社会对市场的记忆其实是不陌生的。它并不是一个纯粹的计划经济转向，它是有历史传统的。

那么，他为什么强调"亚当·斯密在北京"呢？这包含对亚当·斯密的一个再解释。他强调亚当·斯密并不是一个自由放任的理论家；恰恰相反，亚当·斯密是充分认识到中立性政府、具有调节市场能力的国家对于市场经济发展的重要性的。阿里吉认为中国市场经济中，国家因素起到了一个很重要的作用。这个国家并不是大家所想象的专制集权的国家，恰恰相反，它能提供一个转向市场的可能性和机制。

他在书中也引用了我的论述。我说过中国改革初期比较顺利，很大的原因是中国革命和社会主义时期对特权的冲击。

另一方面，尽管官僚也有特权，但是中国社会主义时期持续产生了对官僚制的冲击。这个冲击的过程使特权被限制在了一定的程度之内。邓小平在改革开放以后，提出来要让一部分人先富起来，要改革国有企业集体经济，没有遭到太多的抵抗。如果大家都不信任这个国家的话，一定很快就会抵抗。

乔万尼·阿里吉是全球体系的论述者，在他看来，美国已经处在长期衰弱的一个历史中。他并不是那么乐观，因为今天美国是一个拥有核武器的军事霸权国家，如果美国突然出现危机，当它要转嫁这些危机的时候，很有可能造成整个世界的崩溃。另外一种可能性就是包括中国、日本、韩国等东亚国家在内的一个新的经济世界的崛起。他认为它会取代美国成为一个新的经济中心。

潘维教授 2008 年在北京大学主持召开的"人民共和国六十年

与'中国模式'研讨会"，产生了比较大的影响。潘维对"中国模式"也做了一个论述。他的论述是一个有关文明论的论述，把五千年的历史都放到这个模式中去了。中国五千年中，有完全不一样的时期，如何概括，实在很难。不过他的一个说法可以提供参考。他从政治学的角度看，在人类历史上，管理占世界四分之一的人口的政体是人类在历史上从没有达到过的事情。把这么多的人口集中在一个国家框架内，这个国家到底是一个什么样的国家？如果这样的一个国家没有文明史的支撑，在他看来是不可能的。他的解释是一个很大的体系，创立了一个模式的说法。他的观点产生了争论，我觉得这个争论，主要集中在两个问题上。

第一个问题是直接的，就是到底怎么估价中国经济和它的走向。很多的知识分子，包括吴敬琏，认为中国正处于抛弃过去模式的时候，必须走更加市场化、更加私有化、更加全球化的道路，世界银行、WTO 的许多政策是反映这个思路的。他们认为中国过去还是一种计划经济，现在还不构成一种模式，我们更应该寻找普世模式。

中国经济学界的主流，从经济学角度，希望进一步的私有化。首先，他们以反垄断的名义来批判现在的国有企业，从金融、铁路，到钢铁、石油，强调其中的垄断性。这些企业里面有没有垄断，有没有腐败呢？肯定都是有的。但是关键在于怎么去估价国有经济在中国的位置，这是另一个问题。同时还有一个非常重要的方面是他们强调土地私有化。他们认为中国现在所遇到的困境是中国市场化不充分的结果，如果沿着这个思路继续下去，最终就是国家的退出。20 世纪 80 年代晚期到新世纪初期是第一波私有化浪潮，他们希望第二波私有化浪潮从大型企业开始。这引发很大的争论。世界经济 500 强中，中国占有份额的基本上都是国有企业。中国的主要创新企业，包括一部分私营民营企业，像华为这样的创新企业，也都与国家有这样那样的关系。

中国的金融稳定性也是一方面。从20世纪90年代中国金融改革开始，中国金融体系就被认为特别不好。我们都知道，亚洲金融危机前，所有人都认为中国金融系统最不好。但是金融危机之后，恰恰是中国的这个金融体制扛住了金融危机，而且为当时的经济恢复做了很重要的贡献。在亚洲金融危机之后，通过在现有框架下的金融体制改革，金融体系内部的结构得到了改善。到了2008年以后，经济危机，中国金融体系变成了世界最大的金融体系之一，世界排名前十位的银行，中国占了四个。在这种背景下，又有人提出了金融改革即民营化改革的另一波浪潮，以及资本账户的开放。金融改革涉及的方面比较多，例如地方债务问题、中小企业融资难等等。关于私有化和民营化的讨论包括了以上的金融体系、大型国有企业和土地这三块。

持有纯粹的新自由主义主张的人反对的正是中国模式。他们强调中国必须变成全球资本主义的一环，变成全盘的市场化和私有化，这样才能解决问题。这在五年以前是绝对的主流意见。现在依然处在主流，但不再那么强势。这是因为全球资本主义危机，虽然中国也在危机之中，可是比较而言怎么估价中国金融体制成了一个问题。这就是为什么会产生"普世价值"与中国模式的辩论。所谓的"普世价值"，指的是新自由主义，其实不是指西方。"普世价值"在经济领域主要指的是新自由主义模式。政治模式是另外一项，是下面要说的。这是围绕中国模式的争议点的一方面。

第二个问题是，中国模式的问题既联系当代，又与历史解释有很大的关系。至少在反对中国模式的人看来，他们开始不愿承认中国经济改革有成就，现在也开始强调中国的经济成功，但认为这个经济成功主要来源于"后 30 年",也就是改革开放市场化。认为面向市场和西方化,是中国改革成功的原因。这样一个历史叙述就使得这 30 年和前面 30 年或 60 年截然对立了。他们认为中国经济能够发展,是因为否定了"文化大革命",否定了社会主义时期,否定了之前的价值观,这才是中国改革,但是他们认为改革还不彻底,所以要讲"普世价值"。这个看法引起很大的争论。

假定在新自由主义强调的廉价劳动力的因素之外,如果存在高水准的劳动力的话,那就涉及教育体制和社会体制的问题。这个教育体制、社会体制的形成,并不是在改革开放一天当中形成的,而是在很长的一个历史时期中形成的。中国改革的 30 年中,经济的成长很快,但中国 GDP 的成长从 20 世纪 50 年代到"文化大革命"结束,也始终处在高水准的增长当中。尽管由于计划经济模式,普通人的生活水平比较低,但国民经济基础积累是不低的。关于这一时期的 GDP 增长,偏低的估计是 6%,偏高的估计在 8%—9%,这是国内外学者基本上能够认可的模式。也就是说,中国在 1949 年到 1979 年间,除了"文革"期间有一段不好,平均下来都算是高增长,增长的主要是工业体系、城市体系和其他基础设施。改革开放初期主要是农业方面的成功,而农业初期的成功相当大程度上依赖于在人民公社时期形成的水利结构和当时的教育体制。换句话说,尽管改革始于对"文革"的否定和对过去政策的调整,从偏向计划到偏向市场,一直到结构性的市场转型,但不能说经济成长完全是这 30 年的故事,而应包含很长的一个历史时期。从根本上说,现代国民经济体系是改革前形成的体系。总之,一方面否定了"文革"是起点,另一方面改革存在着历史前提,如果没有这个前提很难解释后面的变化。我认为可以否定过去,但否定之中也应该包括这个前提,否则就不叫改革了。就是因为有既定构架,才构

　　　　　　　　　　　　　　　为未来而辩论

成改革的前提，要否定这个前提是不可能的。

政治的问题也有几种不同的看法。偏右的方面存在两种不同的看法；偏左的方面也存在着两种不同的看法。为什么我说偏右有两种看法呢？偏右的方面在大的前提上有一致性，觉得中国改革的最终模式，无非是像美国等西方国家的民主制，三权分立、选举等等。但偏右的当中又分成两种类型，一种比较强调现阶段应采取新权威主义。理论上说，新权威主义并不是左派而是右派，20世纪80年代晚期就开始了，但由于强调稳定性又不得不在一定程度上承认之前的历史合理性，面目就比较模糊了。他们在强调市场、强调最终的民主化方面与激进的自由派并没有什么区别。但他们强调在今天中国必须走一条新权威主义道路，同时认为今天的中国没有政治改革就不可能再持续，而政治改革的模式就是建立多党制，进行选举这么一个模式。与此相对，左派方面从社会主义历史出发，他们对当代中国的批判有些接近于老左派的路径。左派也有各种各样的不同分类，但一个基本的看法是：中国如果有民主的话，那也是一个能够更加大众化的民主，而不仅仅是多党制和选举制。根据经验，俄罗斯也好，东欧也好，甚至西方与日本的一部分经验也好，在某种条件下，以多党制和民主选举为中心的民主，在今天太容易被操控，很容易被少数人所控制。也就是说，事实上有相当多聚集了相当高的政治权力和经济权力的这些人，很有可能通过一个民主化进程，使得有问题的财产合法化。所以很多人并不是反对民主，而是对这样的宣称有疑虑，他们强调要寻找另外一些方式。这是一个方面。

第二个方面涉及中国的政治制度。右翼不太愿意承认中国革命、社会主义时期和今天的联系与延续。在大陆之外，也可以看得清楚，反共很容易变成一个自我合法化的途径，因为它模糊了从什么角度来判断和出发的问题。通过不断地批判"文化大革命"、批判社会主义、批判中国革命，否定整个历史传统，其结果到底是反腐败，还是肯定新的不合理的瓜分呢？表面上看，这也符合当代世界最主要的媒体的口径。

另外一个不得不去讨论的是政府的权力的特征和演变。中国既有的国民经济体系和它的社会构造是有一定的政治结构的。这个政治结构是从1949年中国革命而来，它的问题和优势也与它的历史形成联结在一起。中国政府有两重性，一方面有很多腐败的官员，另外一方面，在处理紧急状态，比如说地震、经济危机、抵御传染性疾病诸如此类重大灾难面前，中国国家所显示出的能量和能力常常是超过很多国家政府的。比如中国在汶川地震、青海玉树地震当中救灾的能力，与美国在新奥尔良海啸、日本政府在福岛危机中的表现相比，政府能力恐怕更好。所以，到底怎么评价政府变成一个很大的问题。

在这些紧急状态下，国家所以有效是因为能够凭借过去旧的政治动员的能力，迅速地做出回应。中国需要政治的改革，但是这个政治的改革是要让国家退出呢，还是让一个有能力的国家更加公平民主、更加法治呢？这是两个问题。一方面希望更加透明、更加民主，另外一方面又不希望整个国家都退出去，甚至希望这个国家在某些状况下更有能力一些。在全球化的条件下更需要它的这种能力。这个问题也产生了对政府能力和政府角色在中国社会位置的辩论。这种辩论，既是历史的，又是现实的。

如果与欧美，甚至与亚洲的一些国家做个比较，中国国家对于经济社会的规划能力不是很弱。大家都承认中国在一些方面需要改进，但这些改变不等同于要让国家彻底退出。在某些方面还需要强化它的功能。如果需要国家这个角色和功能的话，同时要从政治层

　　　　　　　　　　　　　　　　　　为未来而辩论

面去估价历史与今天之间的关系。中国模式的争议就是在历史和现实的两重背景下形成的。最终还会涉及未来方向的问题。在这场争论中，没有谁能清楚地概括中国模式，部分原因就是无法清晰地提出发展方向问题。

除此之外，这场争论在国际上产生广泛影响的另外一个原因，我个人是觉得是与2008年，甚至更早之前，西方思想界学术界对于新自由主义的批判有关系。乔舒亚·库珀·雷默的"北京共识"已经包含这个意思，约瑟夫·E.斯蒂格利茨提出了"后华盛顿共识的共识"。他的结论与乔舒亚·库珀·雷默讨论"北京共识"结论有重叠，只不过没有说这是中国的特征。他认为国际货币基金组织和新自由主义经济学家给第三世界发展所提供的路线图没有真正的效能。相反，需要寻找完全不同的模式。他的确在中国发展过程中看到了不同于"华盛顿共识"的一些要素，他并没有说这是中国模式，但他举的例子也说到中国。比如，比较中国与拉丁美洲国家，通过他们遵循新自由主义路线上的差别，来解释为什么中国是这样的，拉丁美洲是那样的。他以此来强调全球都需要形成新的共识。在这个意义上，中国模式的争论在海外，尤其是在西方和日本也都产生了新的讨论。

2010年末，我在哈佛与日本防卫大学校长国分良成（Kokubun Ryosei）等一起开过关于中国模式的讨论会。国分良成的看法是没有什么中国模式，所有这些经验都是日本曾有过的，你们现在所走过的无非是在重复日本的道路。我不太同意。说一部分的经济经验很接近，这是很正常的。比如他强调国家的作用，还有货币金融的问题，有很多相似，包括日美贸易关系、中美贸易关系也有很多相似之处。可有一点很大的不同，是历史性差异。这个最大的不同在于，冷战时期日本在以美国主导的世界分工体制当中的位置和中国是截然不同的。日本一定程度上是美国主导的世界体系的一个有机的环节。而中国经济改革的起点是相对自主和完全独立的一个国民经济体系。到 20 世纪 90 年代，以至于今天，尽管中国经济已经渗透到世界经济体系中去了，但是在几次大危机中，它的步伐与其他地区不一样。中国的社会经济构造与日本和韩国、新加坡等都不同。这与中国在冷战时代和美国对抗，后来与苏联对抗，不得不自己建立一个体系有关，尽管这 30 年想对这个体系进行改革，它的政治结构和基础性的社会构造并没有完全走到全盘自我否定的程度。从这样一个历史的角度来说，有一些部分讲东亚模式，讲中日之间的这种重叠性，可是从历史上看，特别是冷战中，就中日两国的位置来说，这个差别还是很大的。

中国的国家结构是 1949 年社会主义历史中产生的，中央集权和地方分权，以共产党的组织体系为支撑的这么一个体系。这个体系有很多问题，但在危急情况下的应对能力常常超过其他体系。有一次一个欧洲代表团来访问，他们问如果中国发生了希腊危机怎么办？我说中国不可能发生希腊的危机。如果中国发生希腊危机，无非就是青海或贵州发生危机。那中央政府可以有力地支撑地方政府进行防控，这个控制力有强大的经济力为后盾，比如国有企业和国有金融体系——这个基础在欧洲是没有的。它不可能在某一个冲击下就会马上滑倒。比如地方债务很严重，但认为地方债务马上就会导致崩溃，这不是事实。这是在政府控制下的非常特殊的政治经济构造。

批评中国的时候常常提中国的三大差别，城乡差别、区域差别、贫富差别，这三大差别是中国平等问题的核心。但是从三大差别也能看出中国的幅员辽阔，人口规模和内部差异都大大高于其他社会。比如日本总的来说是一个相对平均的社会，没有那么大的差距。2004 年以后，调整了农业税，看经济指数的话，有两条曲线

　　　　　　　　　　　为未来而辩论

发生了很明显的变化。一条曲线是城乡差别，总的说还很大，可是放缓的趋势是存在的。第二是经济危机以后，群众事件与十年前不一样。十年前发生群体性事件都是比较贫穷的地区，现在这些群体事件主要发生在沿海的经济发达地区；这说明沿海地区受全球化经济危机的影响很大。可是另一方面，我们看到不仅仅是中国政府的调控，比如说高铁，而且是国际国内的大企业在经济危机中寻找新市场，开始向西南、西北转移，如惠普、富士康等企业。有学者批评现在调控都是政府调控，这不公平。我在成都、重庆这些地方看到有很多大企业，而且很多是跨国企业。如果没有经济危机，如果沿海市场还能扩张，它们是能在那儿运作的，可是今天不行了，得移到内地去。2008年经济危机时，好多人预言，这些产业都会移到越南和东南亚。存在着一部分这样的转移，但大部分移动到中国内地去了。这是因为中国内部差异非常大，幅员也非常大，在危机条件下转移的可能性也高一点。

这当然也是有不好的后果。今天中国面临的一个大问题，是改变发展方式，生态、人等等。发展方式、创新是要改变整个生产模式的，可是如果它能迅速转移到另外一个地方继续发展的话，它的压力就比较小，也会造成那个地区环境比较容易受污染，以前沿海比较严重，到内地之后更加严重，这些危机是持久的。另一方面，产业的转移会导致区域的不平等的某种程度的缓和。过去中国的劳动力流动，主要是从西北、西南往沿海走。可是随着大企业的内迁，最近我们都知道，沿海劳工匮乏之外，现在省内流动的比率开始大规模上升。这在一定程度上有助于缓解原来过度的跨地域流动造成的社会解体状况。上述方面都涉及中国国家的基础构成，人口的构成，地域的构成，历史条件的构成，等等。社会矛盾在不同的地区会加剧，像现在的新疆、西藏，表现为民族矛盾，但事实上与新的经济转移是有关联的。经济的提升并不等同于缓解社会矛盾，有的时候，这个地区的成长反而会刺激一些新的社会冲突，这些方面是真正的问题。可是，它并不等同于崩溃论所说的状况，事实上也没有发生这一种状况。

为未来而辩论

06 回不去的老家
——与富士康工人的座谈

2014 年 11 月，"草台班"的新戏《世界工厂》在深圳 OCAT 当代艺术中心演出，汪晖教授观看了该剧。11 月 23 日，汪晖教授在参加了《世界工厂》的圆桌讨论后[1]，与"草台班"成员一起，展开了一场与富士康工人的对话。本文为对话实录。

加班与掐秒表的挣扎

汪晖：我也算是一个老工人，一开始是临时工，纯打工，大半年后正式分配做徒工。我做过三个工作，第一个是在扬州制罐厂做绞肉工。每天早上，我用铁皮车从冷库里将已经切开的猪肉按肥肉和瘦肉两种，推到车间，然后用戴了纱布手套的手将冻肉从铁皮车中装入脸盆，提到半空，倒入绞肉机。那时候一天一块钱，这是我做工人期间的最高工资。第二份工作在纺织厂做电工，有一次接线

1　具体发言内容参见《消失的是人》，见本书第一集《巨变中的世界》，第 391—398 页。

的时候被电到，就被分配到挡车女工中间，当打包工。那时候是三班倒，纺织厂的机器是不允许停的，所以三班都要保证有人开工。后来正式分配到无线电元件一厂，我在厂里是做比较低级的工作的，就是在电话流水线上装那两颗螺丝钉。这是我自己作为工人的经历。

工友：我是河南一所中专毕业的，跟着学校批量运过来的，那时候政府和企业合作，我2007年进了富士康。以前觉得富士康是世界500强，就以富士康为目标，觉得富士康很难进，自己能进来很自豪。那时候我们也是要用技校的名义才能进来的，要交400到600块。我们学校是老师带队，那时候就像木偶一样坐在那儿，听他们介绍管理规章制度。他们制定的就像是具有法律效应的，都是好的，他们让怎么做，我们就怎么做。进了富士康之后我是负责手机外壳的烤漆工作。

我们的车间是无尘车间，我们需要包得很严，手上包着手套。2007年进富士康的底薪才700块。那时候做手机，包吃包住，吃的话是一天11块。一个月做义工不扣钱，免费提供你住这里。我们学校进来的，都比较听话。那时候我16岁多，别人说这个活有点脏和累，我就说我可以干，没干两个月就当了线长。我的性格就是觉得大家都是平等的，要做好自己的职责，我不喜欢溜须拍马什么的。我不怎么喜欢出去玩，花销不是很大，但是一年下来钱也不知道去哪儿了，连家庭生活基础都达不到。我700块底薪，一个月加10块，已经算加得快的了，那时候一年涨几十块，在基层中已经很出风头了。

我们收入来源增加的唯一途径就是加班赚钱，那个钱完全是靠自己加班费来的，不让加班收入就低了。大家每天想着加班，甚至为了加班而表现好。一些员工调皮捣蛋就不让加班，不听从管理就不让加班，加班就是待在厂里面干活，我还有 300 块钱的管理职位费。2010 年发生了跳楼事件，公司的管理理念就是让员工不要交流。后来不管吃不管住了，我的工资涨到 2300 块，相对来说不是很低了，但是住宿开始扣钱了。以前吃饭是刷了卡就有饭吃，后来还要自己掏钱，底薪涨了，但是还是要靠加班来挣钱。底薪不涨，就用加班来约束工人。底薪 2010 年涨过一次幅度比较大的，后来也没怎么涨了。

富士康前 IE：这个我很理解，我是"臭名昭著"的 IE（工业工程），现在已经辞职。IE 属于上不去、下不来，卡在中间的人群，不属于底层员工，也不属于高层。我大学本科学的就是 IE。我很反对中国把 IE 拿来当工具管人。IE 包含的方面很多，我只负责一个小方面叫"效率提升"，掐秒表控制工作。你们都误会我了，我掐秒表只是机械工作，不是为了压榨你们。你给老板创造效益，老板不会想到你的。本来是想让人类生活得更好，但是就被老板压榨。辛辛苦苦干了两年，底薪才涨了 50 块，我问了很多人，也大部分和我差不多。我有很多疑惑，比如说今年来的本科生比两年前来的工资更高。

我那时候很苦，进一个车间，要穿无尘连体衣。每天尽量少喝水，不然很麻烦，我一天才去一趟卫生间。一到上晚班的时候，下半夜 4 点多的时候，就要去洗手间，人家都笑我，一到点，就来液体……我怀疑现在肾结石可能是因为以前憋尿。

你们看到的掐着秒表的这些人，我们不是和你们生产线上的作对，我们也没办法。我刚进去是满腔热血的，主动承担测试整个车间 60 个人工作时间的工作。经理还非常和善地告诉我，好好去测试，一周不过来也不要紧，把工作做好就行。我把 60 个人的工作时间测出来了，和标准不同，不得不又测了一次。我现在才发现，你测的数据并不重要，老板觉得有利才重要。IE 没有尽头，永远做不到最完美。IE 学院的校长，他常说改善无止境，老板也经常用这句话鼓励我。有一次做了一些改进，发现一开始一天能做 450 片的话，改善之后可能可以做 700 片。我就想，这是不是我 IE 的功劳？多出来的利益算不算 IE 的？但是问题就出在这里，因为工作直接关系到流水线工人的工作量，一段时间下来，我和流水线工人的关系便逐渐恶化，人与人之间的矛盾就是这样，他骂我一句，我就会回骂一句。有一次他打了我一拳，我觉得很委屈，但是我没有还手。尽管 IE 这个工作很得罪人，但这是我的工作。后来我想，我也是被利用了。60 多个工人，40 个人恨我。要不是我心理承受能力强，也不知道如何了。这只是事件的开始，我受到的压迫不只是这一点。

当然，管理者的压力也很大。但是，作为高层，通过个人努力年终奖能拿很高，一个基层员工一个人一年才拿一万。高层的尊严可以换钱，所以对我来说钱才是最重要的。我就两个目标，反复地问为什么，还有涨工资。我就跟老板说，你让我推行下去的东西，没有一个是对他们（工人）有利的，但是这个利益你不给他们，也不给我。要么我继续在这儿干吧，你给他们和我加一点工资，要么我走。老板说，这个工作谁都可以干。辞职之后，也没有说辛苦两年给我点慰问基金什么的（工友们大笑），感觉我是灰溜溜地出来，我有个架子鼓，也没人帮我搬，因为我没有朋友。我不想再找工作了，我感觉在中国哪儿都一样。

汪晖：你们和我当工人的时代差别很大，那时候工厂分国营工厂、大集体、小集体。国营工厂在我们做工人的时代是大家特别羡慕的。因为有医疗、劳保和住房。其他工厂，大集体中也有条件好一点的，小集体相对比较差。这些不同性质的工厂之间待遇有差别，单就工资而言差别不多，主要区别在于待遇。第一个，当时的工厂，通常来说没有权力开除工人，除非犯错，作为处分。所以一般来说是永久的。像我自己待过的工厂。现在呢？只有做食品的那个工厂转型了，纺织厂被收购了，无线电厂后来也没了。过去都说国营工厂效率不好，有时候会停工，原因是过去计划过程确实会有问题，但是基本上还是不错的。因为大家都是这个工厂的员工，一般来说有工人确实觉得工厂就是他自己的，因为他一辈子都在那里，所以他对工厂有归属感。这也是为什么工厂改制的时候，国企工人罢工的现象那么多。

2010年至今涨薪多少？

工友：基本上没有增长，只是扣除那些吃住的福利，然后表面增长。

工友：我作为一个老员工的涨幅是零。

工友：前几个月有些人涨了，但是我一毛都没有，就是不知道为什么。

工友：因为今年最低标准是1800块，里面很多老员工超过最低工资标准了就不涨了。

工友：我这几个月只有一个月休息了一天，就是夜班转白班那一天。我有七八个月加班八九十个小时。你说想去了解其他什么东西，根本没有多余的时间去了解。

汪晖：你们有没有提出要求去减少工时？

工友：我们哪里敢，三班倒的情况就是每天只工作八个小时，那么你就没有多少工资。我们的工资都是靠加班加出来的。

工友：宿舍也还扣钱，现在工资没涨，外面房租又涨了。现在小房子都要460块了，三四个人坐着还有点挤。工资又那么一点点，吃饭还要花钱。以前包吃包住，还能寄个500块回家，现在

200 块都不能寄回家了。现在深圳政府不是发了一个文件，每年工资必须涨 3% 到 11%，但是我们连 3% 都没涨。人家都说富士康世界 500 强，工资高很多，我们现在却像挤油渣一样给榨掉。

工友：我在做流水线工作太累的时候，就想去砸烂机器。如果机器停下来，就可以不累了。

富士康工会在哪里？

工友：我是 2012 年过完年初三就来深圳了，没有亲人朋友，没有落脚的地方。下火车就看到富士康招聘的牌子，我就去应聘了，然后就进来了。之前我知道世界 500 强是很好的公司，所以前几个月都很努力。还义务加班，想把工作做好。做了几个月之后没有任何回报，做不好还会被领导骂。我一气之下，就决定再也不这么积极了，我想成为去骂别人的领导，我也想当线长。于是我下班就去和管理层接触，和他们去打球喝酒，没几天工资就花完了。这么玩了一个多月之后，我接触到他们管人的内幕，还升了一级，本来过半年能当线长的，但是因为没和更上级的领导玩，就没有了。所以，我就宁愿当基层员工，和基层员工一起玩。这和我以前在东莞小工厂里面是完全一样的，无非是想办法压榨你、诱导你。你应该努力干活，任何事情做不好就是你个人不努力，如果你今天做 100 个，明天就得做 110 个。不管怎样你总是觉得很压抑，上面一直在提要求。我想请病假、事假都很难，生产淡季却会要求我们主动请假。说有事去找工会，但是工会完全不理我们，我找不到倾诉对象。

工友：我 2007 年进富士康，就是做一个压铁片的工作。主管说做多少，我就努力做多少。我连续上了两个月的夜班，富士康的管理很不人性化。我以前没上过夜班，刚去很不适应，晚上会很困。富士康收入确实会比其他厂高一点点，因为家里需要钱，就慢慢适应这些。有一次体检发现心跳只有47下，医院说只有运动员的身体心跳才会这么慢，后来发现是得了风湿性心肌炎。这三年我还是非常努力去做，我会配合线长去做，很多员工反抗。线长觉得我这个人非常听话，就给我升了职位，这样干了三年就升到了员二。iPad刚出来的时候，我们就成立了平板部门，因为我职位稍微高一点，就当上了线长。当上线长也不能如何，你很努力，所有东西都忍受，一直好好做，可能会有机会。这是走正道的方式，当然也要遇到好主管。只是这么多年下来，完全没有主动权。比如我那个补贴，到现在都没有补到位，我去找了工会，他们说，如果你觉得你的权益受到侵犯，你可以去找律师啊，那时候我就比较失望，工会到底在干什么啊？

汪晖：当时国企工厂改制的时候，工人最不舒服的就是工厂民营化了，没有真正考虑工人的状况，这改制应该要大家投票决定的。所以，事实上，当时的工会也根本起不到作用，这方面和现在的工会有一致性。

但是，改制前的国有企业有另一个特点，就是称为单位，单位不像一个纯粹的流水线，更像一个村庄。人和人之间的关联很多，现在生产条件变化、技术发达之后，你们虽然在同一个空间工作，但是相互之间不构成很接近的关系，事实上你们都在被岗位的逻辑控制。在过去的工厂，人与人之间关系很丰富，那么大家的评价就都很重要，这不是机械的，而是人际的。所以我说过去工厂是一个生产的场所，同时是一个小的社会，现在流水线的工作模式呢，在这方面是比较残酷的。

工友：工会对我们没有任何好处，我们总是参与不到里面去。

工友：工会选举我们实际上想去，但是根本不知道去哪里选，只能问线长。

工友：工会今年选举，我本来想去参加，积极报名，但是每个部门像踢皮球一样把我踢来踢去，他们根本不知道工会是什么，只是跟我说，人大代表选举你怎么不去参加（工友们大笑），然后我把《工会法》搬出来了，他们就说，我也不知道，你回去吧。后来我才从车间慢慢了解到，工会小组长已经定好了，小组长就是线长，全部都是定好的。

工友：之前没接触过工会，不知道工会是什么，还以为是买个火车票什么的。后来才了解到工会是与资方协商，为工人维权的。2007年刚好成立工会，我也进来了。2010年在工会和工厂协商之后，涨底薪，底薪是生活保障，不能靠加班什么的，我们打工就是为了赚钱。虽然说是涨薪，但是真正落实到最基层的时候，我不知道他们有没有涨，我和我旁边的确实都没有涨，一线生产工人都没有涨。加班费不是工厂给的，是我们工人自己赚的。我吃饭住宿都要掏钱，一个月下来，哪里够花。中国经济发展那么快，工人的身份在这里没有得到认同。汪老师，你说进来的时候，看见我们挺阳光的，其实在工厂里面大家都是灰头土脸的。

汪晖：工会在社会主义时期也是有重要变化的，原来我们国家建立人民共和国，工厂是工人的工厂，国家是工人的国家。当时也有不同意见，认为我们既然都认同国家是工人的国家，为什么要建立工会。后来还是觉得要建立工会，这个工会的含义和今天的中国，或与资本主义社会体制下的工会含义很不同，那个时候的工会慢慢变成协调的机制，在工人和国家之间协调，后期主要变成福利，一个月发几块肥皂、毛巾什么的。在那个时期没有大问题，工会可以这样运行。但是现在情况变了，这才使得工会发生变化。大家觉得需要新的工会，是因为工人觉得需要一个自己的工会。

工友：现在这个管理模式下，人与人之间连沟通的机会都没有，工会让你选谁你都不认识谁。因为你被限制在生产线上，你没办法和朋友促进关系。如果你没有时间和大家交流的话，你根本没法和大家认识。如果把最低工资的标准提高的话，会给国家发展带来什么负面影响吗？如果底薪提高的话，我们不加班也有足够的钱，就可以和人交往，我们就有自己的感情。

回不去的老家

汪晖：你们在富士康工作最长时间的有几年？你们觉得还会做多久？

工友：我工作最长的有六七年，我觉得我半年都做不到，但是各种情形逼着自己往前走。

工友：之前也做着六七份工作了，在这种大环境下也没什么别的可能性，去哪儿都一样。

草台班：是否考虑过回老家？

工友：中国目前这个情况根本回不了家，我是广东的，我最苦的，是我没有土地了。我回家看着房子就只能饿死在里面。

工友：我是一个女儿的爸爸，外面租房很贵，我基本的生活状态是：家庭处于撕裂的状态。从我老婆怀孕的时候，家里就是撕裂的状态，我没有能力把我老婆孩子接到深圳租个房子。孩子说的第一句话不是我教的，她叫第一句爸爸我没听到，她第一次走路我也没看到，我感觉对我女儿很愧疚，但是我无力去改变这些东西。如果我把老婆接过来，房租、奶粉钱和小孩生病的花费，我真的没有能力去承担这些东西，所以她只能成为一个留守儿童。我能做的就是力所能及地在经济上给她一些微薄的补偿。有时候我看到和我女儿一样大的孩子就忍不住多看几眼，就在想我女儿现在在做什么，她是我爸妈带着的，是讲家乡话的，我就想她以后如果来深圳要怎么融入这个普通话的环境，我觉得我是一个失败的爸爸。

如果我回家乡合肥，就只有 2000 块的工资，我无法保障我整个家庭的经济。所以说到下一代这个话题，我不知道我自己能做什么，能改变什么。有一个工友是他们一家都在这边，他们在这边读过幼儿园，一个学期就要 5000 多，还有一些其他费用。在深圳这个地方，一个小孩没有 2000 块钱绝对解决不掉的。我如果叫我老婆一起来打工，就得让我妈来帮我照顾女儿，我父母也已经六十几岁了，我不想看到的是，我还要去拆散年迈的父母。我一直纠结着想自己早点回去。但是在合肥，我的一份普通工作没办法维持一个家庭的正常运转。有时候你会有一个取舍，我的父母年迈了，他们也一直想我早点回去，我回去的话，我的生活状态会是什么样子。但是我在深圳……（他哽咽了）。

为未来而辩论

07 环保是未来的"大政治"
——打破发展主义共识，寻找新出路

2008 年，汪晖教授接受《绿叶》杂志编辑周仕凭的采访，谈对于中国环境保护与社会发展问题的思考。本文在访谈稿基础上整理而成，首刊于《绿叶》2008 年第 2 期。

改革开放数十年，中国成了世界工厂，对这个成就我相当肯定，同时，我也相当警惕：中国世界工厂化源自西方发达国家后工业化，即其工业产业向中国转移。在这种全球生产体系下，发达国家得到了环境保护，像中国这样的工业化国家的环境受到污染。今天的中国，环境污染日益严重，遭到世界尤其是发达国家越来越大的环境压力，被迫产业升级，向更落后、劳动力更廉价的国家和地区转移。中国的这种变化，表面上对中国很好，但世界是相互联系的，全球变暖谁都得倒霉。因此，中国是否应寻找出一种有别于传统的工业化、城市化发展主义的发展道路来？占世界总人口五分之一的中国，有这个实力，也有这个责任。

十几年前，在中国，对环境问题、生态问题的反思局限于理论圈。十几年过去了，环境问题从少数人谈论变为全社会共识，到党的十七大报告中生态文明被作为国策提出。这一重大的发展和变化，与国家环保总局、与潘岳他们的工作是分不开的。但是值得注意的是，生态意识的增长、上升和破坏生态的实践恰恰是齐头并进的：一方面媒体到处都在谈保护生态，一方面环境破坏的速度比保护的速度还要快。为什么？其深层就是整个发展模式的问题。如果我们不彻底地思考、不真正地改变以工业化、城市化为核心的发展模式，是不可能保护好生态的，而且生态问题会以几何的级数继续上升。

生态问题其实是发展模式问题

我在 20 世纪 90 年代的时候，就开始关注生态环境。在我主编《读书》时，发表了黄万里等很多作者关于生态方面的文章。2001年，我和朋友共同选编了《发展的幻象》一书，还运作一些香港朋友翻译的美国学者麦卡利（Patrick McCully）的《大坝经济学》（*Silenced Rivers: The Ecology and Politics of Large Dams*）在中国发展出版社出版。无论是我写的文章，还是当时《读书》杂志发表的相关文章，不是单纯地谈生态问题，而是关注整个的发展模式。我们现在重视文化也好，强调传统也好，突出生态也好，其实都是对发展的反思，物质主义就是发展主义的产物，发展主义牺牲和否定了生态文化的传统。

当然，人们并非都会将生态问题与发展模式联系到一起。记得在 20 世纪 90 年代我关注生态环境的时候，国内除理论界的少部分人外，极少有人对此重视，甚至在知识分子当中也有人说：现在谈生态问题很奢侈，这是西方社会的问题，我们要关注的是现实。这才过了几年？淮河被彻底污染了，渭河受到大的污染，长江、黄河也被污染了，滇池、太湖、巢湖的蓝藻，北京周边的沙漠化、森林消失等等，问题都来了。

可以说，在 2000 年前后，中国生态危机的严重性开始引起全社会关注，连我自己也直接"卷入"环保运动里头了，比如说当时的金沙江问题、三江源问题。而且，我们不仅关注生态问题，也关注原住民的文化习俗。我去云南做过多次调查，发现在生态重创的同时，当地少数民族和汉人的文化和习俗也被我们的发展主义破坏掉了。很明显，这并不是一般的生态代价，更是文化的代价，与此相连的也有权利的问题。

现代社会运动一般来说，主要集中在权利的意义、维权的意义上，对此，我也赞成。但我个人认为，仅仅把生态和发展问题划为权利问题，就会让我们又回到了契约关系——现代社会，包括婚姻在内的各种社会关系都是契约关系、利益关系——回到了个人主义文化。这种权利倾向的逻辑，实质恰恰是发展主义的逻辑。

在思考中国乡村、中国原住民地区的生态问题和发展问题时，我们必须尊重地方传统生活方式的价值，比如当地老百姓祖祖辈辈保留下来的日常生活方式，这里头是深植着文化价值的，绝不能仅仅着眼在权利上。地方的文化价值对于我们现代人来说，具有特殊的意义，如他们对自然的崇敬对我们有没有意义？我当然赞成捍卫他们的权利，我也在这方面做了斗争。但是，在话语和理论的层面，必须澄清这一点。

现代社会很大的危机在于，我们不能彻底地思考我们的出发点，比如价值这些问题。由此，哪怕是批评的话语，最终也变成了对于现代社会体制简单的确证。我在云南藏区做调查时发现，藏区里的藏民开始重新恢复一些集体模式，因为他们意识到，虽然现在讲生态保护，但生产方式已经完全是市场化的，藏族的文化已经被摧毁，而它的文化价值是与它的集体生活、社群生活联系在一起的。这让我觉得，如果把它原有的那种集体的模式解体了，只讲个人权利，那么越是讲个人权利，就越是在摧毁它的文化，尽管表面上是在捍卫它。

在这个问题上，如果我们没有对现代性和发展主义进行彻底的反省，哪怕采取批判性的话语，最终也会导致反面的后果，这样的立场和视角应是当下讨论文化和精神问题的真正意义所在。传统的、原住民的、乡村的文化和精神，绝不是抽象的文化和精神，它是与地方的、乡村的日常生活方式、制度、习俗连在一起的，我们要保护这些东西。正是在这一点上，我们非常有必要反思批判性的话语，更要批判现在占主流的、支配性的发展主义话语。

不打破发展主义逻辑，找不到新出路

在生态环境保护和很多的社会运动中，知识分子、NGO 是重要的、积极的活动者。但我们今天必须思考这样的问题：我们这些知识分子是被组织在现代劳动分工内的，NGO 也已经是现代社会体系、现代世界体系的一部分，大部分 NGO 也都是依靠分工、依靠发展项目来进行运动的，没有这些项目的完成，它不可能申请下一个项目，这个背后的动力会影响到它的社会目标的实现，大部分的 NGO 并不能真正地深入地方的文化实践中去，它的目标模式仅仅是指标性的，不能改变生产方式和发展主义最基本的东西。因此，如果知识分子、NGO 对发展主义下的现代分工世界体系没有意识，则其所要做的事最终会离其目标越来越远。

现在，中国有很多人都把西方作为楷模，因为西方的环保做得比我们好。但是我们不能忘记，产业的大转移正是现在劳动分工的一部分。西方的环境好，是因为它把一些产业弄到西方之外的地方去了，它们的后工业化变成了我们的工业化，变成了更落后地区的前工业化。身置这样一个生产方式和体系中，需要我们对西方的整个制度，包括政治制度加以通盘地思考。这样做，并不是不要学习西方，也不是不要学习民主，而是强调这种学习是逃脱不开历史的审视和检验的，不然的话，我们就会重复西方。

西方中心的问题，要比我们想象的深刻得多，绝不是一个简单的崇拜西方返回古代的问题。可以说，整个现代世界处于西方的权力支配当中，它表面上倡导的价值与它的历史前提之间有着深刻的裂痕，尽管它将之极好地掩盖了起来。因此，我们的社会运动者和知识分子必须很深刻地揭示这个东西，才能加以改变。这就是我们今天遇到的难度和阻力为什么这么大的主要原因。说到底，就是我们试图对西方支配下的发展主义进行思考，对西方主导下的现代化进行反思。当然，这是很多人不能容忍的，因为发展主义意识形态是一个普遍性的逻辑。不揭示这个逻辑，就找不到新的出路。但是，要揭示这个逻辑，则批判的矛头就必然是整体性的。

发展主义意识形态的能量是巨大的，绝不是一两个人能阻止的。当年，黄万里在批评三门峡工程时，很多人还是比较认同的。但是，若要把这个问题提升到彻底反思整个发展主义和发展模式、提升到彻底反思整个现代化世界支配性的模式上来，则很多人就不能赞成。我觉得，现代的知识分子、社会运动者必须有这样的承担，必须面对这么强大的压力，有责任说出真话。

生态之困：城市化发展模式

生态问题不是一个简单的生态问题，是发展模式的问题。我们要反思 300 年来支配我们的所有发展观。我不是说现代社会没有提供我们好的价值、非常重要的价值，我们的反思也经常是从这些价值出发的。但是，我们必须有一个彻底的反思、历史性的反思，否则仅仅单纯地谈物质精神问题、东方西方的问题、道统问题，最终都不能真正地揭示背后的利害。

这些年，我多次去云南做调研。2007 年去的时候，我就觉得滇池快完了。但我也知道，他们在搞金沙江调水，理由之一就是为了清洗滇池，减轻滇池的污染。这种拆东墙补西墙的做法本身就很说明问题。滇池的污染，已经到了难以解决的程度，云南省政府也花了很大的力气去做这件事，可是根本的问题出在发展模式上。我们知道，昆明市人口在过去一二十年当中膨胀了好多倍，原来只有几十万人口，现在已经是几百万人口。滇池当然不是个案，太湖、巢湖、滇池的污染，全都是现行的工业化生产方式造成的，是现行的以城市化为中心的发展逻辑造成的。过去，我们讨论三农问题很多，这是和生态环境问题密切相关的。因为现在解决三农问题的一种方法，就是单纯地依赖城市化，但如果单纯地依赖城市化，像现在这些污染问题、生态问题如何解决？乡村建设问题不单是为了解决经济问题，也是为了解决生态问题、文化问题。同时，解决三农问题不单是农业问题，在我们的现代社会里，关系到乡村的位置、乡村的文化、乡村的社会关系、人与自然的关系怎么处理的问题，这些问题如果都不去思考，我们只是仍然在同一个发展逻辑上继续发展，然后我们又调那里的水来治理这里的环境，就是循环，但这种循环最终将导致更大的破坏。以城市化为中心的发展主义不需要彻底反思吗？乡村建设难道仅仅是让三农现代化吗？

中国的自主性在于提出自己的发展逻辑

我们要重新理解中国在发展中的地位问题，这个问题不是一个单纯的中国问题。我们都知道中国是一个世界工厂，全球对于中国生态的压力导致中国生态保护的压力很大。就这一点而言，好的一方面是迫使我们转型；另外一方面，这是个很实际的问题，整个现代西方的分工，提升了我们的劳动力质量，促进产品的升级换代，我们的很多工厂将迁移到更落后、劳动力更加廉价的地区，这个转移的逻辑对于中国来说，表面上当然是好的，自己不破坏自己。可是反过来讲，全世界都是相互关联的，全球变暖哪一个能跑得掉？所以，这个问题是全球性的问题，我们可以借此加大在全球发言的力度。

我们在全球发言的力度：第一，不是顺着西方说；第二，不单纯是辩护性的。有一部分人认为，西方事事都做得好，比如它的环境好，但这正是与西方产业大转移、世界劳动分工相连的，因此不等同于西方真的好。我们不单是辩护性的，不是说这个是发展的必然，我们现在正在过渡，我们必须正视这个问题：中国作为一个占世界人口五分之一的大国，别人也帮不了我们的忙，但是不解决这些问题，世界性的问题也解决不了；中国如果解决了这些问题，的确可以对世界做出贡献。中国需要把发展和生态问题、把文化和社会发展问题重新加以规划和思考，这必将对全人类做出贡献，而不只是解决一个单纯的中国问题。

我所说的这些，并不是否定中国发展的成就，其实我对这个成就是相当肯定的，因为在一个资本主义世界内，我们总不能处在落后、挨打、被殖民的状态，必须获得自主性。但这个自主性的获得，并不是仅仅靠发展和经济，因为自主性是表示有真正不同于过去的发展逻辑——要提出自己的发展逻辑，而不是跟着别人亦步亦趋，不是感觉在别人的逻辑下走得还不错。

正是出于这样的考虑，我觉得今天中国的知识分子、NGO 运动者乃至整个社会都应该有这个自觉，有这个自我的意识：知道自己所处的历史位置，不要又是事事都跟着西方，要考虑打破发展主义逻辑，走出新的道路来。但我觉得在这方面，整个社会从国家到知识分子思考得还不够，而且对思考的容忍度也不够，可见发展主义意识形态的力量很大。

现在，能够真正认真做这些工作的人并不多，有一些人做着这些工作，但不过是装点。常常可以看到，很多发展主义的吹鼓手和一些大企业抱在一起，到一定程度的时候也会搞一个基金，出来做装点。在西方，很多大基金的背景就是大产业，中国也已经有了，看看一些"环境奖"，我就觉得非常好笑。我是不赞成环保人士去接受这个奖的，我们能不能有对这些问题想清楚的人？当他们知道这个奖的基金背景后，能不能拒绝这个奖？同时对这个问题发表评论？鼓励整个社会来关心？而不是使之再度落入大资本的控制。

这就是现在社会的一贯逻辑，自己把这个东西破坏得一塌糊涂后，自己又弄一个东西来装点，这个逻辑必须打破。我们到现在还没有看到有一个中国的环保运动者在这个高度上提出问题。有些话我不好说，但我觉得非常具有讽刺意义：一些人完全是发展主义的吹鼓手，他们还给人颁奖。

现实是复杂的，历史是多重的，我们的知识分子和环保运动者应当有这个自觉，要把环境保护当成一个真实的社会斗争、一个社会性的事业，千万不要当成新的饭碗，这是我的真诚的提醒。我非常希望，有一些环保人士在面对这些大基金给他们发奖的时候，他们能够站出来，或者虽然拿钱，但同时也指出问题。

如果说有一天，美国会成为环保卫士，但实质却是美国对全世界的环境污染是巨大的，我们一定要想办法揭示这个真相，这需要真正的自觉，这是自主性的前提。我们如果不能彻底地思考我们自身的环境，我们就不能够说出真话，我们必须有这个意识。尤其是今天，环保运动与20世纪的社会运动非常不一样，是以草根组织为主的，这一点很成问题。而且，中国的环保运动自身有很强的西方中心主义特点，他们非常崇拜西方的东西，不是真正从草根里面长出来的新的价值。

结　语

关注环境，不是单纯地谈生态问题，而是关注整个的发展模式。现在，环保日益成为公众话题，内部的复杂性也就多了起来。西方的政客一个个都在讲环保，我们就知道这件事有多复杂。不过，环保是未来的"大政治"，所以，很值得去认真地对待，要有一些思考很深入、彻底想问题的人，把这些东西想清楚，不是在一个简单的生态意义上谈环保，这一点很关键。

（周仕凭／整理）

索　引

为未来而辩论

文
景

Horizon

社 科 新 知　文 艺 新 潮

汪晖对话集

汪 晖 著

出 品 人：姚映然
策划编辑：章颖莹
责任编辑：章颖莹
营销编辑：胡珍珍
封扉设计：彭振威设计事务所

出　　品：北京世纪文景文化传播有限责任公司
　　　　　（北京朝阳区东土城路8号林达大厦A座4A　100013）
出版发行：上海人民出版社
印　　刷：山东临沂新华印刷物流集团有限责任公司
制　　版：南京展望文化发展有限公司

开　本：890mm×1240mm　1/32
印　张：28.375　　字　数：600,000　　插页：4
2023年11月第1版　　2023年11月第1次印刷
定　价：148.00元
ISBN：978-7-208-17134-3 / B·1560

图书在版编目（CIP）数据

汪晖对话集 / 汪晖著 .—上海：上海人民出版社，
2021
　ISBN 978-7-208-17134-3

　Ⅰ.①汪… Ⅱ.①汪… Ⅲ.① 现代哲学—中国—文集
Ⅳ.① B26-53

中国版本图书馆 CIP 数据核字（2021）第 095007 号

本书如有印装错误，请致电本社更换 010-52187586